Meinen Eltern

H Budde
Nov. 78

Uwe-Jörg Jopt

Selbstkonzept und Ursachenerklärung in der Schule

Zur Attribuierung von Schulleistungen

Verlag Ferdinand Kamp Bochum

CIP-Kurztitelaufnahme der Deutschen Bibliothek

Jopt, Uwe-Jörg
Selbstkonzept und Ursachenerklärung
Zur Attribuierung von Schulleistungen
1. Aufl. – Bochum: Kamp, 1978
ISBN: 3-592-70005-7

© Copyright by Verlag Ferdinand Kamp GmbH & Co, KG Bochum

Alle Rechte des Nachdrucks,
der photomechanischen Wiedergabe,
der Übersetzung,
der Herstellung von Photokopien und Mikrofilmen,
für den beruflichen und privaten Gebrauch,
ganz und auszugsweise, vorbehalten.

Herstellung: Diederichs GmbH & Co. KG., Düsseldorf

INHALTSVERZEICHNIS

	VORWORT	9
	EINLEITUNG	13
1.	Zum Wandel der Motivationspsychologie	13
2.	Motivation und schulisches Lernen	17
3.	Aufbau des Buches	20
I.	STRUKTUR UND DETERMINANTEN DER FÄHIGKEITSWAHRNEHMUNG	21
1.	Bemerkungen zur sozialen Natur von Leistungen	21
2.	Selbstkonzept und kognitive Motivationspsychologie	23
3.	Das Fähigkeitskonzept im Rahmen der „Psychologie des Selbst"	29
3.1.	Zur Struktur des Selbstkonzepts	29
3.2.	Entstehungsbedingungen und Beeinflußbarkeit	30
3.3.	Fähigkeitswahrnehmung und Intelligenz	34
3.4.	Selbstkonzept und Leistung	37
3.5.	Vorstellungen zum Verhältnis von Ursache und Wirkung	40
4.	Schulische(s) Selbstkonzept(e)	44
5.	Studie I: Fachspezifische Fähigkeitseinschätzungen, Zeugnisnoten und Schulleistungstests	48
5.1.	Untersuchungsfragen	48
5.2.	Exkurs über Schulleistungen	49
5.3.	Methodik	54
5.4.	Ergebnisse	56
5.4.1.	Wie generalisiert sind Fähigkeitskonzepte in der Schule?	56
5.4.2.	Einflüsse von Leistungen und Leistungsbewertungen auf Selbst- und Fremdwahrnehmung (Schüler vs. Lehrer)	60
5.4.3.	Schulische Selbstkonzepte und Intelligenz	70
5.4.4.	Klassenunterschiede	72
5.5.	Zusammenfassung	73
6.	Entwicklung eines Fragebogens zur Messung des Fähigkeitskonzepts für Mathematik (SKM)	75
7.	Schulische Determinanten der Fähigkeitswahrnehmung	80
7.1.	Methodische Vorbemerkungen	87
7.2.	Untersuchungsplan: Studie II	88
7.2.1.	Stichprobe und Durchführung	88

7.2.2.	Meßverfahren	88
7.3.	Untersuchungsplan: Studie III	89
7.3.1.	Stichprobe und Durchführung	89
7.3.2.	Meßverfahren	90
8.	Korrelate des mathematischen Selbstkonzepts	92
8.1.	Geschlecht und Zeugnisnote	92
8.2.	Leistungsmotiv und Angst	93
8.3.	Lehrergeschlecht und Lehrerverhalten	95
8.4.	Leistungsdifferenzierung durch Kurse	103
8.5.	Schwierigkeit des Faches und subjektive Erfolgswahrscheinlichkeit	108
8.6.	Zusammenfassung und Diskussion	112
II.	SCHULLEISTUNG UND URSACHENERKLÄRUNGEN	125
9.	Theoretische Ansätze zur Kausalattribuierung	125
9.1.	Naiv-psychologische Handlungserklärungen	125
9.2.	Leistungsverhalten und Ursachenerklärungen	126
9.2.1.	Der allgemeine Erklärungsansatz von HEIDER	127
9.2.2.	Die erweiterte Klassifikation WEINERs	129
9.2.3.	Selbstkonzept und Ursachenerklärung (MEYER)	133
10.	Attribuierungstheorie und schulisches Lernen	141
10.1.	Praktische Schwierigkeiten	141
10.1.1.	Ursachenerklärungen in der Schule	143
10.1.2.	Leistungserklärungen durch Lehrer	145
10.1.3.	Leistungserklärungen durch Schüler	148
10.2.	Operationalisierungsprobleme	151
10.3.	Ergebnisse	155
10.3.1.	Faktorengewichte	155
10.3.2.	Ursachenerklärungen und Leistungsstand	159
10.3.3.	Günstige versus ungünstige Einflüsse	162
10.3.4.	Mathematikzensur und Kausalattributionen durch Schüler	164
10.3.5.	Dimensionalität des kausalen Raumes bei Hauptschülern	170
10.3.6.	Kausalfaktoren und Zeugnisnote	173
10.3.7.	Hinweise zum Zusammenhang zwischen Persönlichkeitsmerkmalen, Lehrerverhalten und Ursachenerklärungen	176
10.3.8.	Kausale Zuschreibungen und Zukunftserwartung	179
10.3.9.	Selbstkonzept, Ursachenerklärungen und Leistungsänderungserwartung	182
10.4.	Zusammenfassung	185

11.	„Pädagogische Implikationen"	192
11.1.	Was nützen Lehrern attributionstheoretische Kenntnisse?	192
11.2.	Anstrengung, Selbstkonzept und Schulerfolg	201

LITERATUR 209

VORWORT

Es ist kaum ein Jahrzehnt her, daß sich innerhalb der Psychologie eine Neuorientierung abzuzeichnen begann, die sich unter dem Stichwort „Kognitivierung" relativ rasch in den unterschiedlichsten Teildisziplinen durchsetzte. Auch die Motivationspsychologie blieb davon – man muß wohl sagen zum Glück – nicht unberührt, denn trotz einer Vielzahl zum Teil höchst elaborierter Konzepte und Theorieansätze schrumpfte ihr Erklärungswert stets dann merklich zusammen, wenn versucht wurde, ihre Aussagen über den begrenzten Rahmen von Labor und Experiment hinaus auch auf praxisnahe und unmittelbar relevante Lern- und Leistungssituationen zu extrapolieren.

Von dieser Einschränkung besonders betroffen war das Konzept *Leistungsmotivation*, obwohl es als das besterforschte und theoretisch am weitesten fortentwickelte galt; denn von Einzelfällen abgesehen erwies sich sein Nutzen für das Verständnis wirklichkeitsnaher Motivationsabläufe, wie sie z. B. in der Schule anzutreffen sind, dort nicht selten als geradezu umgekehrt proportional zur ständig expandierenden Fülle der Theorie. Dies sagte zunächst noch nichts gegen seinen Wert als solchen, denn die Schulsituation *ist* aus motivationaler Sicht eben ganz erheblich komplexer, als daß sie sich über lediglich ein einziges Motivsystem verstehen ließe. Doch das war nicht das Entscheidende; sehr viel schwerer wog, daß nur allzu bereitwillig unter Bezug auf den definierten Gültigkeitsbereich dieser Motivklasse das Klassenzimmer mit seinen charakteristischen motivationalen Erscheinungsformen einfach als außerhalb liegend von den wissenschaftlichen Erklärungsansätzen ausgeschlossen wurde.

Dennoch findet sich heute kaum ein erziehungswissenschaftliches Lehrbuch, keine pädagogisch-psychologische Monographie, in der nicht auf die zentrale Bedeutung der Leistungsmotivation für das schulische Lernen hingewiesen wird. Man könnte meinen, dies sei ein semantisch zwar naheliegender Schluß, im übrigen bedürfe es jedoch keines sonderlichen theoretischen Wissens, um als Lehrer die motivationalen Probleme meistern zu können. Und befragt man erfahrene Lehrer (oder begegnet ihnen im Rahmen von Schüleruntersuchungen), so scheint sich dieser Eindruck oft nur zu bestätigen: Schwierigkeiten kennen sie wohl im Zusammenhang von Disziplin und sozialer Einordnung, sehr viel weniger jedoch hinsichtlich der Motivation ihrer Schüler (Zuschreibungen von „Faulheit" sind zwar häufig, quasi-dispositionelle „Erklärungen" sorgen jedoch in den meisten Fällen dafür, daß diese Erfahrungen nicht zu einem veränderten Problem- und Theoriebewußtsein führen).

Bei jüngeren und weniger praxiserfahrenen Kollegen ist das nicht so, wie ihre Kritik an einer unzureichenden Vermittlung motivationspsychologischer Kenntnisse während der Ausbildung zeigt (ZfL-DISKUSSION, 1976). Das hat viele Gründe, von denen einer der wichtigsten der sein dürfte, daß sie im Studium sehr viel nachhaltiger, als es noch für die vorangegangene Generation der Fall war, dafür sensibilisiert worden sind, in Leistungen von Schülern nicht unmittelbar und ohne Einschränkung nur die Reflexion „wahrer" Fähigkeiten zu sehen.

Doch so wünschenswert eine größere Skepsis gegenüber den eigenen motivationspsychologischen Vorstellungen für einen naiven Alltags- und Laienpsychologen auch sein mag – im Falle nicht oder kaum erkennbarer Anwendungsbezüge des wissenschaftlichen Aussagennetzes wird sich auch hier mit wachsender Unterrichtspraxis erneut das tradierte und unreflektierte „Überzeugungswissen" über Natur und Mechanismen motivationaler Prozesse wieder durchsetzen und auf das pädagogische Handeln nachhaltig Einfluß nehmen. Zum Glück ist diese Gefahr inzwischen jedoch erheblich kleiner geworden, denn dank ihrer veränderten Sichtweise braucht die Motivationspsychologie die berechtigten Erwartungen des Praktikers längst nicht mehr in dem Maße unbefriedigt zu lassen, wie es lange Zeit der Fall war (s. FEND, 1973).

Denn mit der Hinwendung zur Analyse *kognitiver* Zwischenprozesse, die den ‚subjektiven' Verarbeitungsvorgang erbrachter und antizipierter Leistungen begleiten, sind nicht nur die Standpunkte wissenschaftlicher und naiver Beobachter einander entscheidend nähergerückt, auch bereits auf sprachlicher Ebene ist das gemeinsame Anliegen von vornherein offensichtlicher geworden. Die *Attributionstheorie,* so das Label für den neuen motivationspsychologischen Ansatz, ist von unmittelbarer „naiv-psychologischer Plausibilität" (SCHMALT, 1976c).

Und dies, obwohl das bisherige Arbeitsfeld dieses Forschungszweiges in erster Linie das Labor gewesen ist. Zwar ist gerade das Experiment ein wissenschaftliches Hilfsmittel, auf das keine empirische Wissenschaft, also auch die Psychologie nicht, jemals verzichten kann. Um jedoch nicht erneut in das Gültigkeitsdilemma zu geraten, sind darüber hinaus beizeiten Überprüfungen der theoretischen Aussagen auch innerhalb jenes Kontextes notwendig, in welchem auch der wichtigste Adressat dieser Theorie angesiedelt ist.

In diese Richtung zielt das vorliegende Buch. Seine beiden Schlüsselvariablen sind „Selbstkonzepte" (subjektive Vorstellungen über die eigene Fähigkeit) und „Ursachenerklärungen von Schulnoten", die in mehreren feldstudienähnlichen Untersuchungen (theoriegeleitet) auf ihren Erklärungswert für das Leistungsverhalten von Schülern (Hauptschule) hin überprüft werden.

Diese Arbeit war von mir allein nicht zu leisten, deshalb gilt mein Dank allen Mitarbeitern, die im Rahmen von Diplom- und Staatsexamensarbeiten dazu beigetragen haben, die hier vorgestellten Ergebnisse zu gewinnen. Für den Komplex „Schulische Selbstkonzepte" waren dies die Herren Dipl.-Päd. D. Adam und Dipl.-Päd. N. Vogel, die attributionstheoretischen Studien beruhen auf Examensarbeiten von Frau S. Buch, Frau A. Schulz, Frau U. Vollmer und Herrn W. Hofemann.

U.-J. J.

Bielefeld, Oktober 1977

EINLEITUNG

1. ZUM WANDEL DER MOTIVATIONSPSYCHOLOGIE

Seit einigen Jahren hat sich innerhalb der Motivationspsychologie eine veränderte Betrachtungsweise der psychologischen Prozesse ausgebreitet, die in gewisser Weise durchaus eine radikale Wende in der Analyse und Interpretation von Leistungshandlungen darstellt (s. HECKHAUSEN, 1973a). Gemeint ist die erheblich stärkere Berücksichtigung von *geistigen* Geschehensabläufen, die alles menschliche Handeln begleiten und sowohl auf Situationsbeurteilungen als auch auf Strategien der Informationsgewinnung und -verarbeitung Einfluß nehmen.

Diese *kognitive* Analyse motivationaler Prozesse ist im Kern eigentlich gar nicht so neu, vielmehr hat sie innerhalb der Psychologiegeschichte durchaus eine lange Tradition. So stand bereits in den frühen Jahren psychologischer Forschung die Frage nach den zentralen Bewußtseinsprozessen und -inhalten, auf die sich alle geistigen Aktivitäten zurückführen lassen sollten, an vorderster Stelle. Und *Introspektion,* die kritische Selbstbetrachtung der mentalen Vorgänge, war das methodische Paradigma jener Zeit (vgl. MARX & HILLIX, 1963). Doch auch wenn wir heute wissen, daß die Suche nach letzten, nicht weiter zerlegbaren elementaren Bewußtseinseinheiten in eine Sackgasse führen mußte, weil die simple Analogie zwischen dem atomistischen Weltverständnis der Naturwissenschaft und menschlichem Denken einfach unzutreffend war: seine nachhaltigste Beeinträchtigung erfuhr dieser strukturalistische Ansatz durch die vom Behaviorismus ausgehende Faszination eines mechanistisch-deterministischen Verhaltenskonzepts, welche insbesondere in Amerika die überwältigende Mehrzahl der psychologischen Forscher ergriff. Entsprechend traten Untersuchungen zu Reiz-Reaktions-Verbindungen (bei gleichzeitiger Abwendung von ideographischen Fallbetrachtungen) zunehmend stärker in den Vordergrund und bestimmten die Forschungsstrategie sowie Theoriebildung weitestgehend.

Zwar stieß dieser funktionalistische Zugang, vorwiegend getragen von den Befunden tierpsychologischer Studien, bei Übertragungsversuchen auf den Humanbereich meist sehr schnell auf große, z. T. kaum zu überwindende Schwierigkeiten. Sich anbietende Auswege wurden jedoch vornehmlich kritisch angegangen (z. B. TOLMAN, 1932) bzw., wie im Falle der topologischen Psychologie LEWINs, über eine Zurkenntnisnahme hinaus kaum weiter verfolgt.

Ein wertvoller Impuls zur Erforschung *spezifisch menschlichen* Verhaltens und eben der Mechanismen, die sich im phylogenetisch untergeordneten Bereich noch nicht finden lassen, kam u. a. von Fritz HEIDER (1958), indem er das Bewußtsein als den grundlegenden Unterschied zwischen Mensch und Tier wieder ins wissenschaftliche Blickfeld rückte. Dies war insofern trivial, als zu keiner Zeit die allein dem Menschen vorbehaltene Fähigkeit, sich selbst zu reflektieren, ernsthaft in Frage gestellt worden war. Seine eigentliche Bedeutung erhielt dieser Ansatz jedoch dadurch, daß Kognitionen, die zwischen Reiz und Reaktion intervenierten, nicht länger als im behavioristischen Sinne störend angesehen wurden; vielmehr waren erst sie es, die allen Reizen ihre *Bedeutung* verliehen, so daß je nach ihrer Interpretation (Informationsverarbeitung) ganz unterschiedliche Reaktionen die Folge sein konnten. Damit aber war das humanpsychologische Interesse nicht nur grundsätzlich wiederbelebt, ebenso lag auf der Hand, daß man sich nunmehr verstärkt der Analyse menschlichen Alltagshandelns und der es begleitenden wie steuernden naivpsychologischen Zusammenhangsvermutungen in Form vorwissenschaftlicher Verhaltenstheorien zuwandte.

Eine der Folgen war, daß – bei gleichzeitiger Integration basaler (behavioristischer) lerntheoretischer Konzepte – nunmehr auch solche Prozesse untersucht wurden, die denen im natürlichen Handlungsraum sehr viel stärker glichen, als dies bis dahin in Labor-Situationen so häufig der Fall war. ROTTERs (1954) Theorie des Sozialen Lernens ist ein Beispiel dafür.

Insofern mag es zunächst verwundern, daß die erste Generation der Leistungsmotivationsforscher, insbesondere McCLELLAND und ATKINSON, auch noch zu Beginn der Fünfziger Jahre mit einem Zugang dieses Feld zu sondieren begannen, dessen behavioristische Orientierung nicht zu leugnen war. Und auch das erste umfassende Modell leistungsthematischen Verhaltens (ATKINSON, 1957) war strenggenommen noch kaum als kognitiv zu bezeichnen, wenngleich das Konstrukt „subjektive Erfolgswahrscheinlichkeit" schon einen zentralen Platz einnahm. Doch „kognitiv" war es in seiner ursprünglichen Fassung eigentlich nur *im Vergleich* zu den rein mechanistischen Handlungsmodellen, und erst die späteren Elaborationen dieses Ansatzes, z. B. die Berücksichtigung von Zukunftszielen und subjektiven Vorstellungen über die Beeinflußbarkeit von Leistungsergebnissen, haben das über ein Jahrzehnt feldbeherrschende Risikowahl-Modell ATKINSONs zunehmend mehr *in die Nähe* kognitionspsychologischer Verhaltensanalyse rücken lassen.

Hauptgegenstand des vorliegenden Buches sind *schulische* Lern- und Leistungsprozesse, die, wie wohl jeder aus eigener Erfahrung bestätigen kann, in entscheidendem Maße bewußtseinsgesteuert sind und damit auch noch so komplexen Reiz-Reaktions-Konzeptionen immer nur innerhalb eines sehr begrenzten Ausschnittes zugänglich sein können. Denn Situationsbeurteilungen, Interessen, Fähigkeitseinschätzungen, Ursachenerklärungen u. ä. führen trotz gleicher Ausgangslage zu einer interindividuellen Verhaltensvariabilität, die dem Erklärungswert monokausaler Beziehungsnetze enge Grenzen steckt. Kein Wunder somit, daß für diesen Bereich der bisherige Beitrag der Leistungsmotivationsforschung sensu ATKINSON kaum sonderlich ergiebig war. So ließen sich zwar im Rahmen kontrollierter Experimentalbedingungen die Auswirkungen des Leistungsmotivs auf Anstrengung, Ausdauer, Leistungsgüte, Risikobereitschaft etc. meist ohne größeren methodischen Aufwand untersuchen, analoge Versuche, auf ähnliche Weise auch seinen schulischen Erklärungswert zu demonstrieren, blieben jedoch in den meisten Fällen ohne nennenswerten Erfolg.

Auf der anderen Seite waren die theoriegeleiteten Empfehlungen für den motivationspsychologischen Rat suchenden Lehrer entweder kaum sonderlich neu – so die Forderung nach Anpassung der Schwierigkeitsanforderungen an den individuellen Kenntnisstand der Schüler –, oder sie ließen sich mit umfassenden pädagogischen Zielsetzungen nur schwer vereinbaren (z. B. die Hinweise auf den motivationalen Anregungsgehalt solcher Situationen, die durch Wetteifer und Konkurrenz bestimmt sind). Doch trotz dieses Mangels an „technologischer Relevanz" (FEND, 1973) kann man sich eigentlich kaum einen besseren Adressaten für den von Motivationsschwierigkeiten betroffenen Erzieher vorstellen als die Motivationspsychologie.

Insofern stellen die neueren kognitionspsychologischen Ansätze, die das Leistungsverhalten in Abhängigkeit von subjektiven Fähigkeitsüberzeugungen (Selbstkonzepte eigener Fähigkeit) und kausalen Ursachenzuschreibungen (Kausalattribuierung) zu erklären versuchen, einen echten Fortschritt dar, weil sie nicht nur von einer wesentlich größeren Nähe zum Leistungsraum Schule getragen sind, sondern auch in erheblich stärkerem Maße ermöglichen, mit der MILLERschen (1969) Forderung nach einer intensiveren Vermittlung psychologischen Wissens an die Praxis („to give psychology away") Ernst zu machen. Daß neuerdings motivationspsychologische Lehrbücher auftauchen, die eigens mit einem Kapitel „Pädagogische Konsequenzen" abschließen (WEINER, 1976) bzw. sogar ausdrücklich an Erzieher

gerichtet sind (WEINER, 1975a), kann hierfür als anschaulicher Beleg gelten.
Dabei darf jedoch eines nicht übersehen werden. Bisher haben sich die noch näher zu kennzeichnenden Modelle, von wenigen Ausnahmen abgesehen, allein auf der Ebene der Laborforschung als fruchtbar erwiesen und einen hohen Erklärungswert erkennen lassen. Doch trotz aller „naivpsychologischen Plausibilität", die die allen Ansätzen gemeinsame Attributionstheorie in sich birgt, hat sie auch gegenwärtig noch den Mangel, worauf SCHMALT (1976c) erst kürzlich deutlich hingewiesen hat, „daß im Verhältnis zur Gewichtigkeit dieser Argumentation ihr empirischer Bestätigungsgrad relativ gering ist".

Nun soll jedoch nicht der Eindruck entstehen, daß die kognitive Theorie bereits ein in sich geschlossenes Gebäude sei, das nur darauf warte, einer praxisnahen Überprüfung unterzogen zu werden. Im Gegenteil: noch ist die Diskussion um die Bedeutung von Teilkonzepten in vollem Gang, wie allein die Häufigkeit einschlägiger Publikationen in den neueren Fachzeitschriften erkennen läßt.

Dennoch dürfte der Theoriebildung in diesem Bereich aber wohl kaum damit gedient sein, wenn sie sich *ausschließlich* im geschützten – und für die Praxis nicht selten fragwürdigen – Laborbereich entwickelt und modifiziert. Immer häufiger finden sich nämlich auch schon in der breiteren Leserkreisen zugänglichen Literatur z. T. erwartungsvolle Hinweise auf kognitive Motivationsansätze (z. B. SCHWARZER, 1976; TIEDEMANN, 1977). Deren letztendlichen Nutzen kann aber nur die Realität erweisen, der sie sich in ihrer Suche nach wissenschaftlicher Hilfe scheinbar anbietet. Ganz in diesem Sinne kommt auch WASNA (1973a) im Rahmen einer kritischen Sichtung schulrelevanter motivationspsychologischer Forschungsergebnisse zu dem Schluß: „Pädagogische Praxis kann sich nur dynamisch gestalten in der Anwendung und ständigen Reflexion theoretischer Erkenntnisse, die durch sie selbst in Frage gestellt werden und die Forschung zu neuen Ansätzen bringen können." (S. 99)

Daher kann es einer umfassenden und erklärungsstarken Theoriebildung nur dienlich sein, wenn zentrale Konstrukte der Attributionstheorie wie Ursachenerklärungen, Fähigkeitskonzepte, Anstrengungskalkulationen u. ä. m. bereits frühzeitig in die schulische Lernsituation eingebracht und dort – quasi „vor Ort" – auf ihren Erklärungswert hin untersucht werden.

Daß dabei im einzelnen erheblich größere und zum Teil ganz neue Schwierigkeiten auftreten als sie sich seitens der Experimentalforschung ergeben, ist nur natürlich. Dafür ist dieser Kontext einfach zu „schmuddelig" (HECKHAUSEN, 1973a), was die unüberschaubare

Vielzahl der wirksamen Reizgegebenheiten gegenüber einer nur sehr begrenzten Kontrollierbarkeit anbelangt. Insofern sind Laborstudien zur Generierung theoretischer Konzepte und „Minitheorien" unabdingbar. Doch gerade in bezug auf ein so gewichtiges Feld wie die Tüchtigkeitsentwicklung und -erziehung, das in unserer Kultur zunehmend zur überragenden, lebensbestimmenden Komponente wird (COVINGTON & BEERY, 1976), darf sie sich nicht auf ein völliges Eigenleben beschränken.

Jüngst befragte Junglehrer (ZfL-DISKUSSION, 1976) hielten Kenntnisse der Motivationspsychologie für mit das Wichtigste, was nach ihrer Meinung zur Planung und Durchführung von Unterricht notwendig sei. Dieselben Lehrer beklagten aber auch übereinstimmend den Mangelzustand, der sich in dieser Hinsicht an den meisten Ausbildungsstätten darbiete. Nicht zuletzt diese Kritik hat die vorliegende Arbeit stimuliert.

2. MOTIVATION UND SCHULISCHES LERNEN

Im krassen Gegensatz zu allen idealistischen Wunschvorstellungen einer „Schule als Erfahrungsraum", in der Lehrer als Freunde ihrer Schüler in erster Linie als Informationsvermittler und Organisatoren von Lernprozessen auftreten, um auf diese Weise zur Selbstbestimmung und -verwirklichung aller beizutragen (vgl. von HENTIG, 1973), steht eine Realität, die tagtäglich den *Fähigkeitsnachweis* erneut fordert und zu einem wesentlichen Anteil den Einsatz ihres gesamten Saktionierungsinventars vom Vorhandensein bzw. Fehlen eben dieser Qualität abhängig macht.

Während im Schulalltag diese Prioritätsstellung von „Begabung" auch nicht immer so offensichtlich ist, weil eine derart isolationistische Perspektive zu offensichtlich dem pädagogischen Selbstverständnis zuwider laufen würde, tritt sie zu kritischen Entscheidungszeiten – etwa bei der Frage eines Schulwechsels – nur um so deutlicher hervor. Hier wird der Lehrer, insbesondere zum Ende der Grundschulzeit, für eine Vielzahl von Eltern zum omnipotenten Ratgeber, der nicht selten *allein* über das zukünftige Bildungsschicksal der Kinder zu befinden hat, und hier präsentiert er sich in den meisten Fällen als der anscheinend objektive „Begabungsgutachter" (LANGNER & SCHLATTMANN, 1972), der seine Empfehlungen einzig und allein von den (vermeintlichen) Fähigkeiten des Kindes abhängig macht. Dagegen wäre u. U. kaum etwas einzuwenden – die Stabilität von kognitiven Fähigkeiten bei 10jährigen Kindern einmal unterstellt –,

17

wenn es sich hierbei tatsächlich um relativ valide Diagnosen handeln würde. Doch gerade das ist allzu häufig *nicht* der Fall.

So hat nicht nur das Verständnis von Begabung einen grundlegenden Wandel durchlaufen, derart, daß eine globale, undifferenzierte und statische Begriffsbestimmung zunehmend mehr in den Hintergrund getreten ist (vgl. ROTH, 1971), und sogar ausdrücklich als unwissenschaftlich abgelehnt wird (TIEDEMANN, 1977). Selbst wenn man ihre Diagnostizierbarkeit einmal unterstellt, so hat sich dennoch gezeigt, daß die entscheidenden schulischen Konsequenzen nicht allein hiervon, sondern in allererster Linie von den *Schulleistungen* abhängen, die sich jedoch keineswegs so eindeutig aus den Fähigkeiten der Schüler ableiten lassen, wie es die Vorgehensweise vermuten ließe.

Und dies, *obwohl* Lehrer bei hinreichender Bekanntheit mit dem Kind durchaus zu angemessenen *Fähigkeits*urteilen in der Lage sind, wie Vergleiche mit Testdaten gezeigt haben (AMTHAUER, 1973). Eine Untersuchung von STEINKAMP (1973) bestätigte diese Einseitigkeit der Selektionskriterien: Zwar waren immerhin 78% aller befragten Lehrer der Meinung, schulische Leistungen seien nicht ihr *einziges* Kriterium für die Weiterempfehlung; gleichzeitig erklärte aber auch über die Hälfte von ihnen, ein *leistungs*starkes Kind selbst dann für den Wechsel vorzuschlagen, wenn es darüber hinaus nur negative (charakterliche) Eigenschaften aufzuweisen hätte. Doch nur 13% (!) betonten zusätzlich auch noch die „intellektuelle Haltung", d. h. die geistigen Fähigkeiten im eigentlichen Sinne des Begabungsbegriffs.

Die wichtigsten Meßdaten für schulische Leistungen sind *Noten,* an denen nicht nur trotz ihrer immer wieder dokumentierten testtheoretischen Unzulänglichkeit festgehalten wird (INGENKAMP, 1971; SCHRÖTER, 1977). Auch ihr prognostischer Wert ist alles andere als befriedigend (TENT, 1969; ZIELINSKI, 1974). Zensuren und Intelligenz (Fähigkeiten) sind *nicht* gleichzusetzen (GRÖSCHEL u. a., 1974), denn längst haben Noten ihre ursprünglich einzige Funktion als Informationsträger zur Rückmeldung des eigenen Könnens verloren. Sie sind darüber hinaus zu gewichtigen – insbesondere negativen – Motivatoren geworden (s. CULLEN et al., 1975). Negativ insofern, als sie entweder zur völlig fremdbestimmten (extrinsischen) Leistungsoptimierung herausfordern oder Resignation und Glaube an die eigene *Unfähigkeit* zur Folge haben.

Doch was sie tatsächlich messen, sind eher lokale *Leistungen* als Fähigkeiten (WEINER, 1975a), was auch hier erneut bestätigt werden wird. Nun ist andererseits jedoch unstrittig, daß kognitive Faktoren am erklärungsmächtigsten für Schulleistungen sind, und entsprechend fehlen sie in keinem der neueren Erklärungsmodelle (HARNISCH-FEGER & WILEY, 1977). Trotzdem klären sie allein bestenfalls 25–30% der Leistungsvarianz auf und müssen durch eine Vielzahl weiterer Variablen ergänzt werden (LAVIN, 1965; GAEDIKE, 1974; KRAPP, 1976). Insofern sind Versuche wie der von TIEDEMANN (1975), schulisches Versagen ausschließlich auf kognitiver Grundlage zu begründen, leicht mißzuverstehen (KRAPP, 1977).

Die zweite große Gruppe von Einflußfaktoren bilden die *motivationalen bzw. affektiven* Variablen, wobei es im Grunde bedeutungslos ist, ob sie, wie von ATKINSON (1974) für die Hälfte aller Leistungsunterschiede oder nur für 25% (BLOOM, 1970, 1976) verantwortlich gemacht werden. Solche Zahlenangaben sind ohnehin nur geeignet, eine Genauigkeit vorzutäuschen, die stets mehr das Glaubensbekenntnis einzelner Autoren als empirisch belegbare Verhältnisse wiederspiegelt.

Gleichwohl wird die maßgebliche Bedeutung nichtintellektueller Faktoren für jegliches Leistungsverhalten von niemandem ernsthaft in Frage gestellt. Damit ist erneut das Verhältnis zwischen Motivation, speziell Leistungsmotivation, und Schulleistung angesprochen. Indem jedoch die neue Motivationslehre von ihrem ganzen Ansatz her *kognitiv* angelegt ist und ihr gesamtes theoretisches Netzwerk im subjektiven Raum von Wahrnehmung, Informationsverarbeitung und Beurteilung verankert hat, eröffnen sich nun erstmals viele interessante und bedeutungsvolle neue Fragestellungen, die im Rahmen des „klassischen" Ansatzes noch nicht möglich waren. Oder in der Sprache von FEND (1973): erneut haben sich die Motivationspsychologen den Problemen praktischer wie technologischer Relevanz ihrer Theoriekonzeptionen zu stellen.

In diese Richtung einen Beitrag zu leisten, ist das Anliegen des vorliegenden Buches. Speziell geht es um die bereits angesprochenen motivationspsychologischen Universalien der *Ursachenerklärung* schulischer Leistungen und der mit allen Leistungshandlungen eng verkoppelten *Perzeption eigenen Könnens*. Sowohl kognitive Kausalschlüsse in bezug auf Erfolg und Mißerfolg (WEINER, 1976) als auch individuelle Fähigkeitseinschätzungen (MEYER, 1973a) sind inzwischen experimentell recht gründlich untersuchte Konzepte, die wegen ihrer unmittelbaren Verhaltensnähe einen bedeutungsvollen Erklärungsbeitrag für das schulische Feld signalisieren.

Doch bisher sind die gerade hierzu vorliegenden empirischen Beiträge noch äußerst spärlich, und Studien, die sich mit Schülern befassen – sozusagen als „natürliche Versuchspersonen" – mit dem Ziel, die während ihres normalen Leistungsalltags ablaufenden kognitiven Begleit- und Folgeprozesse zu erhellen, stecken noch ganz in den Anfängen (JOPT, 1977a; MEYER, SIMONS & BUTZKAMM, 1978). Damit dürfte bereits grob umrissen sein, was den Leser auf den nachfolgenden Seiten erwartet. Um jedoch keine falschen Vorstellungen zu erwecken: eine kognitionspsychologische, unmittelbar umsetzbare *Theorie schulischer Lern- und Leistungsmotivation* liefert auch dieser Beitrag nicht. Dafür ist es insofern einfach noch zu früh, als zunächst überhaupt erst einmal zu überprüfen ist, ob und inwieweit sich die vorliegenden Konzeptionen tatsächlich ohne weiteres auf die Schulsituation übertragen lassen.

Zwar vermittelt eine Reihe jüngerer Publikationen den Eindruck, daß einem solchen Transfer im Prinzip nichts im Wege stehe. Dennoch ist wie bei allen Analogieschlüssen so auch hier Vorsicht geboten, *denn bisher sind alle „Pädagogischen Implikationen" der Motivationspsychologie und alle Anleihen von Interessierten aus benachbarten Disziplinen in den allermeisten Fällen nicht mehr als an vergleichsstimulierende Laborbefunde angelehnte Spekulationen.*

Zugegeben, daß speziell die Attributionstheorie aufgrund der ubiquitären Struktur ihres Ansatzes zur Generalisation einlädt; doch andrerseits ist gerade der leistungsthematische Lernraum Schule zu bedeutungsvoll, als daß man allzu lange hierbei stehenbleiben sollte.

3. AUFBAU DES BUCHES

In Anlehnung an die theoretische Kausalkette Selbstkonzept → Ursachenerklärungen (MEYER, 1973a) ist auch dieses Buch in zwei größere Teile aufgegliedert, deren Schwerpunkte durch die beiden kognitiven Konzepte gesetzt sind.

Jeweils vorangestellt ist eine Darstellung und kritische Würdigung ihres Stellenwertes innerhalb der motivationspsychologischen Theorie, gefolgt von Überlegungen zur schulischen Relevanz. Anschließend werden sie in (insgesamt drei) „hypothesenprüfenden Felduntersuchungen" (LAUCKEN & SCHICK, 1971) sowohl isoliert als auch im Hinblick auf ihre erwartete Interdependenz innerhalb der Klassenzimmeratmosphäre bei Hauptschülern der 7. und 8. Klasse näher untersucht.

Bezüglich der Bedeutung von Selbstkonzepten und Ursachenerklärungen für das leistungsthematische *Folgeverhalten,* deren Nachweis den *pädagogischen Nutzen* der Attributionstheorie ganz erheblich erhöhen würde, können allerdings nur erste Hinweise erbracht werden, da die Probleme der Konstruktabgrenzung und Gültigkeitsbestimmungen innerhalb des natürlichen Lernkontextes zunächst noch ganz im Vordergrund stehen.

I. STRUKTUR UND DETERMINANTEN DER FÄHIGKEITSWAHRNEHMUNG

1. BEMERKUNGEN ZUR SOZIALEN NATUR VON LEISTUNGEN

Selbst noch so rigorose Versuche, menschliches Leistungsverhalten durch konsequente Kontrolle der Untersuchungsbedingungen von sozialen „Störreizen" freizuhalten, um es quasi in seiner „reinen" Auftretensform beobachten zu können, sind bisher stets erfolglos geblieben. Leistung, ob in Schule, Beruf oder selbst im Experiment, läßt sich immer nur auf dem Hintergrund eines Kontinuums wechselnder sozialer Einbettung begreifen, ohne daß jedoch je jenes „soziale Vakuum" erreicht werden kann, in dem *Bewertungs- und Sanktionserwartungen* für das eigene Handeln irrelevant sind – von dem fragwürdigen Wert eines unter solchen Bedingungen gewonnenen Ergebnisses einmal ganz abgesehen (s. dazu GNICH, 1976).

Für den Bereich menschlichen Leistungsverhaltens besonders anschaulich bestätigte sich die Tatsache, „that the individual does not achieve in a social vacuum" (MAEHR, 1974, S. 890), in den zahlreichen Forschungsbeiträgen zur Genese der individuellen Tüchtigkeit (HECKHAUSEN, 1972; SMITH, 1969); denn sie konnten weitgehend zweifelsfrei belegen, daß bereits lange vor jeder leistungsmotivationalen Situationsthematisierung, und später dann erst recht, die kindlichen Bewältigungsversuche von zunächst meist elterlichen verbalen wie motorischen Reaktionen begleitet sind, die es ihm – hat es die durch Funktionslust bzw. reine an der Effektfreude orientierte Entwicklungsphase lustvoller Umweltmanipulation erst einmal überwunden – unmöglich machen, sich den von außen herangetragenen, sozialen Bezugsmaßstäben zu entziehen.

Mit dem Eintritt in die Schule dürfte diese stetig mit dem Alter anwachsende Verbindlichkeit einem neuen Höhepunkt zustreben, da nun zu den bisherigen Bewertungs- und Sanktionsagenten auch noch Lehrer und Mitschüler hinzutreten. Und deren überragende Bedeutung für die Selbstwahrnehmung des Schülers konnte nicht nur mehrfach explizit bestätigt werden (z. B. HÖHN, 1967; KEMMLER, 1967; BROPHY & GOOD, 1976), sondern gilt darüber hinaus als einer der entwicklungspsychologischen Leitgedanken schlechthin (MUSSEN, CONGER & KAGAN, 1974; OERTER, 1969).

Diese kurzen Überlegungen beinhalten eigentlich nichts Neues, und sie wären auch überflüssig, wenn nicht auf der anderen Seite, da, wo es um die wissenschaftliche Analyse der Leistung in ihren verschiedensten Ausdrucks- und Auftretensformen geht, über einen langen Zeitraum ein derart unverbundenes *Nebeneinander* der verschiedenen Betrachtungsstandpunkte zu verzeichnen gewesen wäre, wie es durch die Notwendigkeit der Begrenzung wissenschaftlicher Fragestellungen und Ansätze *allein* kaum noch zu rechtfertigen ist. Und der Nachweis fiele nicht sonderlich schwer, daß zu einem beträchtlichen Anteil die häufig beklagte Praxisferne psychologischer Leistungsaussagen gerade auf diese unangemessene – und unrealistische – Abschottung zurückgeführt werden kann, deren Unberechtigtheit schon spätestens seit HOPPE (1930) bekannt war.

So erschienen beispielsweise nahezu gleichzeitig zwei für eine Theorie der Leistung grundlegende Monographien, deren eine die *soziale* Bedingtheit (CROWNE & MARLOWE, 1964), die andere dagegen die Abhängigkeit von personspezifischen Einstellungen in Verbindung mit der Betonung primär *intrinsisch* motivierter Leistungshandlungen (ATKINSON, 1964) in den Mittelpunkt ihrer Betrachtung stellten. Über wechselseitige Hinweise hinaus wurde jedoch weder damals noch später versucht, die beiden Zugänge theoretisch miteinander zu verbinden (s. dazu JOPT, 1974).

Was den gegenwärtigen Stand der Motivationspsychologie anbelangt, so scheint ein solcher wissenschaftlicher Isolationismus zum Glück überwunden zu sein. Mit der „kognitiven Wendung" (HECKHAUSEN, 1973a) und der damit verbundenen Wiederentdeckung des Bewußtseins eröffneten sich nicht nur gänzlich neue Analyse- und Verständnisebenen des Leistungsverhaltens; die Einbeziehung leistungsbezogener Selbstwahrnehmungen, subsumiert unter dem – jedenfalls für die Motivationspsychologie bis dahin fremden – Parameter „Selbstkonzept eigener Fähigkeit", hatte nicht zuletzt auch zur Folge, daß die neuere Theoriebildung entschieden „sozialorientierter" wurde.

Nun ist das „Selbstkonzept" jedoch keineswegs eine originäre motivationspsychologische Neuschöpfung, sondern bestenfalls die Wiederentdeckung eines psychologischen Konstrukts, das innerhalb der „Psychologie des Selbst" bereits eine lange, weit vor dem Beginn der modernen Leistungspsychologie liegende Tradition aufzuweisen hat. Und spontan drängt sich eine Reihe von Fragen auf, die vor jeder theoretischen wie inhaltlichen Erörterung zunächst allein der begrifflichen Bestimmung gelten. So z. B.: Was meinen Motivationspsychologen, wenn sie vom Selbstkonzept sprechen? Welche Verbindungen bzw. Abgrenzungen bestehen zum persönlichkeitspsychologischen Konstrukt gleichen Namens? Ist das motivationale Selbstkonzept ein statisches oder eher ein dynamisches Konstrukt?

Dies sind bei weitem keine allein akademischen Fragen, denn schon liegt für den von der Leistungsthematik zentral Betroffenen, den Lehrer, ein erstes Hilfsmittel vor, das es ihm ermöglichen soll, Hinweise auf das Selbstkonzept seiner Schüler zu gewinnen (WAGNER, 1977). Nur um so dringlicher scheint es daher zu sein, die Inhaltsidentität suggerierende Wortgleichheit zunächst einmal durch die Herausarbeitung dessen, was sich hinter dem motivationspsychologischen Selbstkonzeptbegriff einerseits, dem traditionellen andrerseits, verbirgt, auf ihr tatsächliches Zutreffen hin zu überprüfen.

2. SELBSTKONZEPT UND KOGNITIVE MOTIVATIONSPSYCHOLOGIE

Um Leistungsverhalten aus motivationspsychologischer Sicht zu verstehen, zu erklären und vorherzusagen, bedurfte es bisher über einen relativ langen Zeitraum hinweg kaum irgendwelcher besonderer Anleihen aus dem Feld phänomenologischer Persönlichkeitspsychologie, zu der auch die „Psychologie des Selbst" gehört. Im Gegenteil: ganz vom Geist des behavioristischen Wissenschaftsverständnisses und der damit verbundenen Reduktion auch des Humanverhaltens auf die mechanistischen Prinzipien von mehr oder weniger komplexen Reiz-Reaktions-Verknüpfungen beseelt, schloß auch die Motivationspsychologie bis auf wenige notwendige hypothetische Konstrukte (z. B. das Leistungsmotiv als Persönlichkeitsdisposition) alle nicht direkt beobachtbaren psychologischen Größen aus ihren Theoriebildungen aus (s. das Risikowahl-Modell von ATKINSON: ATKINSON, 1964; ATKINSON & FEATHER, 1966; HECKHAUSEN, 1967; SCHNEIDER, 1973).

Doch zu Anfang der 70er Jahre erfuhr die Situation eine radikale Wende, als Bernhard WEINER und seine Mitarbeiter (WEINER, 1970, 1972; WEINER & KUKLA, 1970; WEINER et al., 1971), gestützt auf zunächst nur vage spekulative Hinweise (z. B. FEATHER, 1967), damit begannen, zwar seit langem bekannte, zwischenzeitlich jedoch in Vergessenheit geratene kognitionspsychologische Ansätze zur Verhaltensanalyse wieder aufzugreifen und theoretisch zu redintegrieren. Stand hierbei zunächst noch die *Ursachenerklärung* von Handlungsergebnissen im Mittelpunkt der Betrachtung, so dauerte es nicht lange, bis zwei andere Autoren aus der Tatsache, daß manche Menschen ihre Leistungsresultate stärker in ihren vorhandenen oder fehlenden eigenen *Fähigkeiten* als in möglichen anderen Kausalquellen begründet sehen, einen für den gegenwärtigen Stand der Motivationspsychologie entscheidenden Umkehrschluß zogen.

Aus dem interindividuell unterschiedlichen Erklärungsgewicht, das Personen dem Fähigkeitsfaktor zuschreiben, kann nur geschlossen werden – so folgerten gleichzeitig, aber unabhängig voneinander sowohl KUKLA (1972) als auch MEYER (1973a) –, daß diese Dimension bereits in der Selbstwahrnehmung der Erklärenden verschieden stark ausgeprägt sein muß, d. h., daß fähigkeitsbezogene Ursachenerklärungen auf dem Hintergrund der *Einschätzung des eigenen Könnens* vorgenommen werden.

Es lag nahe, die über das Bewußtsein vermittelte Reflexion individueller Kompetenz als „*Selbstkonzept eigener Fähigkeit*" zu apostrophieren und diesem Parameter, wegen seiner unmittelbaren Bedeutung für den Prozeß der Ursachenerklärung, den Status eines zentralen motivationalen Verhaltensregulativs zuzuerkennen (MEYER, 1973a).

Damit war ein neuer Begriff in die Motivationspsychologie eingeführt, der es nicht nur ermöglichte, im Rahmen der traditionellen Dichotomie von Erfolgs- und Mißerfolgsmotivierten beobachtbare Unterschiede in der Ursachenzuschreibung von Erfolg und Mißerfolg zu erklären; darüber hinaus schien es mit seiner Hilfe auch ohne weiteres möglich, eine Vielzahl früherer Befunde aus der Leistungsmotivationsforschung widerspruchsfrei einzuordnen (MEYER, 1973a; KUKLA, 1972).

Auf den theoretischen Stellenwert des Selbstkonzeptes im Rahmen der MEYERschen Konzeption leistungsmotivierten Verhaltens werden wir später noch ausführlicher eingehen. Im Hinblick auf den angestrebten Vergleich stellt sich zunächst jedoch erst einmal die grundsätzliche Frage: Wie ist aus motivationspsychologischer Sicht das Konstrukt „Selbstkonzept eigener Fähigkeit" theoretisch wie operational definiert?

Dazu schreibt MEYER im Zusammenhang mit der Entwicklung seines Prozeßmodells:

„Weiterhin nehmen wir an, daß eine *Einschätzung der eigenen Fähigkeit für die in Frage stehende(n) Aufgabe(n)* erfolgt, die abhängig ist von zurückliegenden Erfahrungen mit Aufgaben dieser Art und besonders von mehr generalisierten Selbstkonzepten der eigenen Fähigkeit als Bestimmungsstück des Leistungsmotivs" (MEYER, 1973a, S. 159).

Demnach hat man sich die konkrete Fähigkeitswahrnehmung als ein Kompositum vorzustellen, das sich zusammensetzt aus dem eigentlichen *Selbstkonzept als generalisierte Begabungsperzeption* (womit anscheinend nichts anderes gemeint ist als die Selbsteinschätzung des Gesamts kognitiver Fähigkeiten, d. h. der *Intelligenz*) und einem durch die individuelle Lerngeschichte bestimmten Rest, der sich allein auf die *lokale Kompetenzwahrnehmung* gegenüber der vorliegenden Aufgabe bzw. Aufgabenklasse bezieht.

Insofern wäre es auch unstatthaft, die motivationspsychologisch ausschlaggebende „*Einschätzung* der eigenen Fähigkeit" mit dem „*Selbstkonzept* eigener Fähigkeit" gleichzusetzen, da sich – mengenbegrifflich gesehen – beide Konstrukte nicht aus jeweils genau denselben Elementen zusammensetzen lassen. Diese duale Struktur der Fähigkeitswahrnehmung wird an anderer Stelle ausdrücklich noch unterstrichen, wenn es heißt: „Zurückliegende Erfahrungen und Selbstkonzept werden als relativ *unabhängig* angenommen, obwohl natürlich Erfolgs- und Mißerfolgserlebnisse einen entscheidenden Einfluß auf die Genese des Selbstkonzeptes haben." (MEYER, 1973a, S. 157; Hervorh. von mir)

Auch wenn hier von „Erfolgs- und Mißerfolgserlebnissen" die Rede ist, scheint dennoch die inhaltliche Bestimmung weitgehend darauf hinauszulaufen, daß das Selbstkonzept gleichgesetzt wird mit der *subjektiven Reflexion eigener Intelligenz*. MEYERs weitere Ausführungen bekräftigen diese Interpretation: denn aufgrund der Tatsache, daß Erfolgs- und Mißerfolgsmotivierte bei der Ursachenerklärung von Leistungsergebnissen den Fähigkeitsfaktor unterschiedlich gewichten, kommt er zu dem Schluß, daß sich diese beiden Personengruppen „in ihren Konzepten eigener Begabung unterscheiden" (S. 102). Und auch WEINER (1976) spricht in diesem Zusammenhang ausdrücklich von der „Auffassung der Begabung als relativ stabiles Selbstkonzept" (S. 210).

Es fällt nicht sonderlich schwer, bereits aus diesen wenigen Zitaten die Vorstellung einer Gleichsetzung, zumindest aber eines großen Ausmaßes an Übereinstimmung zwischen *Selbstkonzept, Begabung und Leistungsmotiv* herauszulesen.

Auf den ersten Blick hat es damit den Anschein, als würde hier quasi durch die Hintertür ein Konzept (Begabung bzw. Intelligenz) in die *Motivations*psychologie eingeführt, dem bisher an dieser Stelle – wie wir meinen zu Recht – allenfalls periphere Bedeutung eingeräumt wurde (HECKHAUSEN, 1965, 1971). Denn – von der theoretisch sinnvollen Unterscheidung zwischen Begabung und Motivation einmal ganz abgesehen –, auch die allermeisten empirischen Belege hierzu waren in ihrer Größenordnung dermaßen niedrig, daß es eigentlich keinen Grund gibt, an einer entsprechenden Vorstellung festzuhalten. Doch ganz unabhängig davon – ein dermaßen undifferenzierter und globaler Begabungsbegriff, wie er hier anklingt, ist inzwischen auch seitens der Intelligenzforschung längst verworfen worden (vgl. HECKHAUSEN, 1975b; PAWLIK, 1976).

Trotzdem zieht sich die Annahme einer engen Kopplung der drei Konstrukte wie ein roter Faden durch große Teile der neueren motivationspsychologischen Literatur, deshalb soll zunächst einmal näher geprüft werden, worauf sie sich eigentlich stützen kann. Das methodische Paradigma von Untersuchungen, aus denen Rückschlüsse auf das Selbstkonzept gezogen wurden, ist relativ einfach. Entweder wurden strukturell wenig komplexe und bedeutungsarme Aufgaben wie Anagramme, Zahlen-Symbol-Tests, Rechenaufgaben etc. vorgelegt, zu denen der Proband nach einer kurzen Übungsphase anzugeben hatte, wie hoch er seine vermeintliche Fähigkeit hierfür einschätzt. Oder es wurde mit ähnlichem Material unter Hinweis auf die Ergebnisse vergleichbarer Gruppen Erfolg bzw. Mißerfolg induziert und anschließend erfragt, auf welche kausalen Ursachen er sein Gelingen oder Mißlingen zurückführt.

Hierbei hat sich wiederholt gezeigt, daß prospektive wie kausale Fähigkeitsurteile häufig *für Erfolgsmotivierte günstiger ausfallen als für Mißerfolgsmotivierte;* d. h., erstere schätzten nicht nur ihre Eingangsfähigkeiten höher ein, auch führten sie Erfolge stärker auf das eigene Können, Mißerfolge dagegen weniger ausgeprägt auf einen Mangel an Fähigkeit zurück als leistungsängstliche Probanden (MEYER, 1973a; KUKLA, 1972; WEINER, 1976; HECKHAUSEN, 1972, 1978b).

Was die Attribuierungsunterschiede anbelangt, so scheint damit die Annahme motivational beeinflußter *Beurteilertendenzen* zwar nicht ungerechtfertigt zu sein, dennoch, so meint auch SCHNEIDER (1977) im Rahmen einer kritischen Würdigung der einschlägigen Befunde, rechtfertigen sie wegen des insgesamt doch eher nur geringen Zusammenhangs (die maximale Korrelation betrug r = .35) „kaum [...] die These einer Identität zwischen den Konstrukten *erfolgsgerichtete Leistungsmotivation* und ‚Selbstkonzept guter eigener Begabung' und *mißerfolgsmeidend gerichtete Leistungsmotivation* und ‚Selbstkonzept schlechter eigener Begabung'." (S. 616)

So angemessen die hier ausgesprochene Einschränkung auch sein dürfte, berührt sie u. E. dennoch nicht unmittelbar den zentralen Kern einer notwendigen Kritik. Denn nicht die unzulässige Übergeneralisation im Hinblick auf das Selbstkonzept ist das Entscheidende – die positivere Rolle der Fähigkeitswahrnehmung für Erfolgsmotivierte ist kaum in Zweifel zu ziehen –, unzulässig wird der postulierte Zusammenhang erst durch die auch von SCHNEIDER nicht weiter in Frage gestellte Verbindung mit dem *Begabungskonzept.* Studien, in denen Fähigkeitsschätzungen der Leistungstätigkeit *voran*gestellt waren, machen dies besonders deutlich. Denn die Überlegenheit der

Erfolgsmotivierten sagt genaugenommen zunächst ja nicht mehr aus, als daß sie im Vergleich zu Leistungsängstlichen lediglich generell *zuversichtlicher* sind, sich gegenüber unvertrauten Leistungsanforderungen mehr *zutrauen* und evtl. auch stärker von der Überzeugung geleitet sind, neue Tätigkeiten relativ rasch erlernen zu können. Auch hierzu kann wieder auf SCHNEIDER (1977) Bezug genommen werden, denn gemäß seiner auf McCLELLAND gestützten Argumentation

„kann man die erfolgsgerichtete Leistungsmotivation auch als eine Tendenz verstehen, die eigene Leistungsfähigkeit *zu erproben,* oder mit a. W. *erfahren suchen,* was man leisten kann, und die mißerfolgsmeidend gerichtete Leistungsmotivation als Tendenz, solcher Leistungsinformation aus dem Wege zu gehen" (S. 627; Hervorh. von mir).

Zusammenfassend dürfte damit deutlich geworden sein, daß die Gleichsetzung von Selbstkonzept und Begabung empirisch bisher keinerlei Unterstützung erfahren hat. Insofern spricht nichts für die weitere Beibehaltung des Begabungsbegriffs innerhalb motivationspsychologischer Theorienbildung – es sei denn in dem ausschließlichen Sinne, daß Begabungs- und Fähigkeitseinschätzung als synonymes Begriffspaar gemeint sei. Dann jedoch bestände kein Nachteil, wenn auf das belastete, semantisch vieldeutige und in seinem Konstruktcharakter unbestimmte Begabungskonzept verzichtet werden würde. In der jetzigen Fassung jedenfalls „blockiert" es eher die Verfügbarkeit des Konstruktes „Selbstkonzept eigener Fähigkeit" und damit auch dessen Fruchtbarkeit im motivationspsychologischen Anwendungsfeld Schule.

Die ansonsten bestehende Gefahr, Begabungsvorstellungen selbst in die Analyse einfachster motivationaler Handlungsabläufe mit einfließen zu lassen, verdeutlichen die nachfolgenden Überlegungen MEYERs (1976). So fand er nur durchwegs geringe Korrelationen zwischen aufgabenspezifischen und situationsgeneralisierten Fähigkeitswahrnehmungen und knüpfte hier die Forderung an, „aufgabenspezifische und mehr generalisierte *Begabungsperzeptionen* theoretisch zu trennen." (S. 133; Hervorh. von mir)

Doch eine Gleichsetzung von aufgaben- bzw. aufgabenklassenspezifischen Fähigkeitsschätzungen mit „Begabungsperzeptionen" scheint nicht nur grundsätzlich unzutreffend zu sein (s. die noch zu referierenden Untersuchungen zur Ursachenerklärung erwartungswidriger Leistung oder auch die Anmerkung von HERRMANN, 1973, wonach gerade „intelligent" in der Alltagssprache keine festumrissene Bedeutung hat); auch wäre dann kaum noch der im einleitenden Zitat angesprochene Unterschied zwischen „Einschätzung eigener Fähigkeit" und „Selbstkonzept eigener Fähigkeit" so recht klar, es sei denn, dort wären in Anlehnung an die Intelligenzstrukturhypothese spezielle Teilfähigkeiten einem intellektuellen Globalindex (im Sinne eines „general factors"?) gegenübergestellt. Dann jedoch bestände keine klare Grenze mehr zwischen Motivations- und Begabungsansatz zum Verständnis des Leistungsverhaltens: beide wären austauschbar geworden.

Derartige Schwierigkeiten ergeben sich jedoch nicht, wenn man zunächst einfach davon ausgeht, daß der einzelne „für spezifische Tätigkeitsbereiche ... ganz unterschiedliche spezielle Fähigkeitskonzepte hat" (HECKHAUSEN, 1978a, S. 52), die in seinen Schätzurteilen zum Ausdruck kommen. Solange aber eine brauchbare Taxonomie von Aufgaben- und Tätigkeitsklassen noch fehlt, können über die Bereichsspezifität, d. h. dimensionale Zusammengehörigkeit von Teilperzeptionen, allerdings nur Vermutungen aufgestellt werden. Auf jeden Fall legen es insbesondere Ergebnisse aus dem Schulleistungsbereich nahe, hierbei die Grenzen nicht zu eng zu ziehen (ROEDER & TREUMANN, 1974).

Greifen wir auf dem Hintergrund dieser Ausführungen die Eingangsfrage nach der Definition des Selbstkonzepts eigener Fähigkeit wieder auf, so scheint sie insofern falsch gestellt zu sein, als sich gezeigt hat, daß zwischen theoretischer Definition und faktischer Operationalisierung erhebliche Diskrepanzen bestehen. Die Vergleichbarkeit mit dem folgenden Kapitel scheint daher eher möglich zu sein, wenn die Antwort allein im Rahmen der experimentalpsychologischen Realisierungen erfolgt.

Hier aber ist klar erkennbar, daß mit *Selbstkonzept* eindeutig eine an die Aufgabe angelehnte *Fähigkeitsperzeption* angesprochen ist. Von daher wäre es im Grunde auch keine ernsthafte Beeinträchtigung der von MEYER, WEINER, KUKLA u. a. vertretenen Vorstellung, wenn das motivationspsychologische Selbstkonzeptkonstrukt ausschließlich im Sinne von „Fähigkeitseinschätzung in bezug auf eine spezifische Aufgabenstruktur" festgelegt würde.

Zweifellos fließt in ein derart definiertes Konstrukt teilweise auch eine generalisierte Kompetenzvorstellung auf dem Hintergrund eher hoher oder niedriger Erfolgszuversicht mit ein, die vielleicht am treffendsten in der personalen Disposition Leistungsmotiv zum Ausdruck kommt. Das impliziert von vornherein jedoch weder eine Gleichsetzung „generalisierte Kompetenzzuversicht/Begabung (Intelligenz)" noch „Leistungsmotiv/Selbstkonzept eigener Fähigkeit".

Vielmehr ist zu erwarten, daß das Gewicht des Leistungsmotivs als Determinante der Fähigkeitseinschätzung in dem Maße *abnehmen* wird, wie genügend Vertrautheit, d. h. valide Informationen aus der Auseinandersetzung mit der Aufgabe, zur Verfügung steht. Experimentell hatte sich diese Vorstellung schon vor vielen Jahren bestätigen lassen (KAUSLER & TRAPP, 1958): während im ersten Versuchsdurchgang Erfolgsmotivierte noch eine signifikant größere Zieldiskrepanz als Mißerfolgsängstliche aufwiesen, d. h. ihre Leistungserwartungen höher ansetzten als es den tatsächlich erbrachten Ergebnissen entsprach, wurde dieser Gruppenunterschied mit zunehmender Erfahrungsbildung geringer und verschwand schließlich ganz. Doch selbst nach hinreichender Aufgabenvertrautheit können erfolgsmotivierte Personen durchaus immer noch besser abschneiden (mit entsprechenden Folgen für ihre Selbstwahrnehmung) als mißerfolgmeidend Motivierte: dann jedoch vermutlich nicht mehr unmittelbar wegen ihres besseren Selbstkonzeptes, sondern in erster Linie *aufgrund ihrer motivational erheblich günstigeren Attribuierungsvoreingenommenheiten in der Erklärung von Erfolg und Mißerfolg* (s. HECKHAUSEN, 1972; HALISCH, 1976).

Von daher ist dem nur teilweise zuzustimmen, wenn MEYER (1976) in einer neueren Arbeit zu dem Schluß kommt, seine ursprüngliche Konzeption zu widerrufen und die „Gleichsetzung von Motivunterschieden mit wahrgenommener Begabung" aufzugeben. Denn nicht auf die partielle Motivabhängigkeit von Fähigkeitsperzeptionen wäre generell zu verzichten; vielmehr reicht völlig aus, die unglückliche Verquickung von Fähigkeit und Begabung fallen zu lassen und stattdessen ausschließlich von der operationalen Verankerung auszugehen.

Dann aber spricht durchaus einiges dafür, von einem zwar nicht durchgängigen, für die Freisetzung initialer motivationaler Kräfte aber auch nicht unwichtigen Einfluß des Leistungsmotivs auf die Fähigkeitswahrnehmung auszugehen.

3. DAS FÄHIGKEITSKONZEPT IM RAHMEN DER „PSYCHOLOGIE DES SELBST"

3.1. Zur Struktur des Selbstkonzepts

Bereits 1961 zählte WYLIE schon über 493 Titel zum Problemkreis Selbst und Selbstkonzept, was die schon damalige Extensität dieses Forschungszweiges wohl anschaulicher verdeutlicht als jeder Verbalisierungsversuch. Deshalb sei zunächst des Einstiegs halber einfach eine der bekannteren Definitionen herausgegriffen, die bereits auf ein wesentliches Merkmal dieses Konstrukts verweist. So bestimmt ROGERS (1951) das *allgemeine Selbstbild* einer Person als "organized configuration or perceptions of the self which are admissible to awareness" (S. 136)

und gibt damit zu erkennen, daß sich die persönlichkeitspsychologische Definition des Selbst letztendlich auf das gesamte Feld der phänomenalen Eigenwahrnehmung erstreckt (s. auch JERSILD, 1952). Allerdings läßt sich die ursprüngliche Globalität der Ich-Perzeption im nächsten Schritt sogleich aufspalten in eine Vielzahl von Wahrnehmungssegmenten, in deren Mittelpunkt jeweils spezifische Ausschnitte des Ich-Erlebens stehen. Beispielhaft verdeutlicht dies eine Untersuchung von ZAHRAN (1967), der bei einer umfangreichen Befragung von Jugendlichen die Überlegenheit derjenigen mit einem hohen Selbstkonzept u. a. in nachfolgenden Bereichen fand:
– psychologische Angepaßtheit
– Selbstwertgefühl („self-esteem")
– Ich- und Über-Ich-Stärke
– emotionale Stabilität
– geringes vorurteilsbehaftetes und stereotypes Denken
– Aktivität und Potenz
– kognitive Klarheit
– Selbstakzeptierung.
Aber auch, was für den vorliegenden Zusammenhang besonders wichtig ist, im Hinblick auf
– Wahrnehmung der Schule und
– Schulleistungen.
Schon diese, beliebig ergänzbare (z. B. FITTS, 1965) Aneinanderreihung von *Verhaltens- und Erlebensebenen,* auf die das Selbstkonzept einwirkt, macht die Unangemessenheit deutlich, die sich hinter der Vorstellung von *dem* Selbstkonzept eines Menschen verbirgt. Deshalb scheint die Annahme geradezu unverzichtbar zu sein, „that the Self-Concept should be regarded as multi-dimensional, covering a number of other social, personality and ability areas" (ZAHRAN, 1967, S. 238). Und dies nicht nur um einer größeren begrifflichen Klarheit willen, sondern in erster Linie im Hinblick auf den wissenschaftlichen Erklärungs- und Vorhersagewert dieses Konstrukts überhaupt.

3.2. Entstehungsbedingungen und Beeinflußbarkeit

Aus der Vielzahl von Modellen zur Konzeptgenese (s. dazu WYLIE, 1961; WEBSTER & SOBIESZEK, 1974; NEUBAUER, 1976) sticht eine Vorstellung heraus, die von der Annahme ausgeht, daß die Etablierung des individuellen Selbstkonzepts im Verlauf des Sozialisationsprozesses durch die Übernahme jener Meinungen und Bewertungen erfolgt, die seitens der Mitmenschen vorgenommen werden (BODDEZ, 1973). Aufbauend auf diesem Grundpostulat, werden innerhalb dieses als *Sozialer Interaktionismus* apostrophierten Ansatzes (MEAD, 1934; SULLIVAN, 1947; DEXTER, 1958; COOLEY, 1964) jedoch noch weitere Differenzierungen vorgenommen, die im vorliegenden Zusammenhang gerade deshalb von Bedeutung sind, weil sie sich leicht auch auf den schulischen Aufbau von Selbstwahrnehmungen übertragen lassen.

Danach erhält das Individuum sein Bild von sich selbst nicht *generell* durch die Reflexion der über Meinungen, Stellungnahmen, Beurteilungen etc. mitgeteilten Äußerungen anderer, sondern nimmt darüber hinaus zunächst selbst wiederum *Bewertungen* dieser anderen vor, von denen die Bedeutung, das Gewicht, das ihren Aussagen beigemessen wird, abhängt. Dieser Gewichtungsprozeß bedingt, daß sich je nach sozialem Partner bzw. Partnern unterschiedliche, jeweils durch die eigenen und fremden Rollen mitbestimmte „Selbste" ausbilden. Daraus folgt weiterhin, daß weniger das soziale Umfeld schlechthin für den Aufbau der Eigenwahrnehmungen bedeutsam ist („generalisierte andere" nach MEAD, 1934), sondern daß es – in Analogie zu den ganz ähnlichen Verhältnissen im Bereich des Imitationslernens (ZUMKLEY-MÜNKEL, 1976) – in erster Linie von der Qualität der Interaktionsbeziehung abhängt, ob es zur Aneignung von Fremdperzeptionen kommt oder nicht („signifikante andere" nach SULLIVAN, 1947; neuerdings auch GERTH & MILLS, 1970).

Grundsätzlich erweist sich damit das Selbst als *relativ änderbar*: zwar kovariiert es nicht notwendigerweise mit jedem sozialen Umgebungswechsel; es zeigt sich jedoch in dem Maße beeinflußbar, wie verschiedene Personen vergleichbarer subjektiver Wertschätzung auftreten bzw. einander ablösen, deren Haltungen und Meinungen für das Individuum von Bedeutung sind. Von daher ist es eine naheliegende Vermutung, daß gerade für den späteren Aufbau *kompetenzbezogener* Wahrnehmungen die *Persönlichkeit des Lehrers* von entscheidender Wichtigkeit sein wird (vgl. auch LORENZ, 1975).

Es sei noch angemerkt, daß der hier grob skizzierte Ansatz im Kern auch in der neueren Theorie der Selbstwahrnehmung wieder aufgegriffen worden ist (BEM, 1967, 1972). Denn auch innerhalb dieses behavioristisch orientierten Zugangs wird davon ausgegangen, daß sich jede Person nicht unmittelbar, sondern stets nur mittelbar über andere Personen erlebt, indem sie vorübergehend den Standpunkt anderer einnimmt, um diesen dann zu introjizieren.

„Insofern also jemand bei seinen Mitmenschen bestimmte, einigermaßen stabile und konsistente Auffassungen über jenes soziale Objekt, das er selbst ist, kogniziert oder perzipiert und diese übernimmt bzw. äußert, nimmt er sich selbst wahr (oder lernt eine Selbst-Einstellung), indem er eine Fremdwahrnehmung (oder eine soziale Einstellung) nachahmt (SCHMIDT, 1976, S. 2).

So viel zur Genese der allgemeinen Selbstwahrnehmung. Nun wurde jedoch schon darauf hingewiesen, daß der hier interessierende Aspekt des „Selbstkonzepts eigener Fähigkeit" lediglich einen Ausschnitt des globalen Selbstbildes darstellt und zu ihm in einem Verhältnis steht, wie eine definierte Teilmenge zu der Grundgesamtheit, der sie entstammt. Daß sich aber speziell dieser Wahrnehmungssektor nicht nur auf dem Hintergrund der konkret bestehenden sozialen Einbettung des Individuums etabliert, sondern zusätzlich auch noch von zeitlich sehr viel früheren Erfahrungen beeinflußt wird, ist durch die zahlreichen Untersuchungen zur Motivgenese eindeutig belegt (HECKHAUSEN, 1972).

So entwickelte KORMAN (1970) im Zusammenhang mit der Frage nach den *Determinanten der Fähigkeitswahrnehmung* die Vorstellung einer „self-perceived competence and ability for the task at hand", die *sowohl* durch die zurückliegende Lerngeschichte *als auch* durch Erfahrungen mit relevanten Bezugsgruppen (s. MEYER, 1973a) *als auch* durch die anschaulichen Anforderungscharakteristika der Tätigkeit selbst mitbestimmt ist.

Für die – besonders auch den Pädagogen interessierenden – Fragen nach den Entstehungsbedingungen sowie der Veränderbarkeit der Fähigkeitswahrnehmung ergeben sich hieraus im wesentlichen zwei – anscheinend einander widersprechende – Konsequenzen. Zum einen nämlich signalisiert die Personverbundenheit des Könnerlebens mit der Betonung vorschulischer – im wesentlichen elterlicher – Einflüsse eine relativ hohe Stabilität des Selbstkonzepts im Schulalter und damit nur geringfügige Möglichkeiten für seine spätere Modifikation. Ähnliches wurde bisher auch schon vom Leistungsmotiv angenommen (HECKHAUSEN, 1971, 1972) – und nur folgerichtig konnte MEYER (1973a) deshalb zunächst auch glauben, im Selbstkonzept ein Korrelat, wenn nicht gar ein Substitut des Leistungsmotivs gefunden zu haben.

Dem widerspricht jedoch der zweite Gesichtspunkt KORMANs. Denn mit der weiteren Betonung von Referenzgruppen oder -personen wird nun doch noch eine ernsthafte Einflußmöglichkeit auf zentrale motivationale Steuerungsmechanismen (d. h. Fähigkeitsperzeptionen) aufgezeigt, die über die psycho-technischen Möglichkeiten der Stoffdarbietung und Aufgabengestaltung weit hinausreicht. Natürlich wird man kaum annehmen dürfen, daß personale wie soziale und auch aufgabenspezifische Aspekte des Selbstkonzepts in einer konkreten

Aufgabensituation nicht irgendwie miteinander interagieren (was sich ja auch schon in den frühesten Untersuchungen zur Leistungsmotivation gezeigt hatte; ATKINSON, 1958). Insofern dürften therapieähnliche Modifikationsstrategien bei weitem nicht so einfach sein, wie es auf dem Hintergrund allein theoretischer Überlegungen den Anschein hat. Es ließ sich jedoch bereits zeigen, daß zumindest ihre grundsätzliche Unabhängigkeit besteht (GREENHAUS & BADIN, 1974).

Zwar wird auch von MEYER (1973a) die Bezugsgruppenorientiertheit des Fähigkeitskonzepts hervorgehoben, und Vergleichsstudien zwischen Hauptund Sonderschülern konnten dies bestätigen (RHEINBERG & ENSTRUP, 1977; KRUG & PETER, 1977); doch läuft u. E. auch die neuere Motivationsforschung bereits wieder Gefahr, die sich hierin offenbarende Chance ohne entsprechendes Forschungsengagement vorüberziehen zu lassen, um sich stattdessen auf die reine Deskription von Ursache-Wirkung-Verflechtungen zu beschränken. WEINERs (1976) Äußerung von der Begabung als ein „relativ stabiles Selbstkonzept" weist in eben diese Richtung, die auf der einen Seite zwar nachhaltige Umwelteinflüsse postuliert (hier: Referenzgruppen), im nächsten Schritt jedoch einem für Schüler zumindest zu früh angesetzten Fixierungs- und Stabilitätsdenken folgt, das unschwer die Sympathie für einen eher statisch gedachten Begabungsbegriff erkennen läßt.

Dagegen wird noch zu zeigen sein, daß die Fähigkeitswahrnehmung einerseits wohl handlungssteuernd ist (und damit nachhaltigen Einfluß auf erbrachte Leistungen hat), daneben aber in keinem, jedenfalls in keinem eindeutigen, Verhältnis zur tatsächlichen kognitiven Ausstattung eines Menschen, wie sie etwa ein Intelligenztest indiziert, steht. Wenn sie aber handlungsbestimmend ist, so sollte man sich eher den Spielraum erkennen lassenden Ausführungen von FEND u. a. (1976) anschließen:

„Wir postulieren ..., daß die Einschätzungen der eigenen Fähigkeiten und schließlich die Einschätzungen der eigenen Begabung und Intelligenz zu den wichtigsten Sozialisationseffekten gehören, die sich *bis zum Ende der Schulpflicht* stabilisiert haben dürften" (S. 325, Hervorh. von mir).

Bewußt zu wecken braucht der Erzieher die Sensibilität für Referenzgruppen ohnehin kaum, denn hierbei kann er sich durchaus schon auf entwicklungs-autochthone Tendenzen stützen, die gerade im Kindes- und Jugendalter auf einen steten Orientierungswandel hinwirken (HAVIGHURST, 1946; VIDEBECK, 1960; CARLSON, 1965). Die in dieser Zeit immer wieder nach einer neuen Stabilisierung strebende Dynamik im Selbstkonzept-Aufbau schlägt sich u. a. auch in einem signifikanten Alterstrend bezüglich der Leistungseinschätzung nieder, denn in mehreren Untersuchungen war die Kongruenz zwischen Selbstkonzept und tatsächlichen kognitiven Fähigkeiten (wie sie ein Intelligenztest indiziert) bei älteren Schülern deutlich höher als bei jüngeren (BAILEY & GIBBY, 1971; BAILEY & BAILEY, 1974).

Solche Hinweise sprechen zunächst für eine wachsende Realistik im Aufbau der Fähigkeitswahrnehmung. Dennoch scheinen aber im Laufe des Lebens immer wieder gewisse „sensible Phasen" aufzutreten, die die prästabilisierten kognitiven Strukturen erschüttern können und manchmal eine völlige Neuorientierung erforderlich machen. Dies ist insbesondere immer dann der Fall, wenn sich bedeutungsvolle *Wechsel* der Lernumwelten und damit auch der sozialen Bezugsgruppen ergeben, z. B. beim Übergang zu weiterführenden Schulen, beim Hochschuleintritt oder selbst bei einer den formalen Referenzrahmen nicht unmittelbar tangierenden Änderung des Klassenverbandes (Umzug, Zusammenlegung von bisher getrennten Schulklassen etc.). In bezug auf solche Situationen konnten zeitweilige Erschütterungen des Selbstkonzepts wiederholt bestätigt werden (HESS & BRADSHAW, 1970; BAILEY & BAILEY, 1974; BURCK & BODWIN, 1963).

3.3. Fähigkeitswahrnehmung und Intelligenz

In der Leistungsmotivationsforschung ist es ein schon seit langem bekanntes Problem, das zu einer kaum mehr zu überschauenden Flut von Versuchen und Vorschlägen geführt hat, die selbst noch bis in die allerjüngste Zeit hineinreichen (HERMANS, 1977): Wie kann man die Leistungsmotivation auf ökonomische Weise mittels eines Fragebogens messen? Dies gelang jedenfalls in den allerwenigsten Fällen, und ist auch, wie HECKHAUSEN (1967) meint, zukünftig nicht zu erwarten, da es einer Person einfach nicht möglich sei, zu einer als komplexes Konstrukt definierten psychologischen Größe zuverlässig und valide Stellung zu beziehen (s. dazu auch SCHMALT, 1976a, b).

Ein solches Konstrukt ist auch die Intelligenz, und so liegt in Analogie zum Leistungsmotiv sogleich die Annahme nahe, daß es auch hier kaum gelingen könnte, zu Einschätzungen zu gelangen, die den „wirklichen" Gegebenheiten auf ausgeprägte Weise korrespondierten. Tatsächlich scheinen die Befunde einer Reihe von Autoren, die den fraglichen Zusammenhang unter Einbeziehung von Intelligenztestergebnissen als beste Approximationen an intellektuelle Kapazitäten näher untersuchten, dies auch zu bestätigen, denn entweder fand sich überhaupt keine Kovariation zwischen Schätz- und Testdaten (ZAHRAN, 1967; WATTENBERG & CLIFFORD, 1964) oder nur eine äußerst geringe (BROOKOVER et al., 1964; WOLF & WASDEN, 1969) oder nur bei Jungen, nicht aber bei Mädchen (BLEDSOE, 1964). Und auch MEYER (1973a), gestützt auf eigene Untersuchungen, kommt zu dem Schluß, „daß Selbstkonzepte der eigenen Fähigkeit und gemessene Intelligenz relativ unabhängig voneinander sind" (S. 148).

Damit scheint der Sachverhalt zunächst eindeutig zu sein, wenn nicht auf der anderen Seite auch eine Argumentation möglich wäre, die zu genau entgegengesetzten Vorhersagen führt.

Denn fragt man einmal unvoreingenommen nach den Prämissen für eine positive Entwicklung der Fähigkeitswahrnehmung, so liegt der Gedanke nicht fern, hierbei als erstes auf die intellektuelle Ausstattung eines Individuums zurückzugreifen. Erscheint doch die Annahme plausibel, daß mit zunehmender „wahrer" Fähigkeit auch vermehrt positive Tüchtigkeitserfahrungen gesammelt werden können, d. h., daß der Intelligentere eine insgesamt erfolgsgetöntere Lerngeschichte durchläuft als der weniger Intelligente, was sich in ausgeprägten Kompetenzperzeptionen niederschlagen sollte.

Auch hierzu liegen einige empirische Belege vor. So berichtete BLEDSOE (1964), wenngleich nur für männliche Schüler, durchweg signifikante Korrelationen in der Größenordnung von r = .28 bis r = .42 zwischen allgemeiner Selbsteinschätzung (gemessen anhand von 30 adjektivischen Selbstbeschreibungen), die auch Fähigkeitsaspekte enthielt, und einem Intelligenztest. Und in dieselbe Richtung wies auch ein jüngerer Befund von BUSBY et al. (1974): 7 von insgesamt 15 verschiedenen Maßen des allgemeinen Selbstkonzepts, meistens mit Fähigkeitsperzeptionen konfundiert, korrelierten zwar nicht hoch, aber dennoch deutlich mit einem Intelligenzmaß (.21–.28).

Doch noch klarer fielen die Korrelationen aus, wenn allein auf die Fähigkeitskomponente der Eigenwahrnehmung, also auf das Selbstkonzept im hier verwandten Sinne, abgehoben wurde. Für diesen Fall fanden sich Koeffizienten von r = .58 und r = .50 zwischen Selbstkonzeptindikator (Intellectual Efficiency-Scale aus dem CPI von GOUGH, 1957) und zwei verschiedenen Intelligenztests (zit. n. POHLMAN & BEGGS, 1974).

Gegenüber der vorschnellen Bereitschaft, aus diesen Ergebnissen eben doch einen faktischen Zusammenhang zwischen Selbstkonzept und Begabung abzuleiten, ist jedoch Skepsis geboten. Denn das hierzu eingangs vorgetragene Begründungsargument von den intelligenzbedingten Leistungserfahrungen läßt auch einen ganz anderen Gedankengang zu. Es scheint nämlich nicht minder sinnvoll zu sein, von der Vorstellung auszugehen, daß es weniger das Begabungspotential als solches als vielmehr die *Qualität und Art* der leistungsbegleitenden Interaktionsmuster ist, die das Verhältnis subjektiver Erfolgs- und Mißerfolgserlebnisse in erster Linie bestimmen – s. den analogen Sachverhalt bei der Leistungsmotivation (HECKHAUSEN, 1970; SCHNEIDER, 1973) –, so daß für ein zu wesentlichen Anteilen sozial vermitteltes Selbstkonzept eben doch jene Unabhängigkeit gegenüber den intellektuellen Voraussetzungen zu erwarten wäre, wie sie eingangs berichtet wurde.

Hieran anknüpfend, gehen einige Autoren sogar so weit (COMBS, 1952; PURKEY, 1970), daß sie die Leistungsgrenze des einzelnen weniger durch die ihm eigene Intelligenz als vielmehr vor allem durch deren phänomenale Repräsentanten bestimmt sehen. So meint PURKEY (1970):

"... that the assumption that human ability is the most important factor in achievement is questionable, and that the student's attitudes limit the level of his achievement in school" (S. 14).

Es stellt sich sogleich die Frage, wie diese konträren Befunde miteinander zu vereinbaren sind. Dazu sei noch einmal auf die Arbeit von BROOKOVER, THOMAS & PATERSON (1964) eingegangen. Zunächst fanden nämlich auch diese Autoren an einer Stichprobe von 1050 Schülern der 7. Klasse einen deutlichen Zusammenhang zwischen Selbstkonzept (gemessen mit einer selbstkonstruierten, leider jedoch nicht näher beschriebenen „Self-concept of ability scale", die auf verschiedene Schulfächer Bezug nahm) und IQ ($r = .47$), der sich jedoch auf die unbedeutende Größenordnung von $r = .17$ reduzierte, sobald der Einfluß der Schulleistung (GPA) über eine partielle Korrelation ausgeschaltet wurde.

Dieses Ergebnis entlarvt nun nicht nur den Scheinkorrelationscharakter im Verhältnis Selbstkonzept–Intelligenz. Darüber hinaus liefert es auch einen deutlichen Ursachenhinweis, indem es die zentrale Bedeutung, die der *Operationalisierung des Selbstkonzepts* zukommt, klar hervorkehrt. D. h.: Nur in dem Maße, wie das zu messende Selbstkonzept an Tätigkeiten orientiert ist, die *schulaffine Züge* tragen, ist auch zu erwarten, daß bedeutsame Beziehungen zur Intelligenz auftreten, da diese ebenfalls, aufgrund formaler wie inhaltlicher Ähnlichkeiten zwischen Intelligenztest–Items und zentralen schulischen Lerninhalten, zumindest mit den Hauptfächern nachweislich kovariiert (WEISS, 1964; HOLZINGER, 1960). Klammert man über den Weg der Partialkorrelation den Moderator Schulleistung jedoch aus, so läßt sich im wesentlichen *kein* Zusammenhang zwischen den beiden Variablen mehr feststellen.

Schließlich ließen sich auch aus einem ganz anderen Grund weitgehend uneinheitliche und hochgradig stichprobenspezifische Beziehungen zur Intelligenz erwarten. Denn da Leistungserfahrungen stets nur – von Bezugsnormen und kausalen Ursachenzuschreibungen abhängige – *Vermutungen* über die eigenen kognitiven Fähigkeiten zulassen, sollte der Grad an Übereinstimmung zwischen Test- und Schätzdaten in hohem Maße altersabhängig sein. Ganz in diesem Sinne fanden BAILEY & GIBBY (1971) zwar bei Schülern der 12.

Klasse signifikante Korrelationen zwischen den beiden Variablen, nicht jedoch bei Sechsklässlern, deren Ratings noch durchweg sehr viel variabler und weniger realistisch ausfielen.

Zusammengefaßt deutet somit die Befundlage weitgehend auf eine zumindest für den größten Teil der Schulzeit geltende *Unabhängigkeit* zwischen (von gemeinsamen schulischen Anteilen bereinigten) Indikatoren kognitiver Fähigkeit(en) und deren subjektiven Perzeptionen hin. Ein anderer Schluß konnte, sieht man von den empirischen Evidenzen einmal ab, jedoch auch aus rein logischen Gründen kaum erwartet werden, solange man an der *motivationspsychologischen* Verankerung des Selbstkonzeptes festhält. Denn nur wenn Fähigkeitsperzeptionen als invalide phänomenale Repräsentationen der real-kognitiven Verhältnisse (übersetzt mit „Intelligenz") angenommen werden, ist es überhaupt erst sinnvoll, ihnen den Status zentraler motivationaler Steuerungselemente zuzuerkennen. Andernfalls spiegelte interindividuelle Leistungsvarianz nichts anderes als „Begabungs"-Unterschiede, und ein eigenständiges Motivationskonzept wäre überflüssig bzw. lediglich brauchbar, um ausschließlich *intraindividuelle* Leistungsschwankungen erklären zu können. Ein solchermaßen restringiertes Modell befände sich jedoch nicht nur im Widerspruch zu allen wichtigen Theorien des (schulischen) Leistungsverhaltens (vgl. HARNISCHFEGER & WILEY, 1977), darüber hinaus würde es auch nicht annähernd den realen Verhältnissen gerecht werden (s. RHEINBERG, 1977).

3.4. Selbstkonzept und Leistung

Es bedarf an sich keiner über das bisher Gesagte hinausgehenden theoretischen Begründung, um die Vorstellung zu belegen, daß zwischen Leistungsvariablen und Selbstkonzept ausgeprägte Zusammenhänge zu erwartet sind. Denn in dem Maße, wie die Auseinandersetzung mit bestimmten Schwierigkeitsanforderungen von nur geringer Zuversicht in das Vorhandensein des erforderlichen eigenen Könnens begleitet ist, wird nicht nur eine größere Bereitschaft zum Abbruch oder zur vorzeitigen Aufgabe der Tätigkeit die Folge sein; auch die Freisetzung bzw. Mobilisierung der motivationalen Ressourcen in Form von Anstrengung, Ehrgeiz, Zielstrebigkeit u. ä. ist von vornherein gemindert, da stets der zentrale Leitgedanke des „Ohnehin-nicht-Könnens" bei allen Willensakten hemmend interveniert (anschauliche Beschreibungen dieses Sachverhaltes finden sich bereits bei SCHLIEBE, 1934).
Der auf diese Weise verminderte Output wiederum bewirkt, daß sich auf dem Hintergrund sozialer Vergleichsprozesse der Eindruck man-

gelhafter Kompetenz nur noch mehr verfestigt – ein Teufelskreis, der es letztlich unmöglich macht, Ursache und Wirkung noch sinnvoll analytisch zu trennen (s. dazu den folgenden Abschnitt).

Exponiertes Untersuchungsfeld für diesen Zusammenhang war zunächst die *Leseleistung,* da man von der inzwischen fraglichen Annahme (s. GLOGAUER, 1977) ausging, daß sich in dieser Fertigkeit die intellektuellen Kapazitäten eines Menschen schlechthin manifestieren würden – ein Gedanke, der auch noch in jüngeren Publikationen wieder auftaucht (z. B. BLOOM, 1976):

"A person's ability to read effectively appears to have a direct relationship to his ability to acquire and to maintain an acceptable level of academic achievement" (LUND & IVANOFF, 1974, S. 160).

Tatsächlich ließ sich diese Vermutung nicht nur wiederholt bestätigen (WATTENBERG & CLIFFORD, 1964; FENNIMORE, 1968; BUSBY et al., 1974; LUND & IVANOFF, 1974); darüber hinaus konnten sowohl LAMY (1965) für Erst- als auch WATTENBERG & CLIFFORD (1964) für Zweitkläßler die prädiktive Validität des jeweils im Vorschulalter erfaßten Selbstkonzepts nachweisen.

Neben solchen oder ähnlichen Testleistungen als Kriterium (s. auch CAMPBELL, 1967) wurden aber schon frühzeitig auch *Schulnoten* herangezogen, und hier fand sich ebenfalls in den allermeisten Fällen ein deutlicher positiver Zusammenhang (BROWN, 1961; HOLLAND & NICHOLS, 1964; BLEDSOE, 1964; SEARS & SHERMAN, 1964; IRWIN, 1967), der – wie BROOKOVER, THOMAS & PATERSON (1964) zeigen konnten – auch dann noch erhalten blieb, wenn der Einfluß von Intelligenzmerkmalen kontrolliert wurde. PURKEY (1970) kam daher nur folgerichtig nach einer kritischen Sichtung der Literatur zu dem Schluß, daß „the research evidence clearly shows a persistent and significant relationship between the self concept and academic achievement" (S. 15; ebenso auch LEVITON, 1975).

Doch ungeachtet der möglichen Stichhaltigkeit einer solchen Interpretation sind ernsthafte Vorbehalte zunächst durchaus angebracht, denn gerade im Zusammenhang mit Zensuren stellt sich leicht der Verdacht ein, daß schulische Selbstkonzepte möglicherweise nichts anderes seien als nicht genauer bekannte Transformationen realer *Benotungs*verhältnisse in psychologische Schätzurteile. So sind zum Beispiel die Korrelationen zwischen Selbstkonzeptmaßen und weniger vordergründigen Indikatoren schulischer Leistungsfähigkeit (Schulleistungstest) in der Regel deutlich niedriger als zu Noten (CAMPBELL, 1967); und bleibt die Selbstkonzeptoperationalisierung zu global („schulische Leistungsfähigkeit"), sinkt die Korrelation ebenfalls beträchtlich (POHLMAN & BEGGS, 1974).

D. h., je anschaulicher und unmittelbarer das gegebene Kriterium ist, desto größer wird auch die Übereinstimmung mit der subjektiven Einschätzung sein (BERDIE, 1971), und je klarer die Klassifizierung der Fähigkeitswahrnehmung sich auf eindeutig definierte und abgegrenzte Teilleistungen bezieht, wiederum desto ausgeprägter ist auch die zu erwartende Kovariation. Als Beleg für diesen zweiten Fall kann die schon bekannte Arbeit von BROOKOVER, THOMAS & PATERSON (1964) gelten: Ließen sich schon für die Einschätzung der *allgemeinen* schulischen Fähigkeit signifikante Beziehungen zu einer ganzen Reihe verschiedener Unterrichtsfächer nachweisen, so waren die Koeffizienten ausnahmslos noch höher, wenn stattdessen *fachspezifische* Selbsteinschätzungen herangezogen wurden.

Eventuell waren es eben solche unangemessenen Operationalisierungen, die ARSENIAN bereits 1942 nach einem Vergleich des Vorhersagewertes von Test- und Schätzdaten zu dem Schluß kommen lassen konnten, „that the tests are more reliable and valid indicators ... than are self-estimates" (S. 290).

Weiterreichende Schlüsse sollen aus diesen Überlegungen zunächst noch nicht gezogen werden, nur soviel: Bei Selbstkonzept-Untersuchungen im schulischen Feld wird man stets zuvor genau zu überlegen haben, wie dieses Konstrukt operational verankert werden soll, wenn nicht zugelassen werden soll, daß die Befunde bereits durch die Wahl der Methode vorbestimmt sind. Wie stark jedoch innerhalb der Schule das Fähigkeitskonzept differenziert werden sollte, ist eine noch offene empirische Frage, der wir uns im ersten Teil dieser Arbeit widmen werden. Faktorenanalytische Untersuchungen von Schulnoten lassen jedoch bereits vermuten, daß sich auch in der Selbstwahrnehmung ein zunächst breites Fähigkeitsspektrum eventuell auf nur wenige Grunddimensionen reduzieren lassen wird (ROEDER & TREUMANN, 1974; KLEITER, 1973).

Nur der Vollständigkeit halber soll in diesem Zusammenhang kurz auch noch auf ein ganz anderes Problem hingewiesen werden, das die Selbstkonzept-Forschung mit sich bringt. So ist bis heute kaum geklärt und bestenfalls nur andiskutiert, ob die in welcher Form auch immer vorgenommene Operationalisierung des Selbstkonzeptes nicht stets zu einem ganz anderen Konstrukt führt als ursprünglich avisiert wurde, nämlich dem „mitgeteilten Selbst" (self-report), das mit dem phänomenalen Selbstkonzept nicht austauschbar ist (COMBS & SOPER, 1957). Trotzdem aber werden in fast allen Untersuchungen mit den unterschiedlichsten Methoden immer Selbstberichte gemessen und als Selbstkonzept bezeichnet (WALSH, 1967).

COMBS et al. (1963) forderten dagegen, daß mit Selbstkonzept nur bezeichnet werden dürfe, was eine Person von sich *glaubt* zu sein („the totality of the ways of seeing himself"), wohingegen der Selbstreport die *Beschreibung* des eigenen Selbst einem anderen gegenüber darstellt, was also die Person sagt, *das* sie sei. Beides kann durchaus übereinstimmen, muß es jedoch nicht, was in erster Linie davon abhängt, inwieweit die konkrete Situation zu Sanktionsbefürchtungen oder zu Tendenzen positiver Selbstpräsentation Anlaß gibt. Deshalb schlugen die Autoren vor, das Selbstkonzept nicht länger auf dem Hintergrund von Selbsteinschätzungen zu erfassen, sondern besser durch Beobachtung zu erschließen. Als Beleg für die Notwendigkeit eines solchen Schrittes führten sie eigene Befunde an, wonach zwischen beiden Maßen keine Korrelation bestand.

Zwar beziehen sich diese Überlegungen mehr auf ein Selbstkonzeptverständnis, das nicht nur auf den Fähigkeitssektor abhebt. Aber auch für einen isolierten Ansatz könnten sie wegen des hohen gesellschaftlichen Stellenwertes von Fähigkeiten (KLAPPROTT, 1972) nicht unwichtig sein; scheint doch gerade der Leistungsbereich ein Feld zu sein, das kommunikativen Verzerrungen durch motivationale Tendenzen oder wunschgeleitetem Denken verstärkt ausgesetzt ist (HECKHAUSEN, 1955; PFEIFFER, 1977).

3.5. *Vorstellungen zum Verhältnis von Ursache und Wirkung*

Folgt man PURKEY (1970), so ist die grundsätzliche Frage, „whether children see themselves negatively because of their poor school performance, or whether they perform poorly in school because they see themselves negatively" (S. 23) bisher noch ungelöst. Das klingt überraschend, denn man könnte meinen, daß die Einbeziehung des psychologischen Konstrukts Selbstkonzept in die Motivationstheorie, noch dazu seine Verankerung in einem „Prozeßmodell der Motivation" (MEYER, 1973a), doch nur bedeuten kann, daß somit von einem eindeutigen *Vorläuferstatus* der Fähigkeitswahrnehmung ausgegangen werden muß.

Ähnliche Vorstellungen finden sich schon sehr früh. So entwickelte bereits LECKI (1945) in Vorwegnahme der späteren Überlegungen FESTINGERs eine „verkürzte" Balance-Theorie, nach der jede Person bestrebt sei, ihr Verhalten so auszurichten, daß es zur Stabilisierung des eigenen Selbstbildes beiträgt („self-consistency"). Dies ist auch der Grundgedanke des sogenannten „Self-Enhancement-Modells": danach werden Fähigkeitsperzeptionen wohl über Rückkopplungsschleifen wieder von den erbrachten Leistungen verstärkt, prinzipiell gehen sie diesen jedoch voraus.
Dazu COMBS (1952):

"The possession of a particular concept of self tends to produce behavior that corroborates the self-concept with which the behavior is originated."

Einen Beleg für diese Argumentation sehen WATTENBERG & CLIFFORD (1964) in dem von ihnen empirisch erbrachten Nachweis, daß sich die Lesefähigkeit von Kindern des zweiten Schuljahres mit einem Indikator des Selbstkonzeptes vorhersagen ließ, der immerhin bereits zwei Jahre zuvor, als die Schüler noch im Kindergarten waren, erhoben worden war (ähnlich auch LAMY, 1965). Diese Begründung klingt zunächst schlüssig, doch ist wegen des korrelativen Ansatzes dieser Studie natürlich nicht auszuschließen, daß bereits im Kindergartenalter Kinder mit dem positiveren Selbstkonzept auch kognitiv und intellektuell entwickelter waren und deshalb auf allen Ebenen mehr leistungsbegünstigende Erfolgserfahrungen sammeln konnten als andere, was sich alsdann in ihren Fähigkeitskognitionen niederschlug. Dennoch hat dieser Ansatz viele Vertreter gefunden (SEARS & SHERMAN, 1964; BROOKOVER, THOMAS & PATERSON, 1964; LEVITON, 1975). COMBS (1959) ging sogar so weit, anzunehmen, daß ein Schüler, der glaubt, ein schlechter Leser zu sein, unabhängig von seinen tatsächlichen Lesefertigkeiten bemüht sein wird, selbst dieses Selbstbild zu bestätigen und zu erhalten. Dem ist allerdings nur in soweit zuzustimmen, als zwar der Leseschwache sehr wahrscheinlich auch über ein nur mangelhaftes Fähigkeitskonzept verfügen wird, das u. U. kaum mit seinem wirklichen Könnenspotential übereinstimmt. Daraus jedoch auf *willentliche* Konsistenzbestrebungen zu schließen, dürfte aber wohl auf eine Überinterpretation dieses Modells hinauslaufen.

Erwähnt sei schließlich auch noch eine Arbeit von McCORMICK & WILLIAMS (1974), die von einer ganz anderen Fragestellung her dennoch zu demselben Schluß kommen. Obwohl es ihr ursprüngliches Ziel lediglich war, das Selbstkonzept über ein kompensatorisches Trainingsprogramm zu erhöhen, fanden sie im Anschluß an die erfolgreiche Beeinflussung, sowohl eine Leistungsverbesserung als auch eine realistische Korrektur des Anspruchsniveaus ihrer Probanden.

All diesen Untersuchungen stehen lediglich zwei uns bekannte Studien gegenüber, die einen genau entgegengesetzten Zusammenhang postulieren (KIFER, 1975; CALSYN & KENNY, 1977) und als Alternative das „Skill-Development-Modell", das sich ausdrücklich gegen die Thesen des Sozialen Interaktionismus wendet, ins Feld führen. Empirisch gestützt wird diese Aussage durch die Ergebnisse einer der Pfadanalyse ähnlichen statistischen Prozedur, die es gestatten soll, aufgrund von Korrelationsvergleichen zwischen Selbstkonzept und Leistung zu zwei verschiedenen Meßzeitpunkten Rückschlüsse auf die kausale Abfolge zu ziehen. Doch ohne den Wert dieser ohnehin noch recht neuen Methode bereits abschließend in Zweifel ziehen zu wollen: Auch CALSYN & KENNY kamen um die Feststellung nicht herum, daß das Selbstkonzept auf signifikante Weise mit der Fremdbewertung korrelierte, was mit ihrer Grundannahme jedoch nicht vereinbar war. Und was das Gewicht des Verfahrens anbelangt, so führten die Ergebnisse einer vergleichbaren Analysestrategie (Pfadanalyse) in einem anderen Fall zum genau entgegengesetzten Schluß (ANDERSON & EVANS, 1974).

Ohne deshalb noch weiter auf das Für und Wider eingehen zu wollen: Es scheint, daß die *direkte* Ursachenfrage im Grunde falsch gestellt ist. Schulleistungen und Selbstkonzepte korrelieren in Abhängigkeit vom Meßverfahren in Größenordnungen von $r = .20$ bis $r = .60$ miteinander (LORENZ, 1975), und man kann hieraus – weil Korrelationen grundsätzlich keine Aussagen über Ursache-Wirkungs-Beziehungen zulassen – je nach persönlichem Standort die Kausalkette sowohl in die eine als auch in die andere Richtung knüpfen (s. auch SHAW et al., 1960).

Demgegenüber wurde jedoch gezeigt, daß im Verlauf von vorschulischer und schulischer Sozialisation immer wieder Phasen auftreten, die zur Erschütterung prästabilisierter Selbstwahrnehmungen mit sich anschließenden Bemühungen zur Neuorientierung führen, was erkennen läßt, daß nach einer Veränderung des Referenzrahmens das Selbstkonzept zumindest recht anfällig sein kann und sich erst über das eventuell veränderte Leistungs- (aber auch Sozial)-verhalten im neuen Kontext erneut (re)-stabilisieren muß.

Zu enge Begriffsbestimmungen sind damit der eine Grund für die widersprüchlichen Aussagen. Mangelnde Differenziertheit ist der andere. So scheint gerade für die Schule die Annahme nicht unplausibel zu sein, daß für die Prädiktion von Lernleistungen die Bedeutung eines *allgemeinen* Fähigkeitskonzeptes zunehmend mehr in den Hintergrund tritt und – wenn nicht gerade fächer-, so doch inhaltsgebundenen – Teilkonzepten Platz macht. Diese werden jedoch sicherlich weniger „eingebracht", sondern sind Resultate der mannigfaltigen Rückmeldungen, die der Schüler durch Lehrer und Mitschüler tagtäglich erhält (vgl. ADAM & VOGEL, 1975).

Damit ließen sich sowohl die auf ein differenziertes Selbstkonzept verweisenden Befunde von BROOKOVER et al. (1964) erklären als auch ein früherer Hinweis von CAMPBELL (1967), wonach der Zusammenhang zwischen *allgemeinem* Fähigkeitskonzept und Schulleistung mit wachsender Schulerfahrung geringer wird.

Insgesamt scheint es daher der – insbesondere auch pädagogisch gesehen – angemessenste Weg zu sein, sich bezüglich der vorliegenden Frage einer bereits älteren Vorstellung von McDAVID (1959) anzuschließen. Danach sollte man das Selbstkonzept weder als Antezedenz für noch als Konsequenz von Schulleistung ansehen, sondern stattdessen einen Feedback-Mechanismus annehmen: gute Leistungen haben eine höhere Selbstbewertung zur Folge, die wiederum zu erhöhtem Selbstkonzept und gesteigerter Motivation führt, auch zukünftig gute Leistungen zu erbringen.

Ganz in diesem Sinne und ohne damit ein lediglich statistisch bedeutsames Interaktions-Konzept vor Augen zu haben (s. BOWERS, 1973), faßt auch PURKEY (1970) dieses Problem dahingehend zusammen,

"... that there is a continous interaction between the self and academic achievement, and that each directly influence the other" (S. 23).

Dennoch dürften die ersten Wechselwirkungen bereits dort anzutreffen sein, wo dem Gesamt schulischer Anforderungen zunächst noch besser durch ein stabiles psychosoziales Allgemeinempfinden entsprochen werden kann als durch spezifische Kompetenzperzeptionen, d. h. während der Grundschulzeit.

Darüber hinaus muß jedoch angenommen werden, daß sich aber auch schon in diesem frühen Stadium der Schulerfahrung charakteristische – die späteren Fähigkeitskonzepte prästabilisierende – Interaktionsmuster zwischen Lehrer und Schüler auszubilden beginnen, die nur wenige Jahre später bereits nachhaltig für den Lernerfolg mitverantwortlich zeichnen.

Dieser Gedanke läuft darauf hinaus, ein zunächst noch wenig differenziertes und segmentiell erst grob strukturiertes Selbstkonzept (ganz im traditionellen Sinne), das zwar bereits Akzente globaler Tüchtigkeitswahrnehmung enthält, darüber hinaus jedoch mindestens gleichgewichtig auch von sozialen und emotional-affektiven Eindrücken mitbestimmt ist (self-esteem), quasi als *Vorläuferkognition* für spätere Fähigkeitseinschätzungen anzusehen. Die hiermit verbundenen Konsequenzen – die u. a. die nicht hoch genug einzuschätzende Bedeutung der Grundschulerziehung für die motivationale Entwicklung erkennen ließen –, können an dieser Stelle jedoch nicht weiter verfolgt werden.

Aus den TAT-Protokollen 9–11jähriger Schulkinder:
„Ein Kind muß zum Rektor. Der Rektor sagt: ‚Du bist dumm!' ‚Ich bin nicht dumm, ich bin gut!' ‚Du bist dumm und bleibst dumm.'"
„Peter muß eine Aufgabe an die Tafel schreiben. Peter war sonst still, und der Lehrer glaubte, er wäre dumm."
(aus WASNA, 1972, S. 105.)

4. SCHULISCHE(S) SELBSTKONZEPT(E)

Aus den bisherigen Ausführungen ist ersichtlich geworden. daß der Frage nach der Kovariation von fähigkeitsbezogenem Selbstkonzept und schulischer Leistung bereits lange vor der Entwicklung einer kognitionspsychologischen Motivationstheorie nachgegangen wurde. Insofern ist dieser Zugang zum Verständnis der Schulleistung keineswegs originär. Doch läßt sich sagen, daß insgesamt gesehen auch diese Ansätze eher auf dem Hintergrund eines „shot gun approach" (TRAVERS, 1969) erfolgten, was im wesentlichen zur Folge hatte, daß die für dieses Terrain selbst heute noch charakteristische relativ willkürliche Aneinanderreihung zahlloser Einzeluntersuchungen nur noch um weitere Korrelationsbefunde ergänzt wurde (vgl. die Sammelreferate von LAVIN, 1965; GAEDIKE, 1974). Erst seit kurzem liegen hierzu erste Ansätze einer theoretischen Integration vor, allerdings noch ohne ausdrückliche Einbeziehung der Fähigkeitswahrnehmung (KRAPP & MANDL, 1976; KRAPP, 1976).

Dagegen ist nochmals hervorzuheben: das Studium von Selbstkonzepten im Rahmen schulischen Lernens hat mit einem solchen, eher heuristisch orientierten Ansatz unmittelbar nur wenig gemein. Nicht Aufklärung von Leistungsvarianz ist das eigentliche Anliegen, vielmehr kommt es in erster Linie darauf an, die Ist-Lagen von Leistungsgegebenheiten auf dem Hintergrund kognitiv-motivationaler Steuerungsmechanismen aufzuzeichnen und das mit ihnen verbundene Lernverhalten zu *verstehen*. Damit ist die Hoffnung verknüpft, daß es möglich sein könnte, durch gezielte pädagogische Interventionsmaßnahmen, die sich aus den wissenschaftlichen Erkenntnisse ableiten lassen, langfristig zur Verbesserung des Lernklimas, vor allem aber zu mehr Leistungszuversicht und -freude in Verbindung mit realistischer, aber auch angstfreier Einschätzung der Grenzen des einzelnen beitragen zu können (vgl. die jüngste Umfrage des Saarländischen Kultusministeriums, 1977).

Denn in einer Gesellschaft, in der der Satz weitverbreitete Geltung besitzt „to be *able* is to be *worthy*" (COVINGTON & BERRY, 1976, S. 7), für die aber auch gilt, daß „a student's conception of his abilities severely *restricts* his achievement, even though his real abilities may be superior to those which he demonstrates" (LaBENNE & GREENE, 1969, S. 25; Hervorhebung von mir), in einer solchen Gesellschaft kann es sich eine Motivationspsychologie, die eben diese Fähigkeitswahrnehmung des einzelnen zu ihrer theoretischen Schlüsselvariablen gemacht hat, u. E. auf Dauer nicht erlauben, ihre Einsichten und Erkenntnisse lediglich außerhalb der verbindlichen Alltagswelt zu *sammeln* und zu kommunizieren, ohne dabei die realen Verhältnisse mit einzubeziehen.

Sieht man jedoch von den bereits erwähnten korrelativen Selbstkonzeptstudien einmal ab, so fehlt es gegenwärtig an entsprechenden Untersuchungen im *schulischen Feld* noch nahezu völlig. Und dies gilt nicht allein für die komplexeren theoretischen Modelle wie beispielsweise das Konzept von MEYER (1973a, 1976); der Mangel fängt bereits bei den basalen Konstrukten an, denn außer der allgemeinen und vagen Vorstellung, daß phänomenale Kompetenzperzeptionen auch das Leistungsverhalten in der Schule begleiten, ist so gut wie nichts weiter bekannt. Was darüber hinaus geht, sind weitestgehend nur Analogieschlüsse, die, wenn sie ungeprüft bleiben, nicht nur aus allgemein wissenschaftstheoretischen Überlegungen fragwürdig sind; im pädagogischen Raum sind sie geradezu gefährlich, weil – meist andere als der für die eigentliche Theorie verantwortliche Wissenschaftler selbst – häufig allzu schnell bereit sind, auf dem Hintergrund der unkritisch unterstellten Gültigkeitsgeneralität des Modells vorschnelle Konsequenzen zu deduzieren und als „pädagogisches Wissen" an hierfür aufgeschlossene Erzieher weiterzugeben. Mit einer ganzen Reihe von Beispielen aus jüngster Zeit ließe sich diese Befürchtung leicht belegen.

Dabei hat erst kürzlich RHEINBERG (1977) überzeugend nachweisen können, zu welcher völligen Unangemessenheit es führen kann, wenn selbst experimentell vielfach ausgewiesene Prinzipien vorbehaltlos auf natürliche Situationen übertragen werden. Im Hinblick auf den berechtigten Anspruch der Praxis gibt es u. E. daher nur einen angemessenen Weg: *bevor* die gedanklichen Extrapolationen im Labor entdeckter und theoretisch verdichteter Beziehungsstrukturen im MILLERschen Sinne „weitergegeben" werden, sollten sie zunächst auch innerhalb jenes spezifischen Kontextes repliziert worden sein, für den der erweiterte Gültigkeitsanspruch erhoben wird. D. h. für die Motivationspsychologie: Aussagen über schulische Lernmotivation gewinnen erst in dem Maße an Gewicht, wie die Untersuchungen, die ihnen zugrunde liegen, auch innerhalb des betreffenden Rahmens durchgeführt worden sind. Doch dann – nach den bisherigen Erfahrungen der Pädagogischen Psychologie ist dieser Satz nahezu trivial – sieht vieles anders aus.

Inwiefern anders? Das soll im wesentlichen die Fragestellung der ersten Untersuchung sein, über die im folgenden berichtet werden wird. Dabei geht es speziell um zwei Probleme:

a) Läßt sich die Vorstellung von der inhaltlichen *Generalisiertheit* der Fähigkeitswahrnehmung für die schulischen Verhältnisse bestätigen? Oder ist es sinnvoller, zwischen verschiedenen fächerspezifischen Teilperzeptionen (wieviele?) zu unterscheiden?

b) Die Genese von Könnensvorstellungen ist ein komplizierter Prozeß, der, wie KELLEY (1971, 1973) dargelegt hat, u. a. von individuellen Leistungs*vergleichen* über Inhalts-, Zeit- und sozialen Kontexreihen abhängt. Darüber hinaus spielen Andere aber nicht nur als Referenzgruppe eine Rolle, es deutet sich auch an, daß gerade in der Schule über das Sanktionsverhalten des Lehrers versteckt mitgeteilte Fremdeindrücke an den Schüler weitervermittelt und möglicherweise von ihm zur Validierung des eigenen Fähigkeitsbildes herangezogen werden (MEYER u. a., 1977).

Diese und andere Ansätze werden hier aber nicht weiter aufgegriffen, da zunächst ein viel einfacherer Sachverhalt sich aufdrängt: denn deutlicher als irgendwo anders sind die in der Schule gezeigten Leistungen mit relativ unmittelbaren Rückmeldungen verbunden, sie werden *zensiert,* und man kann sich eigentlich kaum vorstellen, daß diese viele Jahre anhaltende Bewertungsflut ohne Folgen für die Selbstwahrnehmung eigener Fähigkeit(en) bleiben sollte.

Doch wie ist es um das methodische Repertoire bestellt, mit dem sich diese und andere inhaltliche Fragen beantworten lassen? Was die Messung von Fähigkeitsperzeptionen anbelangt, so scheint es zumindest fraglich, ob sich die diesbezügliche Strategie der einschlägigen Laborforschung auch ohne weiteres auf die Schule übertragen läßt. Denn die unkritische Übernahme der experimentell verwandten einfachen eindimensionalen Skalierungstechniken (z. B. MEYER, 1973a; KUKLA, i. V., a) könnte leicht zur Folge haben, daß Schüler diese Skalen lediglich als Vehikel zur Transformation ihrer Noten oder geschätzten Notenmittel benutzen. Natürlich würden auf diese Weise vorgenommene Positionsbestimmungen *auch* etwas über wahrgenommene Fähigkeiten aussagen, dabei bliebe jedoch offen, welches „Mischungsverhältnis" von Selbstwahrnehmung und Reflexion fremder Leistungsbewertung durch einen angekreuzten Skalenwert zum Ausdruck käme.

Allerdings werden auch wir, um die Generalitätsannahme zu prüfen, zunächst trotz aller Bedenken erneut auf diese gängige methodische

Praxis zurückgreifen, da Alternativverfahren, die speziell auf verschiedene Unterrichtsfächer abgestimmt sind, erst noch entwickelt werden müssen. Dies wird beispielhaft jedoch im Anschluß an den ersten empirischen Untersuchungsabschnitt nachgeholt. Dort wird ein Fragebogen zur Quantifizierung der mathematischen Fähigkeitswahrnehmung vorgestellt, der durch den fehlenden Notenbezug seiner Items nicht nur die Gefahr der Zensurenisomorphie reduziert. Darüber hinaus ist von einem solchen Instrument allein aus testtheoretischen Gründen zu erwarten, daß es aufgrund seiner höheren Reliabilität und der Bekanntheit seiner inhaltsdimensionalen Struktur zu einer erheblich eindeutigeren und konturierteren Erfassung des fraglichen Konstrukts führt (s. LIENERT, 1967).

Zunächst jedoch noch einige Anmerkungen zur ersten Frage nach der Globalität fachspezifischer Selbstkonzepte, die insofern aus rein sachlogischen Gründen am Anfang steht, weil sie im Prinzip auf die Definition des Konstrukts selbst abhebt, während sich das Meßproblem erst daran anschließend stellt.

Auch hierzu sind von der Laborforschung so gut wie keine bereits gesicherten Wissensbestände zu entleihen, denn – wie in Kap. 2. schon angedeutet wurde – das dort dominierende Paradigma besteht auch gegenwärtig immer noch weitestgehend darin, Selbstkonzepte – oder durchaus analog: Ursachenerklärungen von Leistungsergebnissen durch vorhandene oder fehlende Begabung – im Rahmen sehr einfacher Aufgabeneinbettungen zu erheben (Zahlen-Symbol-Test, Anagramme, Labyrinthaufgaben etc.).

Die Introspektion des Probanden innerhalb eines solchen Kontextes kann zwar durchaus als Frage nach der für diese Tätigkeiten mutmaßlich vorhandenen „Begabung" (bzw. Fähigkeit) erfolgen; die Annahme dürfte allerdings kaum berechtigt sein, daß diese Angaben, auch wenn sie als „Begabungsmitteilungen" vorgetragen werden, sich wesentlich über die vorgegebene Aufgabenstruktur hinaus generalisieren ließen.

Auf die grundsätzliche Fragwürdigkeit eines Begabungsbegriffes, der an derart einfachen Tätigkeiten verankert wird, wurde bereits hingewiesen. Doch selbst, wenn man stattdessen von „Fähigkeit" sprechen würde, so ist damit noch keineswegs ausgeschlossen, daß seitens der Versuchspersonen bei den verschiedenen Aufgaben nicht jeweils auch ganz unterschiedliche „Fähigkeiten" gemeint waren (s. z. B. JOPT & ERMSHAUS, 1977a). Die Ergebnisse von BROOKOVER, THOMAS & PATERSON (1964) wiesen jedenfalls schon darauf hin, daß in der Schule zumindest bei älteren Schülern mit ausgeprägten fächerspezifischen Differenzierungen gerechnet werden muß.

Allerdings wurden die damaligen Schätzungen nicht näher auf ihre dimensionale Struktur hin untersucht, und es erscheint höchst zweifelhaft, ob sich tatsächlich für jedes Schulfach auch ein (unabhängiges) Fähigkeitskonzept hätte nachweisen lassen. Dagegen spricht nicht zuletzt, daß sich auf der Ebene von Zensuren für über 14 verschiedene Fächer bestenfalls zwei bis drei Bereiche voneinander abgrenzen ließen (s. KLEITER, 1973; ROEDER & TREUMANN, 1974); und auch ein neuerer Befund von BIERHOFF-ALFERMANN (1976), wonach sich für verschiedene Schulnoten kein besserer Prädiktor fand als diese selbst, weist in eben diese Richtung. Selbstkonzepte also letztendlich doch nichts wesentlich anderes als „global evaluation(s) of ability" (CALSYN & KENNY, 1977, S. 139)? Als spontane Antwort ließe sich auf die mit einer derartigen Vorstellung unmittelbar verbundene Desavouierung eines heute weithin anerkannten hochkomplexen Begabungsbegriffs hinweisen (HECKHAUSEN, 1975b). Doch Fähigkeitskognitionen und Begabung (bzw. Intelligenz) sind nicht dasselbe. Insofern ist dies zu allererst eine empirische Frage, die, weil grundsätzlich überprüfbar, in bezug auf den hier interessierenden Kontext zunächst erst einmal auf ihre empirische Beantwortbarkeit hin untersucht werden sollte.

5. STUDIE I: FACHSPEZIFISCHE FÄHIGKEITSEINSCHÄTZUNGEN, ZEUGNISNOTEN UND SCHULLEISTUNGSTESTS

5.1. Untersuchungsfragen

Unsere erste Frage galt der *Differenziertheit des Selbstkonzepts eigener Fähigkeit,* worüber, wie gezeigt wurde, z. Z. allenfalls Vermutungen angestellt werden können. Dazu wurden für eine ganze Reihe von Schulfächern Schätzurteile eingeholt und anschließend auf ihre faktorielle Struktur hin überprüft, wobei zunächst noch ein methodologisch einfaches Paradigma zugrunde lag: Indikatoren für schulische Leistungen, wie Zeugnisnoten und Schulleistungstests wurden zu skalierten fachspezifischen Kompetenzeinschätzungen (nebst einer Einstufung der allgemeinen schulischen Fähigkeit) in Beziehung gesetzt. Hinzu kamen Fähigkeitseinschätzungen der Lehrer, um die Konkordanz zwischen Selbst- und Fremdwahrnehmung zu überprüfen.

Erfolgte hierbei noch die Selbstkonzeptoperationalisierung über einfache Skalierungsverfahren, so war die zweite Untersuchung eben diesem Problem gewidmet. Es galt, einen Fragebogen zu konstruieren, der es erlaubte, ein möglichst *unverfälschtes und reliables Bild der Selbsteinschätzung* zu gewinnen. Dabei wurde der Gedanke eines globalen

Selbstkonzeptes aufgegeben und lediglich ein für die Schule zentraler Teilaspekt zugrunde gelegt: die Kompetenzwahrnehmung für Mathematik.

5.2. Exkurs über Schulleistungen

Wie bereits ausgeführt wurde, spiegeln sich in den Fähigkeitswahrnehmungen in erster Linie die vorangegangenen sachlichen wie sozialen Erfahrungen mit leistungsthematischen Anforderungen wider. Daher ist von vornherein zu erwarten, daß zwischen schulischen Kompetenzurteilen und Leistungsindikatoren wie *Zensuren* oder objektiven *Schulleistungstests* eine deutliche Korrespondenz besteht, denn wie anders sollten Schüler von ihren mutmaßlichen „Fähigkeiten" wissen, wenn nicht auch über die Evaluationen der von ihnen gezeigten Fertigkeiten und Kenntnisse.

Doch über Leistungen *allein* können sich Fähigkeitskonzepte logischerweise nur bis zu einem gewissen Grad erschließen lassen, da sie qua Definition stets bereits das *Ergebnis* eines leistungsthematischen Auseinandersetzungsprozesses darstellen, dessen Ablauf durch eine Vielzahl kognitiver, motivationaler und anderer Variablen mitbestimmt worden ist (vgl. z. B. TIEDEMANN, 1977). Von daher haben Fähigkeitsperzeptionen somit einen *Doppelcharakter*, indem sie einerseits Eingangsgrößen für die zukünftige Leistungsbestimmung sind (dynamische bzw. motivationale Komponente), zugleich verdichten sich in ihnen aber auch kumulierte Erfahrungen aus verschiedensten Leistungssituationen zu einer mehr oder minder verfestigten Vorstellung des eigenen Könnens (informative Komponente).

Nimmt man nun weiterhin an, daß beide Subsysteme dazu tendieren, ein möglichst hohes Maß an Übereinstimmung herzustellen, d. h. sowohl auf dem Hintergrund phänomenaler Kompetenzvorstellungen erwartungskongruente Ergebnisse zu erzielen als auch durch rückgemeldete Informationen die subjektiven Vorstellungen zu verifizieren, so bietet sich für jede Intervention mit dem Ziel, diese Balance zu stören, als der entscheidende Eingriffspunkt zunächst nur die Leistung selbst an.

Diese Vorstellung läßt sich an einem einfachen Gedankenexperiment leicht verdeutlichen. Zugrundegelegt sei die – natürlich völlig unrealistische – Situation, in der sich eine Person unter Bedingungen totaler sozialer Reizdeprivation mit einer Aufgabe beschäftigt. In diesem Fall wäre dies die einzige Informationsquelle, die dem Handelnden zu erkennen geben könnte, ob er die Tätigkeit „kann" (bei Erfolg) oder „nicht kann" (bei Mißerfolg). Dennoch wäre mit diesen *absoluten* Aussagen noch nichts weiter darüber gesagt, wie es um die „Fähigkeit" im psychologischen Sinne bei dieser Person bestellt ist, Erfolg oder Mißerfolg reflektierten lediglich *Schwierigkeits-* bzw. Umweltinformationen, ohne zugleich auch Rückschlüsse auf den Handelnden selbst zuzulassen. Motivierungsphänomene, soweit sie sich überhaupt beobachten ließen, wären ausschließlich an Aufgabencharakteristika gebunden.

```
┌─────────────┐                    ┌─────────────┐
│  Könnens-   │                    │ Leistungen  │
│ erfahrungen ├───────────────────▶│             │
└─────────────┘                    └─────────────┘
      ▲                                   │
      │                           ┌ ─ ─ ─ ▼ ─ ─ ─ ┐
      │                             Ursachen-
      └─────────────────────────── ┤ erklärungen  │
                                  └ ─ ─ ─ ─ ─ ─ ─ ┘
```

Abb. 1: Fähigkeitskognitionen und Leistungen (Fall 1)

Dieses künstliche Beispiel verdeutlicht bereits zweierlei (s. Abb. 1):
(1) Während *Könnenserfahrungen* sich durchaus allein im Rahmen einer isolierten Person-Aufgabe-Auseinandersetzung aufbauen können, dann jedoch notwendigerweise lokal eng gebunden bleiben, ist die Etablierung von *Fähigkeitsvorstellungen* als bereichsspezifische Kompetenzüberzeugungen erst dann möglich, wenn gleichzeitig auch ein *Maßstab* zur Verfügung steht, an dem sich der Gütegrad der eigenen Leistungen ablesen läßt.
Solche Maßstäbe liegen in der Regel in personalisierter Form durch die unmittelbare Gegenwart anderer vor, die sich denselben Leistungsanforderungen stellen; und erst im Vergleich zu ihnen läßt sich erkennen, inwieweit „Geschafft" oder „Nicht geschafft" über reine Resultatsrückmeldungen hinaus auch etwas über das persönliche Können des Handelnden, über seine *Fähigkeiten,* aussagen.
Das setzt voraus, daß aufgrund zentraler Ähnlichkeiten zwischen der eigenen Person und den anderen (Alter, Vorbildung, Geschlecht etc.) diese zunächst erst einmal überhaupt als legitime Vergleichspartner anerkannt werden. Ist dies jedoch der Fall, dann lassen sich Leistungshandlungen nur noch in Einzelfällen auf jene ursprüngliche Ebene zurückverlegen, auf der sie noch von allen Bewertungskonsequenzen frei waren und ausschließlich dem eigenen Erfahrungsaufbau dienten (vgl. die psychologische Erklärung des kindlichen Spielens; HECKHAUSEN, 1964). Anders gesagt: indem Leistungshandlungen erst einmal sozial verankert

sind, werden sie zunehmend mehr mit Bewertungsmaßstäben verbunden, die als *soziale Bezugsnormen* nicht nur ihre Qualität festlegen, darüber hinaus erzwingen sie förmlich den Rückschluß vom Leistungsergebnis selbst auf die dahinterstehende eigene Kompetenz. Soziale Bezugsnormen sind somit konstitutiv für den Aufbau von Fähigkeitskonzepten. Dabei kommt es allerdings nicht so sehr auf die oben unterstellte faktische Präsenz anderer an. Dies ist in vielen Fällen überhaupt nicht gegeben (z. B. bei Tests), aber dennoch schlägt über Normierungsstrategien der soziale Vergleichsmaßstab voll durch. Ebenso läßt sich in diesem Sinne die Schulsituation am ehesten als eine Mischform bezeichnen, in deren Bewertungsprozeduren sich *nebeneinander* sowohl kontextspezifische als auch -übergreifende Orientierungsanteile nachweisen lassen. Verallgemeinernd läßt sich somit sagen, daß die Entwicklung von Fähigkeitsvorstellungen nicht nur von der *phänomenalen,* sondern auch und möglicherweise noch wesentlich stärker von der *psychologischen* Gegenwart sozialer Bezugsnormen abhängt.

(2) Die soziale Verankertheit von Leistungen ist das eine. Daneben geht aber auch schon aus diesem Beispiel etwas hervor, was die traditionelle Motivationspsychologie viel zu lange einfach „übersehen" hat: denn Leistungsergebnisse haben ihre psychologische Bedeutung in den allerseltensten Fällen bereits „an sich". Vielmehr werden sie erst durch die mit ihnen verbundenen „naiven" Ursachenvorstellungen, d. h. die an sie angelegten Bestände subjektiven Überzeugungswissens über kausale Zusammenhänge, zu jener verhaltensrelevanten Größe, die mit dem Konstrukt „Selbstkonzept eigener Fähigkeit" angesprochen ist.

Von daher liegt es auf der Hand, daß jeder motivationspsychologische Zugang zum Verständnis von Leistungsverhalten (damit sind nicht die einzelnen Untersuchungen gemeint) auf eine unzulässige Verkürzung hinauslaufen müßte, wollte er der engen Zusammengehörigkeit und Verbundenheit zwischen Fähigkeitsperzeptionen und Ursachenerklärungen nicht Rechnung tragen.

Ganz offensichtlich ist jedoch das Schaubild aus Abb. 1 völlig ungeeignet, wenn es darum geht, die Zusammenhänge zwischen Motivation (Fähigkeitskonzepten) und Leistung unter wesentlich komplexeren Kontextbedingungen zu verstehen als sie dort angenommen wurden. Abgesehen davon, daß ein solch trivialer Transfer natürlich auch von vornherein nicht beabsichtigt war, so konnte das konstruierte Beispiel jedoch immerhin auf zwei wesentliche Sachverhalte aufmerksam machen, mit denen aufgrund ihrer in bezug auf Leistungen quasi ubiquitären Struktur auch unter völlig anderen situativen Konfigurationen gerechnet werden muß.

Das betraf die beiden Prozesse der Kausalerklärung und der Bewertung von Handlungsresultaten. Insofern können wir sie in die nachfolgenden Überlegungen, bei denen es speziell um die Analyse *schulischer Leistungen* geht, von vornherein mit einbeziehen. Auch unterstellen wir hier einfach, was erst noch zu zeigen sein wird: nämlich die Unterscheidbarkeit verschiedener Selbstkonzepte.

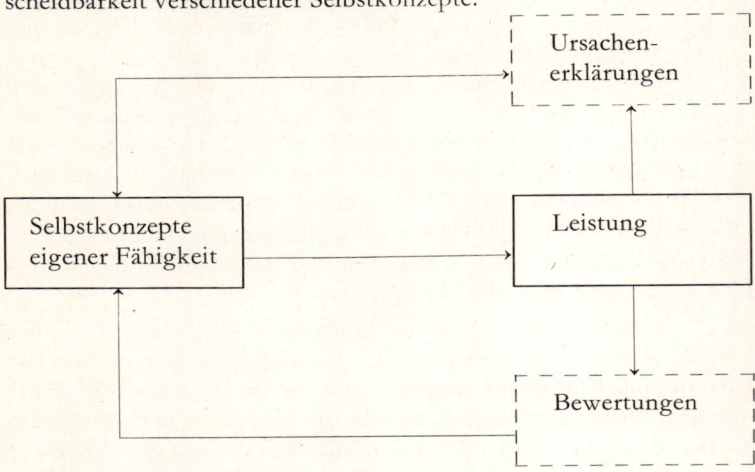

Abb. 2: Leistung und Fähigkeitskonzepte in der Schule (Fall 2)

Gehen wir zunächst von der Frage aus: Was ist eigentlich gleich und was ist anders, wenn man das Verhältnis Leistung/Motivation *in der Schule* betrachtet? Dabei beschränken wir uns auf die beiden oben genannten Aspekte, obwohl natürlich in Wirklichkeit von einem erheblich umfangreicheren und komplexeren Beziehungsgefüge ausgegangen werden müßte (s. KRAPP, 1976).

Tatsächlich scheint sich auf den ersten Blick zunächst kaum etwas geändert zu haben, was nicht auch schon in Fortentwicklung des ersten Beispiel als allgemein zutreffend erwähnt worden wäre. Schulleistungen sind sowohl Ursachen für als auch Folgen von Selbstkonzepten eigener Fähigkeit, wobei der informative „Rückfluß" der Realleistung sozusagen über zwei Filter verläuft, von denen die kognitive Relevanz der Handlungsergebnisse, d. h. ihre Bedeutung für die Stabilisierung bzw. Modifizierung der Fähigkeitswahrnehmung, abzuhängen scheint.

Der zentrale Unterschied zu den vorherigen Ausführungen besteht jedoch darin, daß die resultatbegleitenden *Bewertungsprozesse* in der

Schule in aller Regel nicht mehr vom Handelnden selbst (d. h. dem Schüler), sondern *von der Person des Lehrers* erbracht werden, die unmittelbar am sozialen Vergleich selbst gar nicht beteiligt ist. Dies ist insofern eine bedeutungsvolle schultypische Variante, als die für die Selbstwahrnehmung ausschlaggebende Qualitätsbestimmung nun nicht länger der Struktur des sozialen Verbandes, innerhalb dessen sie erbracht wurde (Klasse), vollständig inhärent ist, sondern zum weitaus größten Teil zunächst erst über einen *Kanal externer Begutachtung* verläuft, um von dort aus dann für die kognitive Perzeptbildung verfügbar zu sein. (Eventuell wäre es nicht falsch, hier in einem ganz anderen Sinne von „entfremdeter Leistung" zu sprechen.)

Die Zwischenschaltung einer äußeren Bewertungsinstanz wäre unter einer bestimmten Voraussetzung aber gar nicht sonderlich beachtenswert: dann nämlich, wenn die Bezugsnormorientierung des Lehrers und damit gleichzeitig auch seine Zensierung mit der des Schülers weitgehend übereinstimmen würde. Denn dann wäre es im Prinzip gleich, wer von beiden die Bestimmung von Leistungsqualitäten vornähme – die Konsequenzen für die Fähigkeitswahrnehmung blieben unberührt.

Die Realität sieht jedoch insofern anders aus, als die Gütebestimmungen schulischer Leistungen, dokumentiert in den Zensuren, in hohem Maße einer Vielzahl von Einflußfaktoren unterliegen, die sich sowohl validitäts- als auch reliabilitätsmindernd auswirken können (vgl. INGENKAMP, 1971). D. h., Lehrer unterscheiden sich nicht nur im Hinblick auf die von ihnen verwandte Bezugsnorm zur Leistungsbestimmung, mangelhafte Wiederholungszuverlässigkeiten weisen darüber hinaus darauf hin, daß selbst dieselbe Person zu verschiedenen Zeitpunkten nach wechselnden Bewertungsstrategien verfährt.

Damit aber erhält der qualitative Umsetzungsakt von Leistungen in Bewertungen ein Moment der Willkürlichkeit, in dessen Folge zwar Fähigkeitswahrnehmungen und Benotungen hohe Ähnlichkeiten aufweisen, die Diskrepanz zwischen Selbstkognitionen und *Leistungsvermögen,* verstanden als verfügbare, nicht notwendigerweise aber auch freigesetzte Leistungspotenz, wird jedoch um so größer sein, je stärker im Bewußtsein von Lehrern und Schülern Realleistungen als Indikatoren „wahrer" kognitiver Fähigkeiten angesehen werden.

Von daher ist zu erwarten, daß
a) Selbstkonzepte der Schüler höher mit solchen Leistungen übereinstimmen, die zuvor vom Lehrer bewertet worden sind als mit inhaltlich vergleichbaren, dem Lehrerurteil jedoch unmittelbar

weniger zugänglichen; oder operational: Selbstkonzepte korrelieren stärker mit Zensuren als mit schulischen Testleistungen
b) schulische Fähigkeitsvorstellungen mit nicht benoteten Leistungen bei Lehrern stärker zusammenhängen als bei Schülern
c) zwischen Klassen große Unterschiede im Hinblick auf den Zusammenhang zwischen Selbstkonzept und Schulleistung bestehen, die u. a. davon abhängen, inwieweit es dem einzelnen Lehrer gelingt (bzw. es überhaupt sein Anliegen ist), über sein pädagogisch-didaktisches Handeln die Selbstkonzeptanbindung allein an Zensuren zu verhindern.

Diese grundsätzlichen Ausführungen schienen u. E. deshalb zunächst notwendig, weil sie es erleichtern, die empirischen Ergebnisse in Kapitel 5.4.2. besser zu verstehen bzw. theoretisch einzuordnen. Dabei blieb die Rolle von Ursachenerklärungen zunächst noch absichtlich unberücksichtigt, da sie später noch ein eigenes Untersuchungsziel sein werden, hier jedoch das Bild nur unnötig komplizieren würden.

5.3. Methodik

Stichprobe Um die Ergebnisse nicht noch zusätzlich durch einen (möglichen) Altersfaktor zu konfundieren (CAMPBELL, 1967), wurden ausschließlich Schüler und Schülerinnen des 8. Schuljahres herangezogen. Insgesamt gingen 276 Hauptschüler (134 Jungen, 142 Mädchen) aus fünf verschiedenen Schulen (9 Klassen) in die Stichprobe ein, deren Alter zwischen 13 und 15 Jahren variierte.

Die Teilnahme war für alle an den betreffenden Tagen anwesenden Schüler obligatorisch, wobei sich die gesamte Datenerhebung auf insgesamt 9 Unterrichtsstunden pro Klasse verteilte.

Versuchsdurchführung Erhoben wurden die Daten in der Zeit von September bis Dezember 1974. Als Untersuchungszweck wurde mitgeteilt, daß es darum gehe, zu erkunden, unter welchen Bedingungen Schüler am günstigsten lernten. Während der Durchführung war kein Lehrer anwesend, und den Schülern wurde nachdrücklich versichert, daß die Ergebnisse ihren Lehrern unter keinen Umständen zugänglich sein würden (vgl. ADAM & VOGEL, 1975).

Im einzelnen gelangten folgende Testverfahren zur Anwendung, die, wie die Skalierungen auch, klassenweise permutiert wurden, um serielle Effekte möglichst auszuschließen.

(1) Intelligenztest

Um einen Hinweis auf das intellektuelle Leistungsvermögen der Schüler zu erhalten, wurde der Intelligenz-Struktur-Test (IST von AMTHAUER, 1973) appliziert, da er sowohl als Gruppentest zeitökonomisch durchzuführen war als auch eine differentielle Interpretation von allgemeinem Intelligenzniveau sowie die Unterscheidung kognitiver Teilbereiche ermöglicht.

(2) Diagnostischer Englisch-Leistungstest (ELT 6—7)

Dieses, vom Verfasser als objektiver Test zur Ermittlung des Leistungsstands im Fach Englisch ausgewiesene Verfahren besteht aus insgesamt fünf Untertests, die jedoch zu einem gemeinsamen Testwert pro Schüler zusammengefaßt wurden. KAMRATOWSKI (1966) berichtet hierzu einen Reliabilitätskoeffizienten von $r = .95$ und als Median verschiedener Korrelationen mit dem Außenkriterium Englischnote einen Wert von $r = .88$.

(3) Rechentest (RT 8+)

Für diesen Test ist zwar eine hinreichende Reliabilität ausgewiesen ($r = .86$), neben der ihm unterstellten curricularen Validität liegt jedoch keine weitere Überprüfung an Außenkriterien vor (SÜLLWOLD u. a., 1965).

Zusätzlich wurden während der ersten Sitzung die jeweils letzten Zeugnisnoten für die Fächer
- Deutsch (Deu)
- Englisch (Eng)
- Mathematik (Mat)
- Sport (Spo) und
- Werken bzw. Textilgestaltung (Wer/Tex)

erhoben sowie die bei den Bundesjugendspielen im Sommer 1974 erreichte Punktzahl (SpoPu).

(4) Einschätzung der eigenen Fähigkeit (Selbstkonzept)

Hierzu wurde zunächst darauf hingewiesen, „daß es bei der vorzunehmenden Fähigkeitseinschätzung darauf ankommt, die eigene Sichtweise deutlich zu machen, d. h., zu versuchen, sowohl vom augenblicklichen Leistungsstand als auch vom Urteil des Lehrers abzusehen" (ADAM & VOGEL, 1975, S. 28). Anschließend wurden allen Schülern sowohl hinsichtlich der allgemeinen Begabungseinschätzung (Allg) für die Schule („Ich halte mich in der Schule für ... begabt") als auch in bezug auf die fünf oben genannten Fächer jeweils 5-Punkte-Skalen vorgelegt mit den verbalisierten Markierungen „überdurchschnittlich begabt" (1), „leicht überdurchschnittlich begabt" (2), „durchschnittlich begabt" (3), „leicht unterdurchschnittlich begabt" (4) und „unterdurchschnittlich begabt" (5).

(5) Fähigkeitseinschätzung durch den Lehrer

Analog zum Verfahren der Selbstbeurteilung erfolgte auch die Einschätzung durch den Lehrer, der den Schüler im fraglichen Fach unterrichtete. Es ist jedoch darauf hinzuweisen, daß die meßtheoretische Forderung nach Unabhängigkeit bzw. kontrollierbarer Abhängigkeit der Beurteilten vom Beurteiler hier nicht zu erfüllen war, da es praktisch eher die Regel ist – zumindest an Hauptschulen, an denen das Fachlehrerprinzip nur teilweise realisiert ist –, daß eine Klasse von demselben Lehrer in mehr als einem Fach unterrichtet wird.

Zwar gab der Lehrer auch in diesen Fällen für jedes von ihm vertretene Fach eine separate Einschätzung ab, damit verbundene Beurteilungstendenzen im Sinne von Halo-Effekten, logischen Fehlern etc. (vgl. ULICH & MERTENS, 1973; SCHWARZER & SCHWARZER, 1977) wurden jedoch nicht kontrolliert.

5.4. Ergebnisse

5.4.1. Wie generalisiert sind Fähigkeitskonzepte in der Schule?

Tab. 1: Produkt-Moment-Korrelationen der Fähigkeitseinschätzungen (unterhalb der Diagonalen Jungen n = 133, oberhalb Mädchen n = 140)

	Allg	Deu	Eng	Mat	Spo	Tex
Allg.	–	.49^{+++}	.37^{+++}	.45^{+++}	.11	.00
Deu	.52^{+++}	–	.28^{+++}	.32^{+++}	.02	.06
Eng	.42^{+++}	.38^{+++}	–	.26^{+++}	.09	–.31^{+++}
Mat	.40^{+++}	.23^{++}	.20^{++}	–	.01	.15^{+}
Spo	.13	.02	.02	.09	–	.09
Wer	.30^{+++}	.18^{+}	–.01	.22^{++}	.07	–

$^{+}$ p < .05 $^{++}$ p < .01 $^{+++}$ p < .001

Um eine erste Antwort auf diese Untersuchungsfrage zu bekommen, wurden zunächst die fünf fachbezogenen sowie die allgemeine Fähigkeitsschätzung getrennt für beide Geschlechter miteinander korreliert. Wie aus Tab. 1 zu ersehen ist, lassen sich auf Fächerebene zwei Gruppen relativ eindeutig unterscheiden, die sich aus den drei Hauptfächern Deutsch, Mathematik und Englisch einerseits, aus den beiden mehr manuell-motorischen Disziplinen Sport und Werken (Textilgestaltung) andererseits zusammensetzen.

Charakteristisch für den ersten Komplex sind a) hochsignifikante Korrelationen zum allgemeinen Fähigkeitsindex sowie b) durchweg statistisch bedeutsame Beziehungen aller drei Fähigkeitsperzeptionen untereinander. Dagegen zeichnet sich die zweite Fächergruppe dadurch aus, daß das Kompetenzurteil entweder von allen anderen Skalen völlig unabhängig ist, wie dies für Sport der Fall ist. Oder es bestehen lediglich geringfügige, z. T. gegenläufige Zusammenhänge, die die Vermutung nahelegen, daß auch Werken (Tex) mit dem Kompetenzkanon der Hauptfächer nur wenig Gemeinsamkeit teilt.

Was die Generalitätshypothese anbelangt, so ist eine fächerübergreifende Anbindung der allgemeinen schulischen Fähigkeit zwar unverkennbar, sie besteht jedoch bis auf eine Ausnahme (Werken) ausschließlich zu den drei Kernfächern. D. h., daß mit einem solchen Index lediglich ein Ausschnitt, wenngleich auch wohl der wichtigste, des gesamten Spektrums schulischer Fähigkeitsanforderungen erfaßt

wird, wobei sich bereits hier andeutet, daß der muttersprachliche Anteil in dieser Hinsicht mit am höchsten ausfällt.
Doch trotz dieser kognitiv-intellektuellen Bezogenheit des globalen Kennwertes scheint u. E. die Annahme einer homogenen Struktur kaum zutreffend zu sein. Denn sowohl für Jungen wie für Mädchen sind die Korrelationen *zwischen* den Kernfächern zwar meist hochsignifikant, dennoch aber ausgesprochen niedrig und lassen im günstigsten Fall einen gemeinsamen Varianzanteil von gerade 15% erkennen. Und auch die Übereinstimmung der fachlichen mit der allgemeinen Kompetenzschätzung fällt bei weitem nicht so hoch aus (maximale erklärte Varianz: 25%) wie sie zur Stützung der Globalitätsvorstellung hätte erwartet werden können.

Eine endgültige Entscheidung für oder gegen die Vorstellung von der Eindimensionalität der (kognitiven) schulischen Fähigkeitswahrnehmung kann aber auf der Grundlage der bisher vorliegenden Daten noch nicht gefällt werden. Deshalb soll zunächst noch abgewartet werden, welche Sichtweise sich durch die Hinzunahme der weiteren Befunde verstärken läßt.

Dazu wurden in einem nächsten Schritt sämtliche Schätzdaten einer Faktorenanalyse unterzogen, obgleich der Wert einer solchen Prozedur bei nur so wenigen Variablen wie im vorliegenden Fall bekanntermaßen durchaus fragwürdig ist. Da es uns jedoch lediglich darauf ankam, einen ersten *Hinweis* auf die dimensionale Gestalt der Kompetenzwahrnehmung zu bekommen, hielten wir diesen Weg dennoch für angemessen.

Dabei reduzierte sich die ohnehin schon geringe Variablenzahl zunächst noch um das Fach Sport, dessen Ausschluß aus der faktoriellen Reduktionsstrategie wegen seiner Isoliertheit gegenüber sämtlichen anderen Fächern unumgänglich geworden war.

Die rechnerische Ausführung erfolgte nach der Hauptachsenmethode, wobei nur solche Faktoren extrahiert und anschließend nach dem Varimax-Prinzip rotiert wurden, die einen Eigenwert größer 1 aufwiesen.[1]

Weiterhin wurde darauf geachtet, daß nach dem FÜRNTRATT-Kriterium die Kommunalität der Variablen $h^2 \geq .20$ und der Quotient $a^2/h^2 \geq .50$ war (FÜRNTRATT, 1969).

Es ergab sich eine zweifaktorielle Lösung, mit der 65% (Mädchen: 67%) der Gesamtvarianz aufgeklärt werden konnten. Davon entfiel der weitaus größere Anteil auf den ersten Faktor, allerdings nur bei den Jungen (80,7%), während er bei Mädchen nur 60% ausmachte.

---

[1] Alle Faktorenanalysen erfolgen mittels des SPSS-Programms FACTOR (NIE et al., 1975) am Rechenzentrum der Universität Bielefeld.

Tab. 2: Faktorielle Struktur der fachlichen Fähigkeitskonzepte

	Jungen (n = 133)			Mädchen (n = 140)		
	Faktor I	Faktor II	h²	Faktor I	Faktor II	h²
Allg	.61	.59	.72	.79	–.07	.62
Deu	.54	.31⁺	.38	.61	–.01	.37
Eng	.71	–.01	.50	.46	–.37⁺	.35
Math	.26⁺	.40	.22	.57	.09	.34
Wer/Tex	.00	.53	.28	.09	.94	.90

⁺ $a^2/h^2 > .50$

Überhaupt treten nun erstmals markante geschlechtsspezifische Unterschiede auf, die darauf hinweisen, daß zwar für beide Gruppen eine duale Struktur des Fähigkeitsraumes zur angemessensten Beschreibung führt. Eindeutig interpretierbar ist allerdings nur der erste Faktor, während der andere bei beiden Geschlechtern jeweils anders ausfällt.

Solche Ungereimtheiten waren nicht erwartet worden, und es erscheint daher wenig sinnvoll, im Nachhinein über sie zu spekulieren. Deshalb wollen wir uns hier zunächst allein auf die Aussagen beschränken, die sich auch ohne größere Restriktionen bereits ableiten lassen, um anschließend eine Replikation vorzustellen, die zu sehr viel eindeutigeren Ergebnissen geführt hat.

In bezug auf den ersten Faktor läßt sich insofern Übereinstimmung feststellen, als er in beiden Gruppen ausschließlich Ladungen der drei Kernfächer auf sich vereinigt. Daher wird vorgeschlagen, ihn als „Perzeption kognitiver Fähigkeit" zu bezeichnen, wobei sowohl sprachliche als auch mathematisch-numerische Anteile von Bedeutung sind. Diese Interpretation legt es nahe, eben doch von einer Einheitsstruktur des Wahrnehmungsraumes schulischer Fähigkeiten auszugehen. Die Befunde der Schülerinnen bekräftigten diesen Standpunkt nachdrücklich, denn bei ihnen entfällt auch das gesamte Ladungsgewicht der Globalvariable Schulfähigkeit vollständig auf eben den Faktor, der durch die „kognitiven" Fächer definiert wird.

Doch es sind nur die Beziehungen bei den Mädchen, die für ein generalisiertes Fähigkeitskonzept herangezogen werden könnten. Für

Jungen dagegen ist die bifaktorielle Struktur der Globalperzeption nicht nur unverkennbar, darüber hinaus finden sich bei ihnen auch erste Hinweise dafür, daß sich anscheinend zusätzlich zum ersten Faktor auch noch eine weniger sprachlich gebundene Komponente abspalten läßt, die mit „mathematischer Kompetenz" allerdings nur unzureichend beschrieben wäre.

Aber selbst, wenn Korrespondenz zu den Schülerinnen bestände – über eine homogene Struktur der Kompetenzperzeption im Bereich kognitiver Tüchtigkeit wäre damit noch immer keine eindeutige Aussage getroffen. Denn gerade für die zentralen Fächer fallen die Kommunalitäten nicht gerade hoch aus. Wenn lediglich ein Drittel bis die Hälfte der Variablenvarianz durch die extrahierten beiden Faktoren aufgeklärt werden kann, müssen notwendigerweise noch andere gewichtige Komponenten im Spiel sein, die die Kompetenzurteile beeinflussen. Auf jeden Fall sehen wir es auf dem Hintergrund dieses Ergebnisses bereits als berechtigt an, in den späteren Untersuchungen einen Selbstkonzept-Fragebogen zugrunde zu legen, der sich ausschließlich auf die *Fähigkeitswahrnehmung für Mathematik* bezieht.

Aufgrund der nur bedingten Eindeutigkeit, die der faktorenanalytische Ordnungsversuch erbracht hatte, wurde die gleiche Datenanalyse im Rahmen von Studie III (zum Versuchsaufbau s. Kap. 7.3.) wiederholt, aus sachlogischen Gründen sollen die Befunde jedoch bereits an dieser Stelle wiedergegeben werden. Allerdings handelte es sich dabei nur um eine angenäherte Replikation, da die beiden Fächer Sport und Werken/Textilgestaltung von vornherein unberücksichtigt blieben, denn es interessierte ausschließlich die Frage nach dem Zusammenhang zwischen der allgemein-schulischen Fähigkeitswahrnehmung und den Einschätzungen in bezug auf kognitive Schulfächer.

Wiederum wurde nach der Fähigkeitseinschätzung für die Fächer Deutsch, Englisch und Mathematik sowie für die schulischen Anforderungen allgemein gefragt, wobei diesmal jedoch – um die Ähnlichkeit zur Notenskala abzuschwächen – eine 9-Punkte-Skala mit den umschriebenen Endpositionen „sehr hoch" und „sehr gering" vorgelegt wurde.

Zwar ergab sich auch diesmal nach derselben Methode erneut eine *zweifaktorielle* Lösung, durch die insgesamt 68% der gemeinsamen Varianz aufgeklärt wurde. Im Gegensatz zur ersten Studie ließen sich jedoch *keine Geschlechtsunterschiede* mehr feststellen, so daß zur Erhöhung der Anschaulichkeit beide Gruppen zusammengefaßt werden konnten (Tab. 3).

Die jetzige Interpretation der Faktoren bereitet keinerlei Schwierigkeiten. Ganz offensichtlich handelt es sich im einen Fall um eine Dimension mathematischer Kompetenz (F I), im anderen hingegen um einen rein sprachlich-verbalen Anteil (F II) an der Perzeption

Tab. 3: Replikation der Faktorenstruktur schulfachbezogener Fähigkeitskonzepte (N = 383)

	Faktor I	Faktor II	h^2
Allg.	.63	.46	.62
Deu	.07	.55	.30
Eng	.05	.46	.21
Mat	.66	−.02	.43

kognitiver Fähigkeiten in bezug auf schulisches Lernen. Ebenso war zu erkennen, daß der schulische Allgemeinindex auf beiden Faktoren annähernd gleichhohe Ladungen aufweist.
Damit zeichnen sich im wesentlichen zwei Folgerungen ab:
(1) Die Vorstellung einer inhaltlich homogenen Perzeption allgemeiner schulischer Leistungsfähigkeit (eventuell im Sinne von Begabung) dürfte nicht zutreffen, da das Globalkonzept durch mindestens *zwei voneinander unabhängige* kognitive Inhaltsebenen mitbestimmt wird (unter der Voraussetzung, daß der Fächerkanon auf die sogenannten Hauptfächer beschränkt bleibt).
(2) Die Struktur des Kompetenzerlebens setzt sich zusammen aus einer *sprachlich-verbalen* und einer *numerisch-mathematischen Dimension,* die sich beide separat nachweisen lassen, in der allgemeinen Fähigkeitswahrnehmung jedoch konfundiert sind.
Insofern dürfte es für das weitere forschungsstrategische Vorgehen im Hinblick auf schulische Selbstkonzept-Untersuchungen angemessener sein, die Generalitätsannahme zugunsten von – wenngleich auch nur wenigen – Teilkonzepten fallenzulassen und die Operationalisierung des Selbstkonzeptes im Einzelfall möglichst eindeutig auf das jeweilige Kriterium zu beziehen. Eines dieser Teilkonzepte ist relativ eindeutig im Bereich mathematischen Könnens lokalisiert, womit die Isolierung eines „Selbstkonzepts eigener Fähigkeit für Mathematik", über die wir später berichten werden, gerechtfertigt erscheint.

5.4.2. Einflüsse von Leistungen und Leistungsbewertungen auf Selbst- und Fremdwahrnehmung (Schüler vs. Lehrer)

Schulleistungen Wie erwartet, fallen die Übereinstimmungen zwischen fachspezifischen Fähigkeitskonzepten und den letzten Halbjahreszeugnisnoten für alle fünf Fächer relativ deutlich und hochsignifikant aus (Tab. 4), wenn alle neun Klassen zusammengefaßt werden. Gemeinsame Varianzanteile bis zu 50% bestätigen somit die enge Beziehung zwischen Selbstkonzepten und Leistungsbewertungen in der Schule.

Tab. 4: Produkt-Moment-Korrelationen zwischen allgemeiner (in Klammern) sowie fachlicher Fähigkeitseinschätzung und Zeugnisnote

	Deu	Eng	Mat	Spo	Wer/Tex
Jungen	.48+++ (.48+++)	.67+++ (.35+++)	.69+++ (.30+++)	.53+++ (.19)	.49+++ (.27++)
Mädchen	.46+++ (.37+++)	.47+++ (.29+++)	.64+++ (.35+++)	.75+++ (.06)	.39+++ (.00)

++ $p < .01$ +++ $p < .001$

Als einziger systematischer Effekt deutet sich lediglich an, daß mit Ausnahme von Sport für alle anderen Fächer die Korrespondenz für Jungen etwas ausgeprägter zu sein scheint als für Mädchen ($p < .25$). Ähnliche Tendenzen wurden auch schon von anderen Autoren berichtet und können möglicherweise als Folge einer oft gefundenen geringeren Variabilität der Kompetenzurteile von Schülerinnen gesehen werden (vgl. CAMPBELL, 1967; PURKEY, 1970).

Was die Frage der Generalisiertheit von Selbstkonzepten betrifft, geht aus Tab. 4 weiterhin hervor, daß für den allgemeinen Index die Zusammenhänge zur Note in nahezu allen Sparten entweder deutlich schwächer ausfallen oder sogar, wie aufgrund der faktorenanalytischen Ergebnisse bereits vermutet werden konnte, völlig zusammenbrechen.

Das zeigt, daß die als partielle Validitätsindizes herangezogenen Zeugnisnoten mit den spezifischen Einschätzungen in Größenordnungen übereinstimmen, die, im Vergleich zum Globalkonzept, derart höher ausfallen, daß sie der Vorstellung inhaltlicher Heterogenität schulischer Fähigkeitswahrnehmungen eher ent- als widersprechen.

Wir können also feststellen, daß Schüler ihre Fähigkeitsvorstellungen zu einem wesentlichen Teil auf ihre Zensuren stützen. Diese Strategie wäre, wie schon erwähnt, um so angemessener und unbedenklicher, je indikativer das Lehrerurteil für das „wahre" Können der Lernenden ist. Dies wiederum müßte um so eher angenommen werden, je höher Zensuren und Schulleistungen, deren Güte *nicht* unmittelbar über Noten zum Ausdruck kommt, übereinstimmen. Vergleicht man unter diesem Gesichtspunkt Zensuren und Test- bzw. Wettkampfergebnisse (Tab. 5), so findet sich zwar durchaus ein beträchtliches Ausmaß an Gemeinsamkeit (was in Anbetracht der häufigen Validierung von Schultests an Schulnoten auch gar nicht anders zu erwarten war), insgesamt gesehen sind die Zusammenhänge jedoch zu niedrig, um von vornherein eine lehrerspezifische Leistungsbewertung ausschalten zu können.

Tab. 5: Korrelationen zwischen Schulnoten und Testergebnissen (Mathematik und Englisch) bzw. Wettkampfpunkten (Sport)

	Mathematik	Englisch	Sport
Jungen	$-.65^{+++}$	$-.57^{+++}$	$-.44^{+++}$
Mädchen	$-.64^{+++}$	$-.40^{+++}$	$-.72^{+++}$

$^{+++}\ p < .001$

Entsprechend fallen auch sämtliche Korrelationen zwischen Selbstkonzepten und Testleistungen durchwegs niedriger aus als zu den Zensuren, wobei die Differenzen allerdings nur in den beiden Hauptfächern für Jungen signifikant sind (Tab. 6). Damit scheint sich erneut zu bestätigen, was in Tab. 4 bereits anklang: Jungen sind in ihrer Fähigkeitswahrnehmung zumindest in den beiden hier untersuchten Hauptfächern stärker zensurenorientiert als Mädchen, von denen nahezu gleichgewichtig beide Informationsquellen, die lehrerabhängige Zensurenrückmeldung wie auch die rein sachlichen Erfahrungen bei der Auseinandersetzung mit den fachlichen Anforderungen, zum Aufbau der fähigkeitszentrierten Eigenwahrnehmung herangezogen werden.

Tab. 6: Differenzen der Korrelationskoeffizienten zwischen Selbstkonzepten und Fachnoten bzw. objektiven Leistungsergebnissen (in Klammern: Allgemeines Selbstkonzept)

	Englisch	Mathematik	Sport
Jungen	$.27^{++}$ (.02)	$.29^{++}$ ($.20^{+}$)	.01 (.06)
Mädchen	.13 (.02)	.01 (−.06)	.14 (.00)

$^{+}\ p < .05 \qquad ^{++}\ p < .01$

Was die *allgemeine Fähigkeitswahrnehmung* betrifft, so liegen bei beiden Geschlechtern die Korrelationen zu den Testleistungen mit einer Ausnahme in derselben Größenordnung wie dies auch für die fachlichen Schätzungen der Fall ist, doch da die kognitive Orientierung an objektiven Leistungskennwerten ohnehin beträchtlich schwächer ausfiel als an Zensuren, sprechen auch diese Ergebnisse erneut für die letztendliche Unangemessenheit der Globalitätsannahme.

Dennoch soll vor einem endgültigen Verzicht auf diese Konzeption zum Abschluß auch noch dargelegt werden, welcher mögliche Nachteil durch ihre Preisgabe in Kauf zu nehmen ist. Dazu wurden Partialkorrelationen zwischen den fachlichen Fähigkeitsparametern und den Zeugnisnoten unter Kontrolle der Allgemeinschätzung berechnet. Auf ihre Darstellung kann jedoch verzichtet werden, denn nur in einem einzigen Fall ergab sich dadurch ein verändertes Bild: sowohl für Jungen als auch für Mädchen sank der Zusammenhang im Fach *Deutsch* signifikant ab, und zwar von .48 auf .30 ($p < .05$) bzw. von .46 auf .34 ($p < .12$). Die *dominierende* Bindung dieses Konstruktes an eine bestimmte Art schulischer Lerninhalte, nämlich *verbal-sprachliche*, dürfte damit nicht länger in Zweifel stehen.

Lehrerurteile Doch vermittelt der Lehrer mit Zensuren wirklich Fähigkeitsinformationen, wie es vorauszusetzen wäre, damit es überhaupt zu einem *realistischen* Selbstkonzeptaufbau kommen kann? Daß Unterrichtende ausnahmslos über mehr oder minder differenzierte Kompetenzeinschätzungen ihrer Schüler verfügen, ist seit langen bekannt (HOFER, 1969; HÖHN, 1967; MEYER & BUTZKAMM, 1975; RHEINBERG, 1977), wobei diese Urteile meist recht gut mit den Ergebnissen kognitiver Fähigkeitstests übereinstimmen (z. B. AMTHAUER, 1973). Solche Konkordanzen zu globalen Begabungsindizes (Intelligenztests) sagen allerdings unmittelbar noch nichts darüber aus, ob sie ebenso in der Lage seien, auch innerhalb begrenzter schulischer Teilgebiete zu einer validen Urteilsbildung, die nicht allein auf den in der Klasse gezeigten Leistungen beruht, zu gelangen. Deshalb wurden in einem weiteren Schritt zunächst die Fähigkeitsurteile der Lehrer selbst mit den von ihnen vergebenen Noten in Beziehung gesetzt.

Allerdings sind die auf diese Weise ermittelten Korrelationskoeffizienten mit Vorsicht zu behandeln, denn sie sind mit dem kaum zu eliminierenden Fehler behaftet, daß sich eine Vielzahl von Schülerbeurteilungen auf nur wenige Lehrer (ca. 25) aufteilt; dadurch aber sind abhängige und unabhängige Ratings hochgradig miteinander kontaminiert, und es ist nicht auszuschließen, daß sich auf diese Weise fähigkeitsbezogene Voreingenommenheiten der einzelnen Erzieher, aber auch „echte" Klassenunterschiede miteingeschlichen haben, die die tatsächlichen Zusammenhänge verfälschen (s. dazu RHEINBERG, 1977).

Tab. 7: Produkt-Moment-Korrelationen zwischen fachspezifischen Fähigkeitseinschätzungen von Lehrern und den von ihnen erteilten Zensuren sowie Testergebnissen

	Zensuren					Tests		Spo-Punkte
	Deu	Eng	Mat	Spo	Wer/Tex	Eng	Mat	Spo
Jungen	.57	.60	.72	.67	.51	.67	.57	.46
Mädchen	.70	.55	.54	.63	.42	.50	.72	.76
	p < .10		p < .01			p < .05	p < .05	p < .001

Für alle Korrelationen gilt: p < .001

Wie Tab. 7 zu entnehmen ist, sind die Übereinstimmungen zwischen vergebenen Noten und Kompetenzurteilen jedoch nur von mittlerer Größenordnung, so daß sich in den Hauptfächern lediglich ein Viertel bis maximal die Hälfte gemeinsamer Varianz aufklären läßt. Das deutet darauf hin, daß Lehrer über Zensuren nur zu einem gewissen Anteil Fähigkeitsrückschlüsse ermöglichen: Leistungs- und Fähigkeitsurteil sind aus ihrer Sicht nicht dasgleiche. Andererseits scheint es aber auch unzutreffend zu sein, wenn man unterstellte, daß sie sozusagen über zwei voneinander unabhängige Perzeptionen verfügen, die es ihnen jederzeit ermöglichen, im Einzelfall sowohl das Gemeinsame als auch das Verschiedene zwischen Leistung und Fähigkeit auseinanderzuhalten. Das wird am Beispiel Mathematik besonders deutlich, ein Fach, in dem wohl allgemein Stereotypievorstellungen in bezug auf Unterschiede zwischen den Geschlechtern am ausgeprägtesten anzutreffen sind.

So läßt sich auch für die Lehrergruppe zeigen, daß der Zusammenhang Fähigkeit/Note bei Jungen signifikant größer ist als bei Mädchen, d. h., ein leistungsstarker Schüler wird auch eher für fähig gehalten und ein schwacher für weniger fähig, während bei Schülerinnen diese enge Beziehung nicht mehr in dem Maße besteht. Der hier wirksam gewordene Wahrnehmungsfehler wird jedoch erst richtig deutlich, wenn man zum Vergleich die entsprechenden Testdaten heranzieht. Nun kehren sich die Verhältnisse nämlich genau um (Tab. 7): das Fähigkeitsurteil korreliert mit den objektiven Leistungen bei den Mädchen signifikant höher.

Diese Beziehungen bleiben selbst dann noch erhalten, wenn der in den Testleistungen enthaltene Zensurenanteil ausgeschaltet wird, was sich nur so erklären läßt, daß folglich Fähigkeitseindrücke der Lehrer *mehr* widerspiegeln als lediglich den Zensurenstand der Schüler (vgl.

Tab. 8: Partialkorrelationen zwischen Test- bzw. Wettkampfleistungen und Fähigkeitswahrnehmung bei Lehrern und Schülern (Zensuren kontrolliert)

	Jungen		Mädchen	
	Lehrer	Schüler	Lehrer	Schüler
Englisch	.50+++	.10	.37+++	.22++
Mathematik	.20++	.03	.58+++	.30+++
Sport	.25++	.33++	.58+++	.43+++

++ $p < .01$ +++ $p < .001$

Tab. 8). Unterstellt man weiterhin, daß sie damit insofern die „angemesseneren Begabungsdiagnostiker" sind, als sie ihre Vorstellungen vom Können der Lernenden nicht nur auf deren reale Leistungen stützen, so wäre es aus motivationspsychologischer Sicht nur wünschenswert, daß sich annähernd ähnliche Verhältnisse auch auf der Schülerseite wiederfinden ließen.
Dies ist jedoch nur teilweise der Fall, wie gleichfalls aus Tab. 8 zu ersehen ist. Nicht nur, daß die Loslösung von den Noten den Lehrern insgesamt eher besser zu gelingen scheint als den Schülern, soweit es um die beiden Hauptfächer geht; darüber hinaus findet sich nun auch im Rahmen des Lehrer-Schüler-Vergleichs erneut die größere Situations- und damit Notenabhängigkeit der Jungen wieder.
Am ähnlichsten sind sich beide Gruppen noch in dem Fach, in dem „Begabung" seitens der Lehrer als der wesentlichste Faktor für das Zustandekommen der Schulleistung angesehen wird – in Mathematik (HOFER, zit. nach RHEINBERG, i. V.). Hier glauben anscheinend viele Lehrer am ehesten, aus den Leistungen auch unmittelbar auf die dahinter liegende Fähigkeit schließen zu können, was in einer hohen Übereinstimmung zwischen Schätzurteil und Zensur zum Ausdruck kommt (vgl. Tab. 7; s. auch MEYER & BUTZKAMM, 1975). Nur folgerichtig bleibt daher die Ähnlichkeit zwischen ihnen und den Schülern auch dann noch erhalten, wenn der gemeinsame Varianzanteil der Zensur auspartialisiert wird, wobei sich nun die Geschlechter deshalb nicht mehr voneinander unterscheiden, weil die typische Orientierung der männlichen Schüler nicht mehr zum Tragen kommt (s. Tab. 9).
Alle bisherigen Befunde weisen somit darauf hin, daß, von fach- und geschlechtsspezifischen Unterschieden einmal abgesehen, Fähigkeits-

Tab. 9: Übereinstimmung der Fähigkeitsschätzungen von Lehrern und Schülern (in Klammern: nach Ausschaltung der Zensur)

	Deu	Eng	Mat	Spo	Wer/Tex
Jungen	.34 (.09)	.45 (.09)	.61 (.25++)	.45 (.04)	.38 (.12)
Mädchen	.31 (−.02)	.40 (.19+)	.51 (.26++)	.54 (.23++)	.29 (.14)

Sämtliche einfachen Koeffizienten sind hochsignifikant;
für die Klammerangaben gilt: $^+ p < .05$ $^{++} p < .01$

vorstellungen von Schülern selbst mit denen professioneller Beurteiler, wie es Lehrer zumindest sein *sollten*, trotz vergleichbarer Struktur des diesbezüglichen Wahrnehmungsraumes (s. Tab. 10) bei weitem nicht in dem Maße übereinstimmen, wie es aus motivationspsychologischer (aber auch aus pädagogischer) Sicht zu wünschen wäre. Als das wichtigste Bindeglied zwischen beiden Gruppen erwiesen sich die Zensuren, wobei aus der Schülerperspektive ihr konstruktiver Einfluß auf den Selbstkonzeptaufbau durchaus plausibel erscheint, stellen sie doch für ihn nota bene den gewichtigsten – bezugsnormgefilterten – Informationsträger dar. Aus der Sicht des Lehrers jedoch sind Noten in erster Linie *Leistungsindikatoren* und nur zu einem erheblich geringeren Teil gleichzeitig auch Mitteilungen der von ihm perzipierten Fähigkeit, so daß sich in dieser Hinsicht durchaus von einem „institutionalisierten Mißverständnis" sprechen ließe.

Tab. 10: Faktorenstruktur der Fähigkeitsurteile von Lehrern (N = 221)

Fach	Faktor I	Faktor II	h^2
Deutsch	**.62**	.39	.54
Englisch	**.79**	.20	.67
Mathematik	.20	**.83**	.73
Wer/Tex	.28	**.44**	.27

Es ist hier nicht der Ort, diesen Sachverhalt weiter zu verfolgen, da er weder zu den engeren Fragestellungen dieses Buches gehört noch würde das Datenmaterial weitere Aufklärungen zulassen. Deshalb sollen über zwei – willkürlich herausgegriffene – mögliche Mitursachen für diese Diskrepanz lediglich einige kurze Anmerkungen gemacht werden.

Da ist zum einen der meist recht deutliche, wenngleich von beträchtlicher Variabilität begleitete Zusammenhang zwischen Zensuren und *Intelligenz*kennwerten der Schüler (LÖSCHENKOHL, 1973), der durchaus dafür zu sprechen scheint, „daß Lehrer – stärker als vermutet – die Leistungen ihrer Schüler in Übereinstimmung mit deren Intelligenz, wie sie durch Tests gemessen werden, beurteilen" (KEMMLER, 1976, S. 47). Dennoch sind Lehrer logischerweise in ihren Leistungsbeurteilungen stärker realitätsgebunden und damit weniger „frei", sich von Intelligenzperzeptionen – die wo auch immer herrühren mögen, das sei hier offengelassen – leiten zu lassen als wenn sie um Fähigkeitsurteile nachgesucht werden. Hierbei von ihnen stärker gewichtete Intelligenzunterschiede wären somit eventuell ein Grund für die berichteten Lehrer-Schüler-Unterschiede (s. dazu den folgenden Abschnitt).

Ein weiterer ließe sich darin vermuten, daß Lehrer über Intelligenzinformationen hinaus auch die investierte *Anstrengung* für den Fähigkeitsschluß mit heranziehen, deren grundsätzliche Bedeutung für das Lehrerurteil sich bisher in zahlreichen Untersuchungen bestätigen ließ (HOFER, 1969; HÖHN, 1967; MEYER & BUTZKAMM, 1975; SCHÄFER, 1975; RHEINBERG, 1977).

Dieser Überlegung konnten wir weiter nachgehen, da von allen Lehrern sowohl Fähigkeits- als auch Anstrengungsschätzungen für die verschiedenen Fächer erhoben worden waren.

Wenngleich man zwar annehmen muß, daß Fähigkeits- und Anstrengungsvorstellungen bei verschiedenen Lehrern in unterschiedlichen „Mischungsverhältnissen" zueinander stehen (vgl. RHEINBERG, 1977), so waren sie für unsere Stichprobe insgesamt gesehen doch recht eindeutig miteinander verkoppelt, denn die mittleren Korrelationen für die drei Hauptfächer lagen bei $r = .50$, für Sport und Werken sogar bei $r = .70$. Diese Kovariationen wurden zwar geringer, blieben aber auch dann noch substantiell erhalten, wenn die Zensur kontrolliert wurde (Tab. 11), d. h., Fähigkeit und Anstrengung waren stets *positiv* miteinander verbunden.

Um dennoch eine Aussage über ihr relatives Gewicht machen zu können, wurde für jedes Fach die Differenz der Korrelationskoeffizienten zwischen beiden Variablen und der Zensur berechnet, nachdem zuvor jeweils der Einfluß des anderen Merkmals ausgeschaltet worden war. Ein positiver Überhang bedeutet somit, daß die Korrelation zwischen Zensur und Fähigkeitsschätzung enger ist als die zwischen ihr und der

Tab. 11: Partielle Korrelationen zwischen Fähigkeits- und Anstrengungsschätzungen der Lehrer unter Ausschluß der Zensur

	Deu	Eng	Mat	Spo	Wer/Tex
Jungen	.37	.31	.39	.52	.64
Mädchen	.26	.26	.18++	.58	.68

++ $p < .01$; für alle anderen Koeffizienten gilt $p < .001$.

wahrgenommenen Anstrengung, ein negatives Vorzeichen weist in die genau entgegengesetzte Richtung.
Auf diese Weise zeigt sich (s. Tab. 12), daß neben einer generell höheren Fähigkeitsabhängigkeit der Hauptfachleistungen (Ausnahme: Jungen in Deutsch) auch hier erneut fach- und geschlechtsspezifische Unterschiede sichtbar werden, die insgesamt gesehen darauf hinweisen,

Tab. 12: Differenz der Partialkorrelationen zwischen Fähigkeit bzw. Anstrengung und Zensur bei Ausschluß des jeweils anderen Faktors

	Deu	Eng	Mat	Spo	Wer/Tex
Jungen	.00	.26+	.59+++	.08	.03
Mädchen	.43+++	.30++	.32++	.09	−.17

+ $p < .05$ ++ $p < .01$ +++ $p < .001$

daß sich je nach Inhalt und Lerngruppe im Fähigkeitseindruck der Lehrer Anstrengungs- und Fähigkeitsperzeptionen auf ganz verschiedene Weise miteinander vermischen können, wobei interessanteraber auch plausiblerweise Kopplungsvorstellungen (erforderlich sind sowohl Fähigkeit als auch Anstrengung; s. KELLEY, 1972; HECKHAUSEN, 1974c) bei den nicht-intellektuellen Fächern, in denen „Fähigkeit" eher gleichgesetzt werden dürfte mit „manueller, motorischer und/oder körperlicher Geschicklichkeit", häufiger auftauchen als im Kernbereich.

Darüber hinaus lassen die Ergebnisse aber auch vermuten, daß einfache Gewichtungsannahmen im Sinne des erwähnten HOFER-Hinweises (in Deutsch ist Anstrengung, in Mathematik „Begabung" wichtiger) möglicherweise nur bedingt zutreffen, da sie „überlagert" werden von strukturell ähnlichen Voreingenommenheiten in bezug auf vermeintliche Überlegenheiten der einzelnen Geschlechter (Jungen „können" Mathematik, Mädchen Sprachen besser), so daß erst dann, wenn beide Bedingungen erfüllt sind, das nicht näher begründete „Meinungswissen" voll zum Tragen kommen kann.

Jedenfalls weisen diese ersten und knappen Ergebnisse darauf hin, daß die Mitbestimmtheit der Fähigkeitsurteile von Lehrern durch Anstrengungsperzeptionen doch recht wahrscheinlich ist. Inwieweit dies auf der Schülerseite gleichfalls der Fall ist, muß vorerst noch offen bleiben, da vergleichbare Angaben fehlen. Wie die späteren Attribuierungsbefunde jedoch zeigen werden, spricht nicht sehr viel dafür. Zusammenfassend ergibt sich aus den bisherigen Ausführungen damit folgendes Bild.

(1) Fähigkeitsvorstellungen von Schülern sind auf ausgeprägte Weise an Zensuren festgemacht, und dies gilt in verstärktem Maße für Jungen.

(2) Dagegen sind aus der Sicht des Lehrers Zensuren in erster Linie Leistungsrückmeldungen, mit denen er zwar implizit *auch* etwas aussagt über die von ihm wahrgenommene Fähigkeit des einzelnen. Darüber hinaus sind seine Kompetenzurteile jedoch noch durch weitere Faktoren, wie z. B. Anstrengung, mitbestimmt, was aber möglicherweise in den Zensuren selbst nicht unmittelbar zum Ausdruck kommt.

(3) In dem Maße jedoch, wie verhaltenssteuernde Selbstkonzepte vorrangig über Zensuren erschlossen werden, können sie logischerweise bestenfalls nur die Leistungsvarianz aufklären, die bereits über Schulleistungen erklärt ist. Wird aber im motivationspsychologischen Sinn davon ausgegangen, daß Noten u. a. *Folgen* der Selbstwahrnehmung sind (wenngleich mit nachhaltigem Rückkopplungseffekt), so muß die über motivationspsychologische Erklärungen hinausgehende Forderung darauf hinauslaufen, die konzeptstabilisierende Verankerung der Fähigkeitswahrnehmung an den Zensuren aus ihrer Isolation herauszulösen und sie stattdessen in ein wesentlich verbreitertes Informationsgefüge einzubetten.

Um die Unterschiede zwischen Lehrern und Schülern abschließend in einem Gesamtbild zu veranschaulichen, wurden getrennt für beide Personengruppen lineare Regressionsgleichungen berechnet, in die die Informationsträger Zensur und Test, bei Lehrern noch ergänzt durch den Faktor Anstrengung, als Prädikatoren eingingen (beschränkt auf die Fächer, für die alle drei Kennungen zur Verfügung standen). Durch die (z-transformierten) β-Koeffizienten, die das Vorhersagegewicht der einzelnen Variablen angeben, lassen sich die vorangegangenen Ausführungen erneut recht gut stützen (s. Tab. 13).

Tab. 13: Standardizierte β-Koeffizienten aus der Regressionsanalyse der Fähigkeitseinschätzungen von Lehrern und Schülern

		Englisch		Mathematik		Sport	
		Lehrer	Schüler	Lehrer	Schüler	Lehrer	Schüler
Jungen	Note	−.24^{+++}	−.62^{+++}	−.49^{+++}	−.68^{+++}	−.32^{+++}	−.46^{+++}
	Test	.45^{+++}	.09	.15^{+}	.02	.09	.29^{+++}
	Anstrengung	.22^{+++}		.30^{+++}		.47^{+++}	
Mädchen	Note	−.35^{+++}	−.38^{+++}	−.12^{0}	−.44^{+++}	−.03	−.29^{++}
	Test	.31^{+++}	.21^{+}	.61^{+++}	.30^{+++}	.48^{+++}	.47^{+++}
	Anstrengung	.20^{+++}		.09		.42^{+++}	

^{0} p < .10 $^{+}$ p < .05 $^{++}$ p < .01 $^{+++}$ p < .001

5.4.3. Schulische Selbstkonzepte und Intelligenz

An sich, darüber wurde bereits referiert, scheint die prinzipielle Unabhängigkeit der Fähigkeitswahrnehmung von der kognitiv-intellektuellen Ausstattung unstrittig zu sein (vgl. MEYER, 1973a). Wenn dieser Zusammenhang dennoch erneut überprüft wurde, so aus zwei Gründen. Zum einen, weil eine Replikation dieses ja nicht unbedeutenden Befundes für den deutschsprachigen Raum noch aussteht und zum anderen, um einen Hinweis auf die eventuell differentielle Wirkung von Intelligenzfaktoren (Teilkonzepte) zu erhalten.

Tab. 14: Fachliche Fähigkeitskonzepte und IQ (in Klammern: nach Ausschaltung der Zensur)

	Deu	Eng	Mat	Spo	Wer/Tex
Jungen	.35^{+++} (.17^{+})	.26^{+++} (.01)	.44^{+++} (.21^{++})	−.13 (−.23^{++})	.13 (.06)
Mädchen	.37^{+++} (.23^{++})	.14^{+} (.06)	.36^{+++} (.15^{+})	−.06 (−.15^{+})	−.06 (−.04)

$^{+}$ p < .05 $^{++}$ p < .01 $^{+++}$ p < .001

Dabei wurde für die beiden Nebenfächer der IST-Gesamtwert, für die Hauptfächer entweder der Untertest Deutsch (Deutsch, Englisch) oder Rechnen (Mathematik)[2] zugrunde gelegt. Wie aus Tab. 14 zu ersehen ist, sind für alle drei kognitiven Fächer die Korrelationen zumindest auf dem 5%-Niveau signifikant. Da aber auch Schulnoten,

---

[2] Untertest Deutsch besteht aus den Aufgabengruppen 1–4, Untertest Rechnen aus 5–6 des IST.

wenngleich nicht so eindeutig, wie man aufgrund inhaltlicher Entsprechungen zwischen Test- und Fächeranforderungen erwarten könnte, meist in einem gewissen Verwandtschaftsgrad zu Intelligenztestleistungen stehen – LÖSCHENKOHL (1973) berichtet Koeffizienten von .90 bis –.24; s. dazu auch WEISS (1964), HÖGER (1964) und die Zusammenfassung von FIPPINGER (1971) – ergibt sich wegen der hohen Notenabhängigkeit der Selbstkonzepte ein angemesseneres Bild, wenn deren Einfluß ausgeschaltet wird. Dadurch reduzieren sich die ursprünglichen Zusammenhänge zwar beträchtlich (vgl. die Klammerausdrücke in Tab. 14), dennoch bleibt für Deutsch und Mathematik ein, statistisch gesehen, immer noch bedeutsamer Rest übrig, der der Vorstellung von der Unabhängigkeit beider Variablen deutlich widerspiegelt. Intelligenzfaktoren und *schulische* Fähigkeitskonzepte weisen damit in zwei der untersuchten Hauptfächer auch dann noch – wenngleich nicht gerade hohe – Gemeinsamkeiten auf, nachdem der Zusammenhang von der gemeinsamen Notenvarianz bereinigt worden ist. Daß dieser Befund nicht notwendigerweise im Widerspruch zu den Ergebnissen anderer Autoren steht, wird noch zu zeigen sein.

Bemerkenswert ist, daß Schüler beiderlei Geschlechts ihre sportlichen Fähigkeiten um so geringer einschätzen, je intelligenter sie sind. Möglicherweise rührt dies daher, daß begabtere Kinder sich einfach mehr mit intellektuellen Tätigkeiten beschäftigen, da sie ihnen, weil kognitiv angemessener, mehr Spaß bereiten.

Tab. 15: Differenzen partieller Korrelationen zwischen Fähigkeitsurteilen und Intelligenztestwerten bei Lehrern und Schülern (Note kontrolliert)

	Deu	Eng	Mat	Spo	Wer/Tex
Jungen	.11	.25[+]	–.05	–.14	.31[+]
Mädchen	.05	.28[+]	.30[+]	.09	.28[+]

[+] $p < .05$

Was die Lehrer betrifft, so sind auch bei ihnen Fähigkeitsurteile und Intelligenztestleistungen nach Ausschaltung des Notenanteils immer noch miteinander korreliert, und zwar in allen drei Hauptfächern. Entsprechend findet sich in Tab. 15 für beide Geschlechter eine signifikante Differenz zwischen Lehrer- und Schülerurteil für Englisch. Darüber hinaus bestehen jedoch noch zwei weitere prägnante Unterschiede: Lehrer sehen den Zusammenhang zwischen rechnerischer Intelligenz und Mathematikfähigkeit bei Mädchen enger als diese selbst. Möglicherweise steckt hierin ein Hinweis auf ihre größere Sensibilität gegenüber Begabungsunterschieden gerade in diesem Fach, die aber erst in Verbindung mit dem entsprechenden Geschlechtsrollenstereotyp (Mädchen „können" Mathematik nicht so gut) aktiviert wird.

Der andere Befund ist geradezu verblüffend, denn er besagt, daß Lehrer die handwerkliche Geschicklichkeit i. S. v. Fähigkeit eines Schülers mit deren Intelligenzausstattung in Verbindung setzen. Anscheinend sagt dieser Lernbereich, der in der Regel eher „intelligenzfern" angesiedelt wird, doch mehr über kognitive Vermögensbestände aus als gemeinhin angenommen wird.

Aber wie dem auch sei: Auf jeden Fall zeichnet sich hier ein wichtiges Forschungsfeld ab, das über Einsichten in kognitive Eindrucksbildungen hinaus zu einem insgesamt angemesseneren Verständnis der motivationspsychologischen Prozesse innerhalb der Schule beitragen könnte.

5.4.4. Klassenunterschiede

MEYER & BUTZKAMM (1975) hatten Hinweise dafür gefunden, daß das Attributionsverhalten von Lehrern durchaus nicht unabhängig war von den tatsächlichen Verhältnissen (dort waren es Intelligenzunterschiede), die sie in der Klasse vorfanden. Und von RHEINBERG (1977) liegen inzwischen überzeugende Belege dafür vor, daß Lehrer in bezug auf ihre Bewertungspraxis keineswegs eine relativ homogene Gruppe darstellen, sondern sich prägnant danach unterscheiden lassen, ob sie stärker klasseninterne Leistungsvergleiche oder mehr individuelle Leistungsverläufe bei ihrer Urteilsbildung berücksichtigen (Bezugsnormorientierung). Von daher ist es nur wahrscheinlich, daß mit der hier vorgenommenen Durchschnittsbildung über Schüler, Klassen und Lehrer hinweg manche wichtigen Unterschiede verwischt worden sind.

Dies mußte jedoch in Kauf genommen werden, denn darauf kam es im vorliegenden Rahmen noch nicht an, weil es zunächst nur um die grundsätzliche Frage ging, ob sich in der Schule *überhaupt* einigermaßen stabile Zusammenhänge zwischen Leistungen und korrespondierenden Fähigkeitskognitionen nachweisen lassen. Insofern muß es späteren Untersuchungen vorbehalten bleiben, hierbei auch noch weitere Varianzquellen zu berücksichtigen.

Dennoch auch hierzu einige erste Hinweise, die andeuten, daß trotz fehlender Berücksichtigung möglicher Klassenunterschiede manche der aufgezeigten Zusammenhänge eventuell doch weniger anfällig

gegenüber klassenspezifischen Einflußquellen zu sein scheinen als man vermuten könnte.
So korrelieren z. B. mittlere Fähigkeitseinschätzungen der Schüler und durchschnittliche Zensuren, wenn die 9 Klassen als Einheiten genommen werden, immerhin −.73 (Englisch) bzw. −.97 (!) (Mathematik) miteinander, während der Zusammenhang im weniger „könnensabhängigen" Fach Deutsch auf den nicht mehr signifikanten Wert von −.39 absinkt (stets Rangkorrelationen). Bei Lehrern liegen die entsprechenden Koeffizienten ähnlich: Englisch: −.82, Mathematik: −.60 und Deutsch: −.40.

Lehrerunterschiede scheinen jedoch offensichtlich mit im Spiel zu sein, wenn es um die Gewichtung der beiden von uns erwähnten Faktoren Intelligenz und Anstrengung geht, denn die Korrelation zwischen Noten und letzterem liegen durchwegs nur noch in der Größenordnung von .60, während der Zusammenhang zwischen Fähigkeitsurteil und Intelligenz von −.53 (Deutsch) über .19 (Mathematik) bis .60 (Englisch) anscheinend bei fehlender Kenntnis weiterer Lehrerspezifika nicht mehr vorhersagbar ist (wobei zwischen den Klassen keine Intelligenzunterschiede bestehen: $F < 1$). Insofern ist die Richtung, in der die vorliegenden Befunde zu ergänzen und zu berichtigen wären, bereits vorgezeichnet.

5.5. Zusammenfassung

Über skalierte Einschätzungen der wahrgenommenen Fähigkeiten für fünf Schulfächer (Deutsch, Englisch, Mathematik, Sport, Werken/Textilgestaltung) in Verbindung mit einer zusätzlichen Einstufung der allgemeinen schulischen Fähigkeit ließ sich zeigen, daß sich der *kognitive* Kompetenzraum am besten durch *zwei* orthogonale Dimensionen beschreiben läßt, deren eine sprachlich-verbale, die andere eher mathematisch-symbolische Inhalte abdeckt, wobei sich allerdings nur in einem Replikationsversuch alle drei Hauptfächer eindeutig einem Faktor zuordnen ließen. Darüber hinaus bildete Sport eine eigenständige weitere Dimension, während Werken/Textilgestaltung stets in Verbindung mit dem zweiten Faktor auftrat, der mit einer rein kognitiven Charakterisierung somit möglicherweise nicht ganz zureichend etikettiert ist.

Die *Allgemeineinschätzung* lud auf beiden Faktoren annähernd gleichhoch, später zeigte sich jedoch, daß sie in erster Linie *sprachliche Kompetenz* widerspiegelt und von daher kaum geeignet ist, ein über kognitive Leistungen hinausreichendes breiteres Spektrum schulischer Fähigkeitswahrnehmung abzudecken. Daraus wurde der Schluß gezogen, daß in diesem Feld bei ähnlichen Untersuchungen stets der fachliche Bezug des Schätzurteils berücksichtigt werden sollte.

Weiterhin konnte deutlich gemacht werden, daß Fähigkeitsschätzungen der Schüler nachhaltig an *Zensuren* verankert sind, und dies stärker bei Jungen als bei Mädchen. Bei Lehrern war dies nicht in dem Maße der Fall, so daß die vom gemeinsamen Notenvarianzanteil bereinigte Übereinstimmung zwischen ihnen und den Schülern *nur sehr gering* ausfiel. Dabei wurden allerdings Unterschiede zwischen den Fächern sichtbar, die sich durch Überlagerungen bestimmter Fächervorstellungen (für Deutsch ist Anstrengung wichtiger als Fähigkeit, für Mathematik ist es umgekehrt) mit geschlechtstypischen Voreingenommenheiten (Jungen sind besser in Mathematik, Mädchen in Deutsch) erklären ließen; dabei ergaben sich dann die höchsten Übereinstimmungen, wenn beide naiven Überzeugungen gleichzeitig zutrafen.

Als ein zusätzlicher Grund für die Lehrer-Schüler-Diskrepanz deutete sich an, daß Lehrer wahrscheinlich mehr Informationen für ihren Fähigkeitsschluß heranziehen, so u. a. *wahrgenommene Anstrengung*. So ließ sich nachweisen, daß bei Schülern vornehmlich Zensuren, bei Lehrern dagegen sowohl diese als auch Anstrengungsschätzungen und Ergebnisse von Schulleistungstests als signifikante Prädikatoren der Kompetenzurteile auftraten.

Entgegen anderen Befunden waren die schulischen Fähigkeitswahrnehmungen, soweit es die Hauptfächer Deutsch und Mathematik betraf, *nicht intelligenzunabhängig*.

Dieser Widerspruch erklärt sich möglicherweise dadurch, daß *fachbezogene* Selbstkonzepte stärker als solche, die lediglich an einfachen experimentellen Aufgaben verankert sind (wie in den Untersuchungen, auf die MEYER sich stützt), von der Intelligenz mit abhängen. Denn auch in der einzigen vergleichbaren Arbeit, die sich auf Schulleistungen stützte (BROOKOVER, THOMAS & PATERSON, 1964), fanden sich signifikante Koeffizienten annähernd gleicher Größenordnung ($r = .17$). Man wird somit auch die These von der Unabhängigkeit zwischen Selbstkonzepten und Intelligenz dahingehend korrigieren müssen, daß sie nur noch eingeschränkt für solche Aufgabenkontexte gilt, in denen „Begabungsanforderungen" überhaupt nicht oder nur minimal gestellt sind.

Schließlich wurden in Anlehnung an Untersuchungen, die die Interklassenvarianz des Lehrer-Schüler-Verhältnisses als Folge von Eigentümlichkeiten des Unterrichtsverbandes oder Orientierungsvoreingenommenheiten der Lehrer aufgezeigt hatten, vereinzelte Hinweise gegeben, die andeuteten, daß auch in dieser Untersuchung erhebliche Unterschiede *zwischen Lehrern* bestehen, ohne daß sich im Nachhinein aber erklären ließe, worauf diese zurückgeführt werden könnten. Dennoch war die Übereinstimmung auf der Schülerseite, insbesondere, was die Zensurenabhängigkeit ihres Fähigkeitsurteils betraf, beträchtlich.

Insgesamt ist damit diese erste Studie ihrem Vorläuferstatus für die beiden folgenden Untersuchungen insofern gerecht geworden, als sie den nächsten Schritt, ein bereichsspezifisches Fähigkeitssegment auszugliedern und näher zu analysieren, nicht nur als legitim ausgewiesen hat; auch hat sie bereits einen Rahmen geschaffen, der zum besseren Verständnis späterer Befunde sehr nützlich sein wird.

6. ENTWICKLUNG EINES FRAGEBOGENS ZUR MESSUNG DES FÄHIGKEITSKONZEPTS FÜR MATHEMATIK (SKM).

Aus den im vorangegangenen Kapitel berichteten Ergebnissen zur internen Struktur von Fähigkeitskonzepten sowie ihrer Übereinstimmung mit Indizes intellektueller Kapazität und faktischer Leistungen ließen sich zwei zentrale Aussagen ableiten, die als Pfeiler für das weitere theoretische und methodische Vorgehen dienen sollen.

(1) Die kongitive Struktur des Fähigkeitsraumes ist durch zwei voneinander unabhängige Dimensionen beschreibbar, von denen eine relativ eindeutig die Wahrnehmung numerisch-mathematischer Kompetenz zum Inhalt hat. Von daher erscheint es legitim, dieses Segment zu isolieren und zum Gegenstand einer eigenständigen Betrachtung zu machen, wobei natürlich das hierbei aufzudeckende Beziehungsgeflecht auf den angesprochenen Sektor beschränkt bleibt und nur mit großen Vorbehalten auch auf andere Fächer verallgemeinert werden darf.

Eine an das traditionelle Vorgehen eng angelehnte Operationalisierung dieses Teilkonzepts über Skalierungstechniken erscheint allerdings aus einer ganzen Reihe von Gründen, auf die bereits hingewiesen wurde, in höchstem Maße unbefriedigend. Deshalb muß es ein allen weiteren Schritten vorgeschaltetes Anliegen sein, diesen Mangel durch ein wesentlich verbessertes Meßverfahren zu beseitigen. Dies ist das Ziel dieses Kapitels.

(2) Der zweite Punkt ist ein inhaltlicher. Wie man sich vielleicht schon vorher hätte denken können, ist die Fähigkeitswahrnehmung in der Schule in allererster Linie von den Zensuren abhängig: Damit erscheinen die bereits von den unterschiedlichsten Gesichtspunkten her angegriffenen Noten (s. INGENKAMP, 1971, SCHRÖTER, 1977) nun auch aus motivationspsychologischer Sicht in einem ganz neuen Licht. Aber was gleichfalls deutlich wurde – sie

sind es bei weitem nicht allein, die den individuellen Eindruck bestimmen, und wäre das der Fall, so wäre wohl ein neues Konstrukt Selbstkonzept zu Recht überflüssig. Folglich muß es noch eine unbestimmte Anzahl weiterer Determinanten geben, von denen in den nächsten Kapiteln einige zu identifizieren versucht wird.

Zunächst jedoch noch eine Bemerkung zur Begründung einer Selbstkonzeptmessung, die auf der Basis eines Fragebogens und nicht von Ratings beruht. Dazu sei Bezug genommen auf die Ausführungen von RAY (1975), die, wenngleich von allgemeiner Natur, sich leicht auch auf das vorliegende Problem übertragen lassen. Zwar geht auch er davon aus, daß Ratings grundsätzlich nicht ganz unbrauchbar seien (z. B. konnte BAILEY, 1971, auf diese Weise mit Erfolg eine Variable „College ability" definieren), dennoch sollte Fragebogen aber der Vorzug gegeben werden, weil

- das untersuchte Merkmal häufig ein anderes Common-Sense-Verständnis hat
- die Verzerrung durch SD-Tendenzen (soziale Erwünschtheit) geringer ausfällt
- es oft einfach zu schwierig ist, einzelne Merkmale zu raten und
- der Fehlereinfluß durch die Meßwiederholungen des Fragebogens reduziert wird.

Speziell für schulische Fähigkeitskonzepte wäre dieser Katalog noch zu ergänzen durch den Hinweis, daß über Skalierungen die dominierende Orientierung an der Zensur aufgrund der ähnlichen Matrix, die ja ohnehin schon erfolgt, möglicherweise geradezu aufgezwungen wird, was auf eine künstliche Aufwertung ihres Einflusses hinausliefe.

Ein fragebogenähnliches Meßinstrument zur Bestimmung schulfachspezifischer Selbstkonzepte liegt im deutschsprachigen Raum gegenwärtig leider noch nicht vor, so daß wir uns bei dem Versuch, einen solchen zu konstruieren, auf keinerlei Vorarbeiten stützen konnten. Zwar hat MEYER (1972) in einer unveröffentlichten Arbeit ein auf Alternativentscheidungen beruhendes Verfahren zur Erfassung von „Selbstkonzepten der Begabung" vorgestellt; dieses hebt jedoch entgegen der Ankündigung im Titel weitgehend auf eine generalisierte Begabungsperzeption ab und läßt keine inhaltlichen Zuordnungen auf der Ebene von Teilfähigkeiten zu (dasselbe gilt auch für WAGNER, 1977).

Von diesem Instrument abgesehen, wird die methodische Landschaft jedoch ausschließlich von skalierten Fähigkeits- bzw. Begabungseinschätzungen geprägt[3], die sich jeweils direkt auf die zugrunde liegende Leistungstätigkeit, d. h. in erster Linie auf die konkrete Aufgabe und bestenfalls auf die Klasse ähnlicher Aufgaben beziehen und damit genaugenommen eigentlich keine darüber hinaus gehende Verallgemeinerung zulassen.

Konstruktion des Fragebogens Daher wurden zunächst aufgrund von Plausibilitätsüberlegungen 25 Statements zusammengestellt, die sich allesamt auf mathematisches Können bezogen, und zwar sowohl innerhalb des engeren schulischen Rahmens als auch darüber hinaus auf Freizeit und Beruf. Für jede dieser Aussagen war durch Ankreuzen von „stimmt" oder „stimmt nicht" ihr Zutreffen für die eigene Person zu kennzeichnen.

Die Stichprobe, der diese Urversion vorgelegt wurde, bestand aus 492 Hauptschülern der 7. und 8. Klasse (257 Jungen, 235 Mädchen); über eine anschließende Schwierigkeitsbestimmung hinaus wurden aber zunächst noch keine weiteren Indizes im Sinne einer Itemanalyse ermittelt, weil davon ausgegangen werden konnte, daß ein derart intuitiv zusammengestelltes Itempool mit Sicherheit faktoriell heterogen ausfallen würde, womit jedoch die Voraussetzung für eine sinnvolle Trennschärfebestimmung nicht erfüllt wäre.

Somit erfolgte eine erste Selektion allein im Hinblick auf die Schwierigkeit der Testitems: sämtliche Items mit $.20 < p > .80$ wurden wegen ihrer nur ungenügenden Differenzierungsfähigkeit ausgeschlossen, wodurch sich die neue Version auf nunmehr 18 Statements reduzierte. Eine anschließende Faktorenanalyse (Hauptachsenmethode, Rotation nach Varimax-Kriterium, Extraktion nur von Faktoren mit einem Eigenwert ≥ 1) erbrachte insgesamt 4 Faktoren, die 53,4% der gemeinsamen Varianz aufklärten.

Während sich die beiden ersten recht eindeutig interpretieren ließen, waren Faktor III und IV jeweils nur durch je zwei Items bestimmt, deshalb wurden vor einer weiteren Analyse auch diese beiden Doublets eleminiert. Nunmehr ergab sich eine zweifaktorielle Lösung mit einem Varianzanteil von 42,9%.

Auf den ersten Faktor (F I) luden ausschließlich solche Items, die sich auf die mathematische Fähigkeitswahrnehmung bezogen, und der deshalb als „Selbstkonzept eigener Fähigkeit für Mathematik" (SKM) bezeichnet wurde. Dagegen subsumierten sich unter F II vornehmlich solche Aussagen, die mathematische Leistungen mit gleichzeitigen motivationalen Investitionen verbanden (Beispiel: „Wenn

---

[3] Hier drängt sich BRONFENBRENNERs (1958) ironische Bemerkung auf: "For an American psychologist, nothing is so attractive as an operational definition. And when such a definition can be combined with an 'objective' procedure yielding a numerical score, the temptation to gather data is virtually irresistible" (S. 100).

ich mich noch mehr anstrengen würde, könnte ich in Mathe noch besser sein"). Theoretisch durchaus nicht unstrittig, wurden sodann für die Endfassung ausschließlich die Statements ausgewählt, deren Faktorenladungen auf F I deutlich höher waren als auf F II und darüber hinaus auch noch dem FÜRNTRATTschen Auswahlkriterium ($a^2/h^2 > .50$) genügten, so daß schließlich eine Endfassung aus 10 Items übrig blieb, die nunmehr eine faktoriell homogene Skala „SKM" konstituierten (s. Tab. 16).

Tab. 16: Endfassung des Fragebogens zur Erfassung des „Selbstkonzepts eigener Fähigkeit für Mathematik" (SKM) [N = 492]

	F I	F II	r_{tt}	h^2
1. MATHE würde ich viel lieber machen, wenn das Fach nicht so schwierig wäre.	.65	.05	.53	.42
2. Ich möchte später am liebsten einen Beruf haben, bei dem MATHE möglichst keine Rolle spielt.	.57	.16	.49	.35
3. MATHEMATIK ist ein Fach, das ich gern mache und das mir liegt.	.59	.32	.46	.45
4. Obwohl ich mir bestimmt Mühe gebe, fällt mir MATHE schwerer als vielen meiner Mitschüler.	.68	.02	.51	.46
5. Ich glaube, daß mir MATHE bestimmt leichter fiele, wenn ich mich mehr dafür interessieren würde.	.61	.17	.62	.40
6. Kein Mensch kann alles. Für MATHE habe ich einfach keine Begabung.	.62	−.05	.58	.39
7. Ich brauche immer etwas mehr Zeit als die anderen, um die Lösung für eine mathematische Aufgabe zu finden.	.56	.00	.58	.32
8. Bei manchen Sachen in MATHE, die ich nicht verstanden habe, weiß ich von vornherein: „Das versteh ich nie."	.47	−.05	.52	.22

	F I	F II	r_{tt}	h^2
9. MATHE liegt mir nicht besonders.	.71	–.02	.54	.50
10. Wenn MATHE mir nicht so schwer fallen würde, wäre ich gern zur Realschule oder zu einem Gymnasium gegangen.	.49	.05	.48	.24

Reliabilität Der Zuverlässigkeitskoeffizient (Split-half) betrug nach SPEARMAN-BROWN $r_{tt} = .80$ und nach der Formel von ROULON $r_{tt} = .79$ (vgl. LIENERT, 1967). Das so gewonnene Fragebogenmaß wurde sowohl in Studie II als auch in der anschließenden Studie III eingesetzt, wobei es in einigen Fällen möglich war, denselben Zusammenhang in der zweiten Untersuchung erneut zu überprüfen. Die Herkunft der Ergebnisse ist in jedem Fall vermerkt.

Verfälschungstendenzen Verbalisierungen von fähigkeitsbezogenen Selbstbeurteilungen sind insofern nicht unproblematisch, da sie leicht von Faktoren der *sozialen Erwünschbarkeit* mitbeeinflußt und damit verzerrt werden können, weil gerade „Fähigkeit" in unserer Kultur eine Eigenschaft ist, deren Besitz allgemein erhöhte gesellschaftliche Wertschätzung garantiert (vgl. KLAPPROTT, 1972). Im vorliegenden Untersuchungszusammenhang wäre eine in diesem Sinne sozial determinierte Kovariation zwischen SKM und der Bereitschaft zur positiv überhöhten Selbstpräsentation jedoch nur störend, deshalb wurden die Fähigkeitsscores bei einer anderen Gelegenheit (Studie III) zu einer Kontrollskale, der Lügenskala von AMELANG & BARTUSSEK (1972), in Beziehung gesetzt.

Tab. 17: Produkt-Moment-Korrelation zwischen SKM und Lügenskala (Studie III).

Jungen (198)	Mädchen (191)
.07	.23[+++]

[+++] $p < .001$

Ein zwar hochsignigikanter, numerisch aber eher niedriger Koeffizient ließ sich allein für Schülerinnen nachweisen und scheint u. E. durchaus noch vereinbar mit der Annahme, daß der SKM-Fragebogen sozial orientierten Verfälschungstendenzen nur in geringem Maße unterliegt. Dieses Ergebnis widerspricht einem jüngst von ARLIN (1976) berichteten wesentlich deutlicheren Zusammenhang zwischen Selbstkonzept und Präsentationstendenzen, allerdings wurde dort von einem globalen und nicht von einem differenzierten Fähigkeitskonzept ausgegangen.

7. SCHULISCHE DETERMINANTEN DER FÄHIGKEITSWAHRNEHMUNG

Im Gegensatz zu den meisten Persönlichkeitsvariablen wie Angst, Intelligenz, Leistungsmotiv etc. wird das Konstrukt Selbstkonzept weniger als relativ stabile Disposition aufgefaßt, die – einmal lerngeschichtlich etabliert – nur noch schwer zu beeinflussen ist. Vielmehr ist sein wichtigstes Charakteristikum gerade seine *Bezugsnormbezogenheit* – und damit eben auch seine potentielle *Veränderbarkeit* (s. MEYER, 1973a). Die damit verbundene – bisher noch offene – Frage ist jedoch, wie hoch der Grad an Sensibilität gegenüber den normativen Sozialkontexten anzusetzen sei, d. h., wie weit und durch welche Variablen konkret Einwirkungen auf die Fähigkeitswahrnehmung möglich sind.

Aus theoretischer Sicht fällt eine erste Antwort zunächst eher pessimistisch aus. Denn folgt man KANFER (1971), so entspricht es einem allen Menschen eigenen Bestreben, ihr Verhalten selbst zu bestimmen bzw. zu steuern und dies im Rahmen der Möglichkeiten auch da, wo der faktische Handlungsspielraum durch Reglementierungen und äußere Zwänge ganz erheblich eingeschränkt ist – wie beispielsweise in der Schule. Restriktionen des Handlungsspielraumes bedeuten aber nicht nur Einschränkungen partikularer Individualziele bis hin zur totalen Blockierung einzelner Motive; sieht man in der Aufrechterhaltung und Stabilisierung eines positiven *Selbstwertgefühls* in Verbindung mit *Selbstachtung* und *Selbstakzeptierung* das letztlich alle individuellen Unterschiede einschließende Oberziel, so läßt sich bereits erahnen, daß „Selbststeuerung" innerhalb der Schule auf Verhaltensstrategien hinausläuft, die die externe Zugänglichkeit zur Ich-nahen und selbstwertzentralen Fähigkeitswahrnehmung schwieriger gestalten, als es zunächst den Anschein hat.

In diesem Sinne betonen auch COVINGTON & BEERY (1976), daß gerade die Schule ein Ort sei, an dem

"the individual's sense of worth is threatened by the belief that his value as a person depends on his ability to achieve, and that if he is incapable of succeeding, he will not be worthy of love and approval" (S. 6).

Daraus aber ergibt sich, so folgern sie, daß ein Schüler mit nur geringer Könnenszuversicht alles versuchen wird, die angebliche Tatsache seines Fähigkeitsmangels sowohl vor dem eigenen Bewußtsein als auch vor der Öffentlichkeit von Lehrern und Mitschülern zu schützen. Die hierzu naheliegendste Strategie wäre zunächst, dies über den – seitens der Schule sogar befürworteten – Weg *erhöhter Anstrengung* zu tun, da auf diese Weise dem selbstkonzeptbestätigenden Mißerfolg am wahrscheinlichsten zu entgehen wäre. Dennoch wird in den meisten Fällen aber gerade diese Möglichkeit nicht gewählt, da ein selbst auf dem Hintergrund hoher Anstrengung eintretendes Versagen zu dem unausweichlichen Schluß nötigen würde, daß es jetzt bewiesenermaßen eben doch an Fähigkeit mangele (vgl. HECKHAUSEN, 1978).

Somit dürfte es die angemessenste Strategie dieses Schülers sein, Anstrengung nur „gedrosselt" zu investieren, was wiederum nur Mittelmäßigkeit und eher schlechte als bessere Leistungen zur Folge hat. Dadurch jedoch wird die „Richtigkeit" der Selbstdiagnose Fähigkeitsmangel nur erneut verifiziert. Es ist die Ironie dieses Zirkels, daß der selbstkonzeptschwache Schüler bei seinen Bemühungen, durch das Vermeiden von Mißerfolgserlebnissen seine verletzliche Selbstwahrnehmung zu schützen, schließlich doch genau die Erfahrungen von Mangelhaftigkeit selbst heraufbeschwört, die mit seinem Selbstkonzept im Einklang stehen (zu den weiteren Folgen s. COVINGTON & BEERY, 1976).

Selbststeuerung läuft damit darauf hinaus, die Insuffizienzperzeptionen nur noch mehr zu verfestigen. Und solange die Schule ihren Bewertungsauftrag in erster Linie sozial-normativ versteht (das dies zum Glück nicht für alle Lehrer gilt, wurde von RHEINBERG, 1977, gezeigt), trägt sie entscheidend dazu bei, daß der Ausbruch aus diesem Kreislauf weitgehend unterbleibt.

Doch was geschieht, wenn dennoch zur Eigenwahrnehmung inkompatible *Erfolgs*erfahrungen auftreten? Hier hat die Attribuierungstheorie gezeigt, daß, solange solche Erwartungswidrigkeiten nur vereinzelt bleiben, sich im Prinzip nichts ändert. Dafür „sorgen" internalisierte Überzeugungshaltungen, die – über kausale Ursachenzuschreibungen – zunächst dazu führen, daß das unverhoffte Gelingen als „Ausnahme" angesehen wird; d. h., es wird entweder auf nicht näher bestimmbare glückliche Umstände oder aber auf Strukturmerkmale der Leistungsanforderung selbst (bei *leichten Aufgaben* ist Erfolg nur wahrscheinlich) zurückgeführt, ohne daß die Fähigkeitswahrnehmung davon unmittelbar berührt werden würde (WEINER, 1976; MEYER, 1973a).

Erst wenn die Erwartungswidersprüche so *gehäuft* auftreten, daß sie sich selbst der eigenen Person gegenüber nicht länger überzeugend externalisieren lassen, dürfte es – wenngleich nicht spontan, sondern eher langfristig – auch zu einer *Revision* des Selbstkonzepts kommen, damit das kognitive Person-Umwelt-Gleichgewicht wieder hergestellt wird. Damit wird zugleich aber auch klar, daß sich hier allenfalls ein theoretischer Weg abzeichnet, denn für die Schule in ihrer gegenwärtigen Konzeption ist es praktisch ausgeschlossen, die unter diesem Gesichtspunkt zu fordernden „Vorschußleistungen" zu erbringen.

MEYER (1973b) ergänzt diese Überlegungen in bezug auf die grundsätzlichen Voraussetzungen für eine Änderung der Selbstwahrnehmung noch dadurch, daß er einen positiven Zusammenhang zwischen der Höhe des Fähigkeitsurteils und der korrespondierenden Urteilssicherheit als gegeben ansieht (er berichtet eine Korrelation von $r = .60$), was darauf hinweist, daß niedrige Kompetenzzuversicht gleichzeitig einhergeht mit verstärkter subjektiver Unsicherheit über die „Richtigkeit" der Perzeption. Dadurch aber stehen einer Person, die ihr Können eher pessimistisch einschätzt,

„aufgrund ihrer Unsicherheit mehr Ursachenfaktoren zur Erklärung des Resultats offen. Erfolg muß subjektiv nicht durch personunabhängige Faktoren zustandegekommen sein (wie Zufall, Aufgabenleichtigkeit, situat. Gegebenheiten); er kann – besonders bei gehäuftem Auftreten – als abhängig von guter Begabung erlebt werden, was eine Änderung des Selbstkonzepts für den in Frage stehenden Aufgabentyp zur Folge hat" (S. 259f.).

Dieser Gedanke trägt zum besseren Verständnis für die schulischen Verhältnisse u. E. jedoch kaum bei, denn – abgesehen davon, daß sich derselbe Befund ebensogut als Anzeichen für eine Strategie zur Reduktion kognitiver Dissonanz interpretieren ließe – dort sind Inkompetenzvorstellungen in aller Regel die Summe einer Vielzahl von Einzelerfahrungen über oft sehr lange Zeitstrecken, und es ist kaum vorstellbar, daß sie mehr mit Zweifel als mit Gewißheit verbunden sein sollen.

Ebenso, wie der Leistungsschwache sich letztendlich gegen jeden positiven Selbstkonzepteinfluß abschottet, trägt sich auch eine erhöhte Kompetenzzuversicht weitgehend selbst, da ihr Träger sich, gestützt auf an überwiegende Erfolgserfahrungen, mit den damit einhergehenden positiven Affekten stetig selbst bekräftigt (HECKHAUSEN, 1972). Auch hier sind wieder Ursachenerklärungen mit im Spiel, die sich meist so auswirken, daß Erfolge den eigenen Begabungseindruck nur bestätigen (indem sie überwiegend internal vor allem durch Fähigkeit, erklärt werden), während in Mißerfolgen zunächst Indizien für unzureichende Anstrengung gesehen werden, wodurch ihnen ihr Bedrohlichkeitscharakter genommen wird, da sie ja nicht das eigene Können reflektieren.

Man muß folglich gar nicht von der ohnehin unrealistischen Annahme ausgehen, wonach Personen mit hohem Selbstkonzept eben auch nur selten erwartungswidrige Leistungsergebnisse (d. h. Mißerfolge) erzielten. Es reicht vielmehr aus, wenn ihre Wahrnehmungsperspektive so charakterisiert wird, daß „failure is viewed as an inevitable and natural part of the learning process and not as a characteristic of the learner" (COVINGTON & BEERY, 1976, S. 8).

Obwohl diese Überlegungen den im Rahmen zur attributionstheoretischen Unterscheidung von Erfolgs- und Mißerfolgsmotivierten vorgenommenen weitgehend gleichen (s. HECKHAUSEN, 1972), soll wegen der zahlreichen Fragwürdigkeiten und Mängel des Konstrukts Leistungsmotiv (s. HECKHAUSEN, 1978a, SCHORB, 1977) dieser Zusammenhang aber nicht weiter verfolgt werden.

Halten wir bis hierhin jedoch fest, daß in bezug auf das Selbstkonzept die Meinungen insofern weitgehend übereinstimmen, als ihm zwar eine nach Stabilisierung und Bestätigung strebende Eigendynamik zugeschrieben wird; daß andererseits aber auch gerade eine geringe Fähigkeitswahrnehmung sich widersprechenden Leistungserfahrungen nicht grundsätzlich verschließt und einer allmählichen Akkomodation zugänglich scheint.

Um die Verbindung zur *Bezugssystemorientiertheit* des Selbstkonzepts wieder herzustellen, braucht man sich nun lediglich zu vergegenwärtigen, daß Leistungserfahrungen in der Schule nur in den selteneren Fällen ausschließlich an *sachlichen* Gütestandards verankert und damit Rückmeldungen des „wahren" Könnens sind (HECKHAUSEN, 1974c), sondern in aller Regel auf dem Hintergrund *sozialer* Bezugsnormen erfolgen, wie sie durch das System Klasse dargestellt und durch öffentliche systemspezifische Bewertungsmaßnahmen (Zensuren) dokumentiert werden (INGENKAMP, 1971).

Querschnittvergleiche zwischen Schülern verschiedener Referenzgruppen konnten diesen Zusammenhang auch empirisch belegen, wobei Bezugsgruppeneffekte sowohl im Hinblick auf bestimmte Schultypen (RHEINBERG, 1976; RHEINBERG & ENSTRUP, 1977) als auch auf den kognitiven Entwicklungsstand der Schüler aufgezeigt werden konnten (RHEINBERG, LÜHRMANN & WAGNER, 1977). Und KRUG & PETER (1977), die Sonderschüler über den Zeitraum eines Jahres hinweg beobachteten, fanden, daß während dieser Zeit nicht nur das Selbstkonzept signifikant *anstieg*; parallel dazu gingen auch Leistungsangst und Mißerfolgsbefürchtungen deutlich zurück. Inwieweit hierbei jedoch ein reiner Zeiteffekt mit im Spiel ist, der zur Folge hat, daß zunächst feststellbare Selbstkonzeptsteigerungen schon bald von Diskriminierungs- und

Stigmatisierungsperzeptionen überlappt und zunichte gemacht werden, ist eine gegenwärtig noch offene Frage (s. SCHERER & SCHLIEP, 1974).

Es darf jedoch nicht übersehen werden, daß in den erwähnten Beispielen die Selbstkonzeptänderung stets *Folge* von pädagogischen Separierungsmaßnahmen war, denen primär jedoch ganz andere Entscheidungen zugrunde lagen (Lernschwächen, Verhaltensstörungen etc.). Das aber weist zugleich darauf hin, daß leistungsbezogene Gruppierungen, die eine Selbstkonzeptanhebung zum Ziel haben, ausschließlich innerhalb jenes begrenzten Rahmens überlegenswert sind, der durch die Grenzen zu anderen damit einhergehenden – nachteiligen – Begleiteffekten gesteckt ist (Stigmatisierung, Ausbildungs- und berufliche Benachteilung u. a.).

Daß in diesem Sinne selbst die schultypinterne Niveaugruppierung, obgleich zur Zeit in den meisten Schulen üblich, trotz vieler positiver Konsequenzen bereits mit ernsthaften negativen Implikationen (insbesondere sozialen) einhergeht, ist wiederholt aufgezeigt worden (YATES, 1972; ROEDER & TREUMANN, 1974; WASNA, 1973a; KEIM, 1974). Dennoch gilt aber auch für diesen Differenzierungsakt im Prinzip dasselbe wie für die molare Gruppenbildung nach Schulformen: es wird eine in bezug auf das eigene Können angemessenere Referenzgruppe erstellt, die – dadurch, daß sie bisher eher seltene Erfolgserfahrungen wieder ermöglicht – zu einem möglicherweise relativ kurzfristigen Wandel der Kompetenzwahrnehmung beiträgt.

Die Stringenz einer engen Kovariation zwischen den Änderungsraten von Referenzrahmen und Selbstkonzepten würde allerdings zu falschen Schlußfolgerungen führen, wenn man *allein diesen Zusammenhang* sehen und zu den engen Grenzen der pädagogischen Machbarkeit in Beziehung setzen würde. Denn dies würde darauf hinauslaufen, daß der entscheidende Vermittler und oftmals geradezu Katalysator von Bezugsnormwirkungen, der Lehrer selbst, sich lediglich mit sozialpsychologischen Eigengesetzlichkeiten konfrontiert sähe, ohne jedoch über die institutionellen Maßnahmen hinaus auch als einzelner etwas gegen die Perpetuierung des kognitionspsychologischen Status-quo tun zu können.

Eine solche Sicht des Bezugsnormproblems wäre zur Charakterisierung des Leistungsraumes Schule jedoch eher unangemessen. Zwar sind auch hier Selbstwahrnehmungen in erster Linie auf dem Hintergrund sozialer Bezugsgruppen verankert, darüber hinaus hängen sie aber auch noch von einer Vielzahl weiterer Faktoren ab, die – und das ist das wesentliche – nicht allein in von außen kaum zugänglichen Eigentümlichkeiten des Handelnden liegen (Persönlichkeitsmerkmale), sondern zusätzlich auch dort lokalisiert sind, wo die *Urheberschaft des Erziehers* selbst unverkennbar ist.

Gemeint ist jener Bereich von Verhaltensweisen und kognitiven Urteilsbildungen des Lehrers, dessen gründliche Untersuchung zur Einsicht in seine nicht folgenlose Austauschbarkeit im Unterrichtsprozeß geführt hat (vgl. TAUSCH & TAUSCH, 1970; NICKEL, 1974; RHEINBERG, 1978) und der Aspekte des Sanktions- und Rückmeldeverhaltens ebenso einschließt wie die durch seine Erwartungen und seine implizite Persönlichkeitstheorie vom Schüler mitgestaltete Interaktion mit den Lernenden (z. B. GRELL, 1974; BROPHY & GOOD, 1976; NICKEL, 1976).

Doch die Auswirkungen des Lehrerverhaltens auf die Fähigkeitswahrnehmung der Schüler sind nicht nur unmittelbarer Art, was allein schon ausreichte, hier seine Mitverantwortlichkeit zu postulieren. Hinzu kommt noch ein nicht unbedeutender *mittelbarer* Einfluß, der über Einwirkungen auf gleichfalls konzeptrelevante Persönlichkeitsvariablen verläuft. Wenngleich von anderen Intentionen getragen, so machten dies spezielle Trainingsprogramme zur Änderung des Leistungsmotivs (ALSCHULER et al., 1970; vgl. die Zusammenfassung von KRUG, 1976) oder der Ursachenerklärung von Erfolg und Mißerfolg (KRUG & HANEL, 1977; DeCHARMS, 1968) wiederholt deutlich.

Mit diesen Überlegungen erhält das Antwortspektrum auf die Frage nach den Beeinflussungsfaktoren des Selbstkonzepts aber insofern eine zusätzliche Dimension, als motivationspsychologische Ableitungen nicht mehr nahezu ausschließlich auf Strukturierungsmaßnahmen hinauslaufen (z. B. kenntnisangemessene Schwierigkeitsdosierungen). Vielmehr – wenn Fähigkeitswahrnehmungen tatsächlich motivationale Fundamentalgrößen sind – wird nun auch die Person des Lehrers selbst zu einer Schlüsselvariablen für Verständnis der fähigkeitszentrierten Konzeptgenese, da er

– das Geschäft der Zensurengebung besorgt, deren bedeutsame Rolle für das Selbstkonzept inzwischen nachgewiesen wurde,
– nicht nur, aber auch über Noten das psychologische Gewicht, den sozialen Druck und die normative Relevanz der Referenzgruppen (Klassen) nachhaltig mitbestimmt,
– als Aufgabensteller und -verteiler Erfolgs- und Mißerfolgserfahrungen maßgeblich kontrolliert,
– über Kommentare und viele andere Interaktionen (von Erwartungen und Voreingenommenheiten mitgeprägte) direkte wie versteckte Informationen weitergibt, damit gleichzeitig aber auch Kausalerklärungen nahelegt, die vom Schüler übernommen und zu selbstkonzeptmitgestaltenden Rückschlüssen herangezogen werden können,
– am Wirksamwerden schülerspezifischer Persönlichkeitsvariablen, insbesondere Angst und kausale Erklärungsvoreingenommenheiten, nicht unbeteiligt ist.

Natürlich sollen und dürfen diese Behauptungen nicht darauf hinauslaufen, die Verantwortlichkeit für die verhaltenssteuernde Fähigkeitswahrnehmung in konsequenter Auslegung SKINNERschen Denkens (s. SKINNER, 1973) nun ausschließlich an Vertreter der Umwelt zu delegieren.

Was jedoch erreicht werden soll, ist die Sensibilisierung des Erziehers für seine *motivationspsychologische Mitverantwortlichkeit*, die zur Folge haben könnte, daß in zunehmendem Maße gerade in bezug auf Motivierungsfragen ein naiv-vorwissenschaftliches „Registrator-Denken" zugunsten einer breiteren – und damit sowohl wissenschaftlich als auch faktisch angemesseneren – Vorstellung von selbstkonzeptgestaltenden *Wechselwirkungen* zwischen Schülern und Lehrern aufgegeben wird. (s. JOPT, 1977 b)

Zwar wurde aus Gründen der Anschaulichkeit auch in Abb. 3 eine Reihe wichtiger Einflußvariablen unter Vernachlässigung ihrer De- und Interdependenzen in einem Blockdiagramm zusammengestellt. Der damit möglicherweise hervorgerufene isolationistische Eindruck ist jedoch ausdrücklich nicht gewollt. Und wenn späterhin von Ergebnissen berichtet werden wird, die sich auf herausgegriffene Einzelgrößen aus den verschiedenen Blöcken beziehen, so allein wegen des damit verbundenen heuristischen Wertes, der in dem initialen Schritt, die hypostasierte Relevanz verschiedener Merkmalskomplexe empirisch zu belegen, liegt.

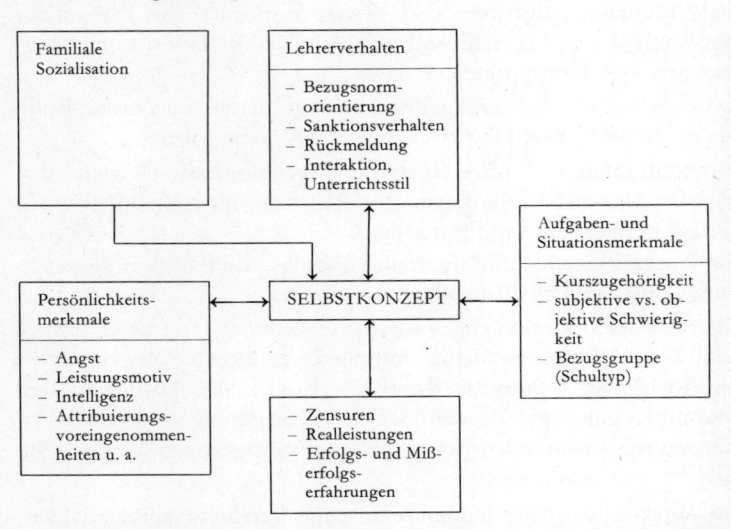

Abb. 3: Vereinfachte Darstellung schulischer Einflußquellen auf das Selbstkonzept

Die meisten der bis hierhin vorgetragenen Argumente sind zunächst jedoch noch rein spekulativ, und ihre empirische Absicherung steht noch aus. Von daher ergibt sich die Strategie für den weiteren Untersuchungsgang nahezu von selbst: Auf dem Hintergrund der genannten Vorannahmen soll die Selbstkonzeptverbindlichkeit einiger ausgewählter Faktoren geprüft werden, die sich sowohl auf den Schüler selbst, auf den sozialen Lernkontext, insbesondere aber auch auf die Rolle des Lehrers beziehen. Es muß jedoch späteren Arbeiten vorbehalten bleiben, diese Teilergebnisse im oben angedeuteten Sinn miteinander zu verknüpfen und in eine integrative Theorie von Selbstkonzepten und schulischer Motivation einzubringen.

Aufhänger für die Abhängigkeitsdemonstration der Fähigkeitswahrnehmung ist das *mathematische Selbstkonzept,* dessen Operationalisierung anhand des im vorigen Kapitel vorgestellten SKM-Fragebogens erfolgen wird. Natürlich hätte man hierfür grundsätzlich auch andere Fächer auswählen können, wir entschieden uns jedoch für Mathematik, weil es nicht nur von hervorgehobener schulischer Relevanz ist, sondern weil gerade diese Disziplin von den meisten Lehrern in erster Linie *fähigkeitsgebunden* wahrgenommen wird (im Gegensatz etwa zu Deutsch). Außerdem gingen wir davon aus, daß wegen der relativ großen curricularen Eindeutigkeit und Lehrplanverbindlichkeit die Interschul- und -klassenvarianz eher geringer als in anderen Fächern sein würde, was der Bestrebung, den durch die Zusammenfassung von Klassen (und damit auch von Lehrern) auftretenden Interpretationsfehler zu minimieren, ebenfalls entgegenkam.

7.1. Methodische Vorbemerkungen

Wie schon aus dem Titel hervorgeht, besteht dieses Buch aus zwei Teilen, den beiden Komplexen „Selbstkonzept" und „Ursachenerklärungen", deren Separation, wie bereits mehrfach anklang, letztlich nur im Rahmen methodologischer Eingrenzungen legitim ist, während sie auf realpsychologischer Ebene immer ein zeitliches Interaktionsgeflecht verkörpern. Über die attributiven Begleitprozesse wird noch zu reden sein. Dieser vorweggenommene Hinweis soll jedoch verständlich machen, weshalb in beiden nachfolgenden Untersuchungen jeweils *sowohl* das Selbstkonzept (SKM) *als auch* Ursachenerklärungen in die Fragestellungen mit eingingen, obwohl ihre Darstellung nacheinander erfolgt.

Um nun aber nicht die Versuchspläne künstlich zu teilen und um ansonsten unvermeidlichen Wiederholungen entgegenzuwirken, wird bereits hier jeweils der ganze Untersuchungsablauf dargestellt, so daß bei entsprechenden Fragen, die sich erst im zweiten Teil stellen, hier nachzuschlagen ist.

Darüber hinaus werden aber auch schon jetzt *beide* Studien, zwischen denen ungefähr ein halbes Jahr lag, beschrieben – mit folgender Begründung. In erster Linie kam es uns bei der Befunddarstellung darauf an, den Sinnzusammenhang zu erhalten, den „roten Faden" der empirischen Beweisführung nicht verlorengehen zu lassen. Da aber einige Korrelate des SKM jeweils nur in einer der beiden Studien, andere wiederum wegen der Einfachheit ihrer Replikation sowohl in Studie II als auch in Studie III berücksichtigt wurden, war es unumgänglich, die Ergebnisberichte aus dem engen Rahmen spezifischer Versuchspläne herauszulösen und entsprechend ihrer *inhaltlichen* Zusammengehörigkeit darzustellen – natürlich unter jeweiliger Kennzeichnung ihrer methodischen Herkunft.

7.2. Untersuchungsplan: Studie II

7.2.1. Stichprobe und Durchführung

Die Probanden dieser Untersuchung, 286 Jungen und 260 Mädchen des 7. und 8. Schuljahres, kamen aus insgesamt 19 Klassen von drei Bielefelder Hauptschulen. Ihr Alter variierte zwischen 12 und 16 Jahren.

Durchgeführt wurde die Studie in den Monaten Januar und Februar 1977, und zwar so, daß bis auf die Kausalattribuierung alle Daten wenige Tage vor Erteilung der Halbjahreszeugnisse erhoben wurden. Mit der Erfassung der Ursachenerklärungen wurde bis zum Wiederbeginn des Unterrichts gewartet, um einen höchstmöglichen realistischen Bezug zu den Zeugnisnoten in Mathematik zu gewährleisten. Alle Einschätzungen bezogen sich wie das Selbstkonzeptmaß ausschließlich auf das Fach Mathematik; Leistungskriterium war die letzte Zeugnisnote.

7.2.2. Meßverfahren

1. Selbstkonzept Die Operationalisierung der Fähigkeitseinschätzung erfolgte anhand des SKM-Fragebogens.

2. Leistungsmotiv Um einen Hinweis auf Ausprägungsgrad und Gerichtetheit des überdauernden Leistungsmotivs zu erhalten, wurde das semiprojektive *Gitter*-Verfahren von SCHMALT (1967a, 1973) herangezogen, das nicht nur ermöglicht, die individuellen Intensitäten der leistungsthematischen Motivkomponenten „Hoffnung auf Erfolg" (HE), „Selbstbild mangelnder eigener Fähigkeiten" (FM 1) und „Furcht vor Mißerfolg" (FM 2) zu ermitteln, sondern zusätzlich auch bereichspezifische Ausgliederungen zuläßt.

Allerdings erzeugt die gewissenhafte Bearbeitung des *Gitters* relativ schnell Langeweile und Lustlosigkeit, so daß eine Verkürzung nicht nur aus zeitökonomischen Gründen (normalerweise hätte allein hierfür eine Unterrichtsstunde angesetzt werden müssen) angebracht erschien. Aus diesem Grund entschlossen wir uns, aus dem Gesamt von sechs thematisierten Person-Umwelt-Bezügen lediglich *zwei* Bereiche, „schulische Tätigkeiten" und „manuelle Tätigkeiten", mit jeweils drei verschiedenen Bildern, vorzulegen; die dadurch bedingte Reliabilitätseinbuße wurde als vernachlässigbar angesehen, da sich in einer anderen Untersuchung gezeigt hatte (ADAM & VOGEL, 1975), daß die Interkorrelation sowohl der Teilbereiche untereinander als auch ihre jeweilige Kovariation mit den restlichen Items des *Gitters* stets zwischen r = .80 und r = .90 lag.

3. Angst Als zweites Persönlichkeitsmerkmal wurde Angst erfaßt, dessen enge Bindung an das Leistungsmotiv seit langem bekannt ist (FEND u. a., 1976) und von dem daher angenommen werden konnte, daß es sich auch auf Fähigkeitswahrnehmung und Ursachenerklärungen auswirken würde. Gemessen wurde mit dem AFS (Angstfragebogen für Schüler) von WIECZERKOWSKI u. a. (1974), der eine Unterscheidung zwischen situativen (Prüfungsangst: PA) und dispositionellen (Manifeste Angst: MA) Angstkomponenten ermöglicht.

4. Lehrerverhalten Schulische Kognitionen werden durch den Interaktionsstil des Lehrers mitgestaltet. Von dieser Überlegung ausgehend, legten wir den Schülern einen weiteren Fragebogen vor, der das von ihnen perzipierte Lehrerverhalten (hier: jeweils des Lehrers, der das Fach Mathematik unterrichtete) erfaßte. Dazu wurden die jüngst veröffentlichte „Dortmunder Skala zur Erfassung von Lehrerverhalten durch Schüler" (DSL) von MASENDORF u. a. (1976) herangezogen, durch die lediglich solche Verhaltensweisen beurteilt werden, „die eine langfristige Bedeutung für das Klassenklima und die Lernatmosphäre in einer Schulklasse besitzen" (BUCH & SCHULZ, 1977, S. 30). Da es hierbei um die Stellungnahme zu konkreten Einzelpersonen geht, zu denen die Schüler in aller Regel in einem Abhängigkeitsverhältnis stehen, wurde bei der Vorstellung des Verfahrens die absolute Anonymität der gesamten Studie besonders versichert. Inhaltlich erfaßt wird mit der aus 25 Items bestehenden DSL das erlebte Ausmaß an Lenkung und Strenge, wie es sich im Alltagsverhalten des Lehrers aus der Sicht der Schüler darstellt (s. MASENDORF u. a., 1975; S. 5)

5. Ursachenerklärung Da die Ergebnisse zur Ursachenerklärung aus Studie II aufgrund methodischer Unzulänglichkeiten keine weitere Berücksichtigung finden werden, soll ihre Operationalisierung gar nicht erst dargestellt werden. Die Begründung für ihren Ausschluß erfolgt an anderer Stelle (s. S. 154).

7.3. Untersuchungsplan: Studie III

7.3.1. Stichprobe und Durchführung

Auch sämtliche leistungsbezogenen Angaben dieser Untersuchung waren wiederum am Kriterium „Zeugnisnote in Mathematik" verankert. Die Vergleichbarkeit mit Studie II wurde dadurch gesichert, daß erneut nur Hauptschüler der 7. und 8. Klasse von zwei verschiedenen Schulen (15 Klassen) berücksichtigt wurden (198 Jungen, 191 Mädchen), deren Alter zwischen 12 und 16 Jahren variierte. Kinder von Ausländern und Aussiedlern gingen wegen zu großer Sprach- und Verständigungsschwierigkeiten in die Auswertung nicht mit ein. Durchgeführt wurde die Untersuchung Anfang Juli 1977, also kurz vor der Zeugnisverteilung. Wegen des aktuelleren Bezuges galt als Leistungskriterium deshalb diesmal nicht die letzte, sondern die in wenigen Tagen zu erwartende Mathematikzensur, die zum Befragungszeitpunkt bereits allen Schülern bekannt war. Die einzelnen Fragebogen wurden klassenweise in permutierter Reihenfolge dargeboten (Gesamtdauer: ca. 1 Unterrichtsstunde). Auch hier war völlige Anonymität garantiert.

7.3.2. Meßverfahren

Auf dem Hintergrund theoretischer Deduktionen und grundsätzlicher Abgrenzungen wurde diesmal eine ganze Reihe verschiedener Einzelvariablen über Skalierungen bestimmt.

1. Selbstkonzept eigener Fähigkeiten Neben der Beantwortung des SKM gaben die Schüler auch noch zu den drei Hauptfächern Mathematik, Deutsch und Englisch („Wie schätzt Du Deine *Fähigkeit* (Begabung) für das Fach ... ein?") und in bezug auf Schulleistung allgemein („Wie schätzt Du Deine *Fähigkeit* (Begabung) *allgemein* für die Leistungsanforderungen in der Schule ein?") separate Fähigkeitsschätzungen ab. Dazu lagen ihnen auf Einzelblättern jeweils verbal unterlegte Skalen von 1 bis 9 (sehr hoch (1), hoch (3), durchschnittlich (5), gering (7), sehr gering (9)) vor (s. Kap. 5.4.1.).

2. Urteilssicherheit und Schwierigkeitsgrad Weiterhin war ausschließlich für die Fähigkeitsskalierung Mathematik anzugeben,
a) wie sicher man sich der Angemessenheit seiner Schätzung sei (total unsicher (1) bis absolut sicher (10)) und
b) für wie schwierig man das Fach Mathematik im Durchschnitt für seine Mitschüler einerseits, für sich selbst andererseits halte. Hierzu lagen zwei – alternierend dargebotene – Skalierungsblätter vor (sehr leicht (1), mittelschwer (5), sehr schwer (9)).

3. Leistungserwartung Die jeweils letzte Skala bezog sich auf das kurz bevorstehende neue Schuljahr und sollte einen Hinweis auf Stärke und Richtung der leistungsthematischen Zukunftserwartung liefern. Zur Frage „Glaubst Du, daß sich Deine Leistung in Mathematik verbessern, eher verschlechtern oder gleich bleiben wird?" wurde eine bipolare Skala vorgelegt, deren Nullpunkt mit „Leistung bleibt unverändert" umschrieben war. Nach beiden Seiten zweigten jeweils 5 Stufen ab, wobei der linke Endpunkt „Leistung wird deutlich schlechter", der rechte „Leistung wird deutlich besser" bedeuteten.

4. Ursachenerklärungen Da die Quantifizierung der einzelnen Kausalfaktoren über eine etwas kompliziertere Skalierungstechnik erfolgte, soll das methodische Vorgehen ausführlicher dargestellt werden.

Zunächst erhielten alle Schüler ein Musterblatt, in dem die Aufgabe auf möglichst verständliche Weise vorgestellt wurde.

„Es gibt sehr viele Ursachen, die die Zeugnisnoten eines Schülers beeinflussen. Einige wirken sich *günstig* auf die Zensur aus, andere wirken sich *ungünstig* auf die Zensur aus. Das ist von Schüler zu Schüler unterschiedlich. Was uns interessiert ist: Wie ist das bei Dir? Dabei gibt es natürlich weder richtige noch falsche Antworten."

Im weiteren Verlauf der Erläuterungen wurden insgesamt 11 mögliche Ursachen angekündigt, wobei für jede zu entscheiden war, ob sie die letzte *Zeugnisnote in Mathematik* entweder *günstig* oder *ungünstig* beeinflußt hatte und welches *Gewicht* diesem Einfluß beigemessen wurde. Der ganze Vorgang wurde schließlich an einem fiktiven Beispiel demonstriert, das zur Verdeutlichung auch hier wiedergegeben wird.

BEISPIEL:

Manche Schüler mußten die Schule wechseln, weil die Eltern umgezogen sind. Stell Dir einmal vor, das wäre bei Dir der Fall gewesen und Du hättest dadurch einen neuen Lehrer bekommen.

Die Ursache hieße dann Lehrerwechsel und das Antwortblatt sähe dann so aus:

Letzte Zeugnisnote in MATHEMATIK ☐

LEHRERWECHSEL

Der *neue Lehrer* hat meine Note eher *günstig* beeinflußt.

Der *neue Lehrer* hat meine Note eher *ungünstig* beeinflußt.

☐ ☐

↓ ↓

Wie stark war der Einfluß:

O --- O --- O --- O --- O --- O --- O
1   2   3   4   5   6   7

sehr   sehr
gering   stark

Wie stark war der Einfluß:

O --- O --- O --- O --- O --- O --- O
1   2   3   4   5   6   7

sehr   sehr
gering   stark

Stets wurde also
– zunächst die *Einflußrichtung* des Kausalfaktors und im Anschluß an diese Entscheidung
– auf der korrespondierenden 7-Punkte-Skala zusätzlich auch noch die *Stärke des Einflusses* bestimmt.

Durch das Beispiel war den Schülern der Aufbau des Skalierungsblocks, den sie zu bearbeiten hatten, bereits vertraut. Lediglich die Ursachen, die ihnen später (in permutierter Abfolge) vorgelegt wurden, waren jeweils andere. Die 11 Faktoren beschrieben folgende Ursachenquellen:

- Interesse
- Fähigkeit
- Sympathie für den Lehrer
- Anstrengung
- Zufall
- häusliche Unterstützung
- Ablenkung außerhalb der Schule
- Unterstützung durch die Klasse
- Sympathie des Lehrers (für den Schüler)
- Unterrichtsqualität
- Schwierigkeit des Faches.

8. KORRELATE DES MATHEMATISCHEN SELBSTKONZEPTS

8.1. *Geschlecht und Zeugnisnote*

In der ersten Untersuchung war gezeigt worden, daß schulische Selbstkonzepte und Zensuren relativ eng miteinander zusammenhängen. Darüber hinaus deuteten sich aber auch bereits geschlechtsspezifische Unterschiede für die verschiedensten Fächer an, die z. T. auf charakteristische Voreingenommenheiten gegenüber schulischen Lerninhalten hindeuteten. Insofern sollte sich die Validität des erstellten Fragebogens u. a. auch durch seine Sensibilität gegenüber diesen Einflüssen aufzeigen lassen.

Tab. 18: SKM und Zeugnisnote in Mathematik

		SKM		Note	
		$\bar{x}$	s	$\bar{x}$	s
Studie II	Jungen (265)	7.82	4.75	3.3	1.19
	Mädchen (245)	5.49	3.20	3.5	1.10
Studie III	Jungen (198)	6.52	2.72	3.3	.88
	Mädchen (191)	6.14	2.84	3.3	.77

Doch wie aus Tab. 18 hervorgeht, bestätigen die Daten die Hypothese von der Zensurenabhängigkeit der Fähigkeitswahrnehmung. Denn zwar besteht in Studie II ein hochsignifikanter SKM-Unterschied zwischen den Geschlechtern ($t = 6.43$; $p < .001$), doch dieser ist anscheinend weitgehend durch den gleichsinnigen Verlauf der durchschnittlichen Mathematiknote bedingt, die bei Jungen positiver ausfällt als bei Mädchen ($p < .04$). Sind dagegen die Benotungen gleich, wie in Studie III, so lassen sich auch keine Unterschiede im Selbstkonzept mehr nachweisen ($t < 1$). Auf mögliche Ursachen für diese Stichprobenunterschiede wird später noch eingegangen.

Tab. 19: Produkt-Moment-Korrelationen zwischen Selbstkonzept für Mathematik und Mathematiknote

	Studie I	Studie II	Studie III
Jungen	.69	.28	.59
Mädchen	.64	.50	.55

Alle Koeffizienten sind hochsignifikant ($p < .001$).

Als wichtigstes Ergebnis dieses ersten Auswertungsschrittes bleibt somit festzuhalten, daß auch mit dem weniger direkten Fragebogenmaß die zentrale Bedeutung der Zensur für die Kompetenzwahrnehmung in der Schule erneut bestätigt werden konnte (s. auch Tab. 19).

8.2. Leistungsmotiv und Angst

Das Persönlichkeitsmerkmal, dem der nachhaltigste Einfluß auf die Fähigkeitswahrnehmung zugesprochen wird, ist das Leistungsmotiv. Überhaupt waren es Kovariationen zwischen diesen beiden Variablen, die erst dazu Anlaß gaben, das Selbstkonzept als neues Konstrukt in die Psychologie der Leistungsmotivation einzuführen (MEYER, 1973a; KUKLA, 1972).

Tab. 19a: SKM und Leistungsmotiv (Studie II)

	HE	FM 1	FM 2
Jungen	.03	.07	−.03
Mädchen	.02	−.17+++	−.10+

+ $p < .10$ +++ $p < .005$

Von daher ist es für die Theoriebildung ein nicht gerade bedeutungsloses Ergebnis, wenn in bezug auf die Schule die Überprüfung dieses mutmaßlichen Zusammenhangs weitgehend *negativ* ausfällt. Wie Tab. 19a zeigt, besteht als einziger statistisch bedeutsamer Befund eine geringfügige Kovariation innerhalb der Gruppe der Schülerinnen, und dort nicht, wie zu erwarten gewesen wäre, mit dem erfolgsorientierten Aspekt des Leistungsmotivs (HE), sondern allein mit den beiden Furchtkomponenten, dort allerdings insbesondere zu jenem Teilsegment der Leistungsangst, das vornehmlich die Fähigkeitswahrnehmung thematisiert (vgl. SCHMALT, 1973).

Eine „datennahe" Interpretation würde hieraus den eventuell vorschnellen Schluß zulassen, daß Mißerfolgsantizipationen für Mädchen stärker selbstkonzeptbestimmend seien als für Jungen. Die fast vernachlässigenswerte Größenordnung der Koeffizienten, die lediglich einen gemeinsamen Varianzanteil von weniger als 4% aufklären, ermuntert jedoch weniger zu solchen Spekulationen. Eher weist sie darauf hin, daß Fähigkeitswahrnehmung und Leistungsmotiv zwei *verschiedene* Konstrukte sind, die, nicht zuletzt aufgrund der Gegenüberstellung eines globalen, inhaltsübergreifenden Persönlichkeitsmerkmals einerseits mit einem hochgradig spezifischen Segment der

Kompetenzzuschreibung zum anderen, nur wenig bzw. gar keine Gemeinsamkeiten teilen. In diesem Sinne wurden in letzter Zeit vor allem von HECKHAUSEN (i. V.), aber auch von MEYER (1976) Zweifel an der selbst jüngst erst wieder von KUKLA (i. V., a) unterstellten Korrespondenz der beiden Variablen geäußert.
Gerade dieser Befund veranschaulicht u. E. besonders deutlich, welche Gefahr mit der ungeprüften Übertragung von Labor- und Experimentalergebnissen auf praxisnahe Handlungsfelder verbunden sein kann. Dabei bleibt es jedoch nicht dabei stehen, daß sich theoriegeleitete Erwartungen auf dieser Ebene nicht bestätigen lassen, wie in diesem Fall. Hierzu ließe sich zunächst zu Recht auf das weitaus größere Arsenal von Schwierigkeiten hinweisen, die im Rahmen von Felduntersuchungen allzu leicht den Erfolg der methodischen Ansätze sabotieren können, ohne daß erfolgreiche Falsifikationsversuche damit zugleich auch entsprechende Veränderungen der Theorie nach sich zu ziehen brauchen.

Vielmehr sollten verallgemeinerte Aussagen wie die zum Zusammenhang zwischen Leistungsmotiv und Selbstkonzept solange einfach unterbleiben, wie es an *empirischen* Bestätigungen der Kontextgeneralität erst noch fehlt. Denn nur ein hohes Maß an Zurückhaltung bei der Formulierung theoretischer Sätze ermöglicht es, auch noch so hypothesenkonträre Befunde hinnehmen zu können, *ohne* jedesmal gleich auf das Exhaustionsprinzip zurückgreifen zu müssen.

Derselbe Zusammenhang läßt sich auch im Rahmen der bereits vorgestellten Studie I überprüfen, denn dort waren ebenfalls mit dem SCHMALTschen *Gitter* (SCHMALT, 1973) Motivkennwerte erhoben worden. Doch wie aus Tab. 20 hervorgeht, zeigt sich auch hier im wesentlichen kein anderes Bild: wird der Zensureneinfluß kontrolliert, so lassen sich zwischen den beiden fraglichen Variablen keine

Tab. 20: Partielle Korrelationen zwischen schulischen Selbstkonzepten und Leistungsmotiv – Zensur kontrolliert – (Studie I)

Motiv-kennwerte	Jungen (124)			Mädchen (137)		
	Deu	Eng	Mat	Deu	Eng	Mat
HE	-.02	.17[+]	.01	-.01	-.11	.10
FM 1	.06	-.01	-.14	-.02	.02	.01
FM 2	.06	.10	-.04	.16[+]	-.09	.08

[+] $p < .05$

überzufälligen Beziehungen mehr feststellen, von zwei einzelnen Signifikanzen abgesehen.

Daß Selbstwahrnehmungen eigener Fähigkeit jedoch mehr mit Angst zu tun haben als die „Furcht-vor-Mißerfolg"-Komponente des Leistungsmotivs erkennen läßt, belegen die als valide ausgewiesenen Angstkennwerte, die anhand des Fragebogens von WIECZERKOWSKI u. a. (1976) zusätzlich erhoben worden waren. Hier nun bestätigt sich nicht nur die bereits schon früher vermutete Beinträchtigung des Selbstkonzepts durch individuelle Ausprägungsgrade der Angstbereitschaft im Sinne allgemeiner Ängstlichkeit (COOPERSMITH, 1967; LIPPSIT, 1958). Noch enger fallen die Zusammenhänge zur Prüfungsangst bzw., was denselben Inhalt abdeckt (KROHNE, 1975), zur schulischen Leistungsangst aus ($p < .05$), also zu jener affektiven Dimension, von der mit die stärksten motivationalen Leistungsinterferenzen ausgehen (vgl. KROHNE, 1977; WALTER, 1977).

Tab. 21: Partielle Korrelationen zwischen Prüfungsangst (PA), manifeste Angst (MA) und SKM unter Ausschaltung des Noteneinflusses (Studie II)

	PA	MA
Jungen	−.33+++	−.22+++
Mädchen	−.30+++	−.20+++

++ $p < .005$ +++ $p < .001$

Im Hinblick auf spätere Überlegungen zur Beeinflußbarkeit von Selbstkonzepten ist dabei besonders bemerkenswert, daß der ungünstige Zusammenhang zur Angst selbst dann noch in fast identischer Größenordnung bestehen bleibt, wenn die Zensur als das gemeinsame Bindeglied kontrolliert wird (Tab. 21).

8.3. Lehrergeschlecht und Lehrerverhalten

Von der Zensurenvergabe unabhängige Unterschiede im mathematischen Selbstkonzept zwischen Jungen und Mädchen, die in Studie II jedoch nicht gefunden wurden, wären auf dem Hintergrund geschlechtsspezifischer Sozialisationsstrategien und deren späterer Folgen in realen Leistungsbezügen allerdings kaum verwunderlich, denn es gibt zahlreiche Belege dafür, daß „beim Schuleintritt die Geschlechterrollen schon zum größten Teil fixiert (sind)." (WESLEY, 1977,

S. 293). Daß dann rollenspezifische Erwartungshaltungen selbst im Schulalltag noch weiter tradiert werden, ist aufgrund der Tatsache, daß es sich hierbei um ein in allen Schichten vorherrschendes und daher überall mehr oder minder explizit vertretenes kulturelles Überzeugungswissen handelt, auch in bezug auf Lehrer nicht auszuschließen (s. WEINER, 1975; ULICH & MERTENS, 1973). Genau dieser Sachverhalt ist angesprochen, wenn NICKEL (1976) das Lehrer-Schüler-Verhältnis so charakterisiert:

„In beiden (Lehrer wie Schüler; d. Verf.) sind Einstellungen und Erwartungen bezüglich des Verhaltens des anderen ebenso wirksam wie Rollenkonzepte und Normvorstellungen über das eigene Verhalten" (S. 157).

Von daher hätte man erwarten können, daß geschlechtsspezifische SKM-Unterschiede selbst nach Zensurenkontrolle allein aufgrund vorschulischer Sozialisationseinflüsse, die sich später in der Schule widerspiegeln und eventuell noch verstärkt werden, nachweisbar seien – was sich jedoch in dieser Form nicht bestätigen ließ. Daß diese Vorstellung insofern zu einfach und damit unzutreffend sein könnte, als sie die Bedeutung des *Geschlechts der Erzieher selbst* für das Wirksamwerden von Fähigkeitsstereotypien nicht berücksichtigt, wurde zum Zeitpunkt der Untersuchungsplanung noch nicht gesehen.

Tab. 22: Varianzanalyse der Einflüsse von Schüler und Lehrergeschlecht auf das SKM

Quelle der Varianz	Studie II			Studie III		
	FG	F	p	FG	F	p
A: Sex	1	41.30	< .001	1	2.21	.13
B: Sex Lehrer	1	8.05	< .005	1	8.19	< .005
A X B	1	2.46	.11	1	1.33	< .25
Innerhalb	506			382		

Deshalb war es um so überraschender, als sich bei der Überprüfung zeigte, daß über den notenabhängigen Schülerunterschied hinaus ein weiterer Effekt eben auf dieses Merkmal zurückzuführen war: Schüler, die in Mathematik von einer *Lehrerin* unterrichtet wurden, wiesen ein signifikant höheres Selbstkonzept auf als die von einem Lehrer unterwiesenen. Doch handelt es sich dabei nicht um einen generellen Haupteffekt, der für alle Schüler gleichermaßen gilt; vielmehr läßt Abb. 4 deutlich erkennen, was sich varianzanalytisch als Wechselwirkung nur andeutet (Tab. 22) und erst durch die Einzelprüfung bestätigt wird: der Lehrereinfluß findet sich nur für *Jungen* (t = 2.689, FG = 263, p < .001), nicht jedoch für Mädchen (t < 1).

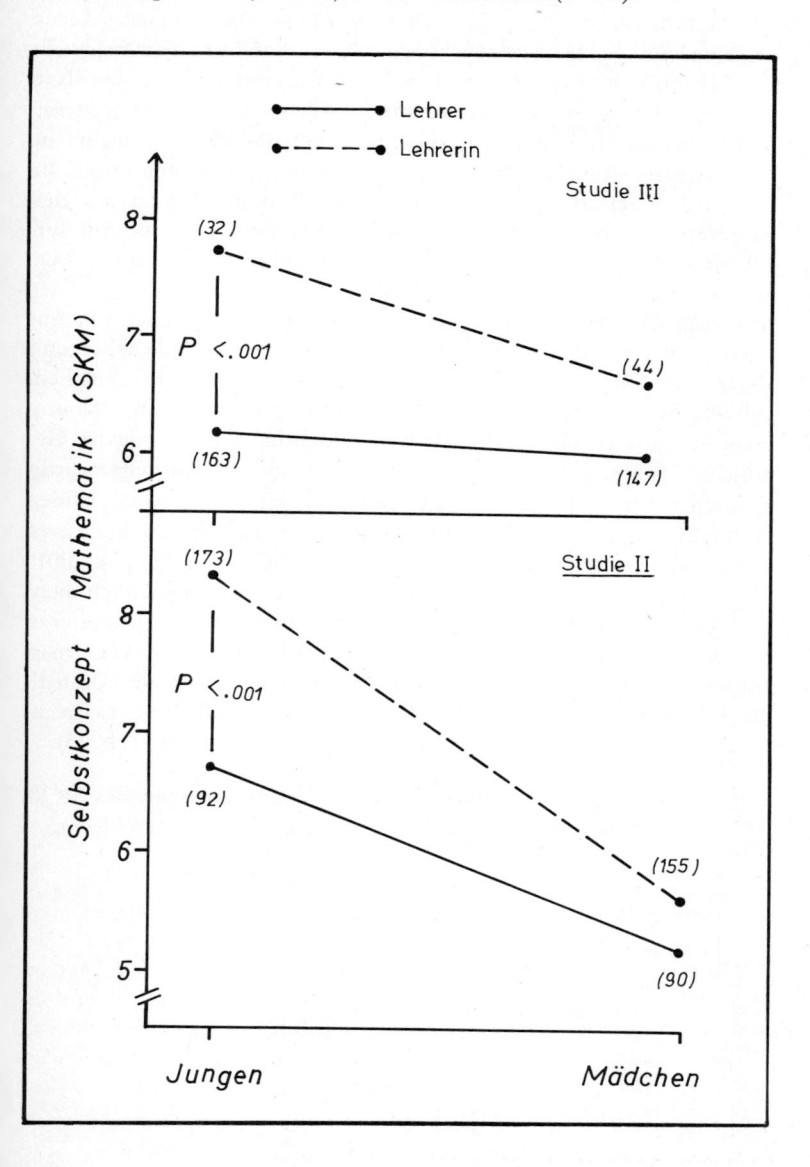

Abb. 4: SKM in Abhängigkeit von Schüler- und Lehrergeschlecht

Der post-hoc-Charakter dieses Befundes wird dadurch relativiert, daß sich genau derselbe Zusammenhang in Studie III replizieren ließ; somit scheint die Möglichkeit, ihn als reines Zufallsprodukt zu erklären, zumindest erheblich eingeschränkt. Da aber kaum anzunehmen ist, daß sich in beiden Samples in den Klassen von Lehrerinnen jeweils Schüler mit von vornherein höherem Selbstkonzepten befanden als in denen der Lehrer, wird man zunächst – solange noch keine weiteren Untersuchungen vorliegen – annehmen müssen, daß das weibliche Unterrichtspersonal stärker als seine männlichen Kollegen durch die Art seiner Gestaltung von Unterricht und Interaktionen mit den Schülern dazu beiträgt, die innerhalb der eigenen Sozialisation aufgebauten fähigkeitsspezifischen Erwartungsstereotypien an die Lernenden weiterzuvermitteln.

In diesen Deutungsvorschlag geht jedoch unausgesprochen die Annahme mit ein, daß Änderungen im Selbstkonzept grundsätzlich und sogar *relativ kurzfristig* möglich seien, denn es ist wenig wahrscheinlich, daß die Schüler innerhalb der letzten Jahre vor der Untersuchung nicht irgendwann einmal den Mathematiklehrer (und auch dessen Geschlecht) gewechselt haben. Andererseits zeichnen sich gegenwärtig aber auch keine Alternativerklärungen ab; denn zwar geben in beiden Untersuchungen stets Lehrerinnen im Durchschnitt auch bessere Noten als Lehrer (Studie II: $F = 11.88$, $FG = 1/505$, $p < .001$; Studie III: $F = 6.58$, $FG = 1/382$, $p < .01$), es läßt sich jedoch nicht nachweisen, daß sie dabei eine der beiden Schülergruppen präferieren würden ($\chi^2 = 2.01$, n.s., bzw. $\chi^2 = 2.58$, n.s.). Aber auch, wenn man berücksichtigt, daß das SKM mit der Zensur kovariiert und deshalb nur folgerichtig bei Lehrerinnen höher ausfallen muß als bei Lehrern, ergeben Einzelanalysen kein grundsätzlich anderes Bild (s. Tab. 23).

Tab. 23: Nach Schülergruppen getrennte Varianzanalysen des SKM in Abhängigkeit von Zeugnisnote und Lehrergeschlecht.

	Quelle der Varianz	Jungen F	Mädchen F
Studie II	A: Note B: Sex Lehrer A × B	20.67+++ .18 1.21⁰	7.67+++ 8.70++ .33
Studie III	A: Note B: Sex Lehrer A × B	32.46+++ 3.65+ .42	28.46+++ .32 .70

⁰ $p < .30$ + $p = < .05$ ++ $p < .005$ +++ $p < .001$

Sucht man nach einem *psychologischen* Grund für diese Unterschiede, so taucht sofort die Vermutung auf, daß Lehrerinnen möglicherweise in besonderer Deutlichkeit ihr schulisches Alltagsverhalten im Unterricht auf die Geschlechtsrolle ihrer Interaktionspartner abstellen, wie es in ähnlicher Weise auch schon in bezug auf nichtkognitive Schülermerkmale nachgewiesen werden konnte (BROPHY & GOOD, 1976).

Nimmt man weiterhin an, daß derartige Verhaltensunterschiede auch von den Schülern selbst wahrgenommen werden, so wäre es eine erste Stützung dieser Interaktionshypothese, wenn sich zeigen ließe, daß hiernach befragte Jungen über Lehrerinnen ein anderes (möglicherweise positiveres) Urteil fällten als über Lehrer. Diese Vermutung ließ sich, im Gegensatz zu den soziologischen Überlegungen, empirisch überprüfen, da in Studie II alle Schüler ihren Mathematiklehrer mit der DSL auf der Dimension „strenges vs. unterstützendes Erzieherverhalten" eingestuft hatten.

Allerdings konnten wir sie nicht bestätigen. Im Gegenteil: wie Tab. 24 zeigt, wird stets der *Lehrer* als der im Unterricht Unterstützendere und weniger Direktive wahrgenommen (F = 31.86, FG = 1/508, p < .001) und dies völlig gleich von Schülern beiderlei Geschlechts (dabei erreicht allerdings – folgt man der von MASENDORF u. a., 1976, mitgeteilten Normentabelle – selbst die wesentlich günstigere Beurteilung von Lehrern gerade den Bereich des Durchschnittlichen).

Tab. 24: Lehrergeschlecht und DSL-Kennwerte (Studie II)

	Lehrer (182)	Lehrerin (328)
Jungen (265)	$\bar{x} = 72.3$ $s = 16.6$	$\bar{x} = 62.1$ $s = 16.0$
Mädchen (245)	$\bar{x} = 70.2$ $s = 15.4$	$\bar{x} = 62.8$ $s = 16.3$

Hieraus allerdings zu folgern, daß somit die Qualität der Schüler-Lehrer-Interaktion, jedenfalls wie sie von den Schülern wahrgenommen wird, in erster Linie vom *Geschlecht des Unterrichtenden* abhängig sei, wäre zumindest vorschnell. Denn die umfangreiche Literatur zum Einfluß der Lehrererwartung auf die Leistung geht von der zentralen Annahme aus, daß der Lehrer keinesfalls mit allen Schülern gleich umgeht, daß vielmehr sein Verhalten innerhalb der Klasse durch die reale wie erwartete Leistungsfähigkeit der Lernenden nachhaltig mitbestimmt wird (BROPHY & GOOD, 1976; BOTERAM,

1976; DUMKE, 1976), und zwar um so deutlicher, je weniger ihm die unterschiedliche Behandlung selbst bewußt ist (s. SMITH & LUGINBUHL, 1976). Von daher wäre es eigentlich höchst verwunderlich, wenn nicht auch die Schüler auf dem Hintergrund ihres konkreten Leistungsstandes diese Interaktionsunterschiede wahrnehmen würden.

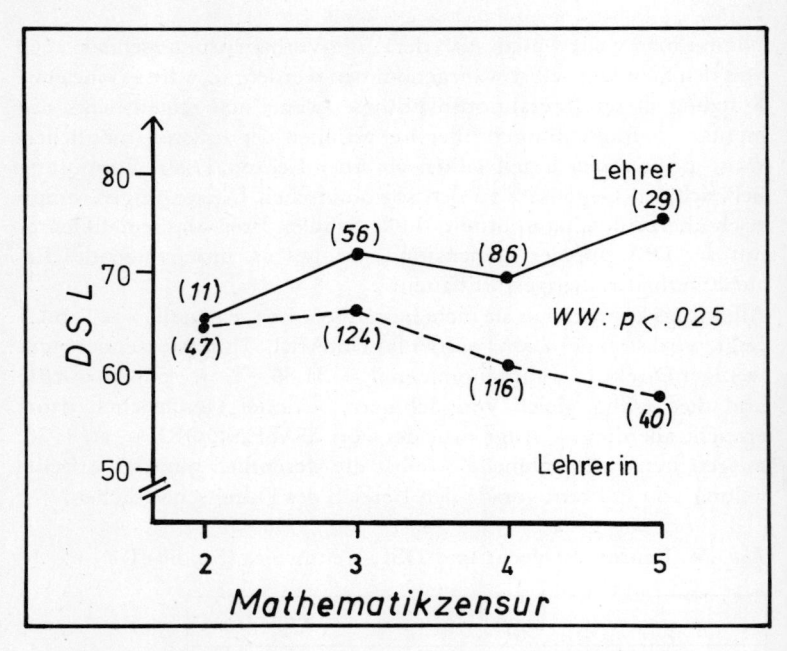

Abb. 5: Leistungsstand und perzipiertes Lehrerverhalten

Deshalb wurde in einem nächsten Schritt zu der in Tab. 20 wiedergegebenen Gruppierung auch die letzte Zeugnisnote, verstanden als kumulierter Niederschlag einer Vielzahl schulischer Einzelleistungen während des vorangegangenen Halbjahrs, mitaufgenommen. Hierbei wird erkennbar (Abb. 5), daß die größere wahrgenommene Strenge der Erzieherinnen *keinen zensurenabhängigen Sachverhalt* beschreibt, sondern daß ganz im Sinne eines *Schereneffekts* die Kluft zwischen den Lehrern mit sinkendem Leistungsstand nahezu stetig größer wird (WW: Note $\times$ Sex Lehrer: $F = 3.14$; $FG = 3/493$, $p < .025$). Anders ausgedrückt: Das Unterrichtsverhalten einer Lehrerin stellt sich in den Augen der schlechteren Schüler wesentlich negativer dar als bei den besseren, und das Umgekehrte gilt für den Lehrer. Daß sich hierhinter aber auch *tatsächliche* Unterschiede im Erzieherverhalten verbergen, kann nach allem, was hierzu bekannt ist, zwar vermutet, innerhalb dieser Studie jedoch nicht weiter empirisch belegt werden.

Für eine erste Zusammenfassung bietet sich damit die folgende, paradox erscheinende Situation. Auf der einen Seite begünstigt eine weibliche Erzieherin die Fähigkeitswahrnehmung von Jungen, ohne diese bei der Notengebung zu bevorzugen, und dies sozusagen auf ganzer Linie: Der leistungsschwache Schüler profitiert ebenso davon wie der gute. Dem steht jedoch gegenüber, daß die Qualität des Lehrerverhaltens im Sinne einer sozial-integrativen Unterrichtsgestaltung mit einer Betonung von Schülerzentriertheit und Unterstützung nicht nur seitens *aller* Schüler auf überlegene Weise den Lehrern zugesprochen wird; darüber hinaus fällt die Negativwahrnehmung noch um so pointierter aus, je niedriger der Rangplatz ist, den der Lernende auf der Notenskala einnimmt.

Anscheinend, so könnte man vermuten, unterliegt das Verhalten von Lehrerinnen relativ leicht *zwei voneinander unabhängigen Stereotypien*. Die eine betrifft die gegebene Leistungslage der Schüler: hier ist nicht auszuschließen, daß sie sich verstärkt als *Registratoren* einer vom Lernenden zu verantwortenden Leistungsfähigkeit bzw. Leistungswillens verstehen und dabei ihre eigentliche berufliche Kompetenz – die Förderung des Lernens durch pädagogische Intervention sowie Unterrichtssteuerung in Verbindung mit Bemühungen, Defizite zu kompensieren und Stützfunktionen wahrzunehmen – vernachlässigen. Lehrern dagegen scheint diese Aufgabe wesentlich stärker gegenwärtig zu sein, denn bei ihnen läßt sich über Notengruppen hinweg *keine Variation* ihres perzipierten Verhaltens feststellen.

Die im Unterrichtsstil zum Ausdruck kommende Vorstellung von der *primär willentlichen Natur* von Lernleistungen wäre somit das eine naive Stereotyp (s. dazu auch JOPT, 1977b). Hinzu kommt aber noch eine Überzeugungshaltung, die durch den Glauben an die Überlegenheit von Männern in einem Fähigkeitsbereich bestimmt ist, der sich als ihre Domäne einzig und allein jedoch nur historisch-gesellschaftlich begründen ließe (WESLEY, 1977). Zwar kommt dieses Bild nicht unmittelbar auch in besseren Zensuren zum Ausdruck, wohl jedoch wirkt es sich mittelbar prägnant auf die Selbstwahrnehmung der Unterrichteten aus. Da andererseits „Strenge" die dominierende Qualität des weiblichen Interaktionsstils darstellt, kann man nur annehmen, daß es eben die Ausübung von Kontrolle und Lenkung in Verbindung mit nur wenig persönlicher (Entscheidungs)-Freiheit im Unterricht ist, die ein hohes Ausmaß an Könnenszuversicht bei Schülern begünstigt. Eine Einzelinspektion der 25 DSL-Items gibt für differenzierte Aussagen insofern wenig her, als sich die besagten

Unterschiede bei fast allen Fragen wiederfinden, so daß sich Hinweise auf einzelne Interaktionsunterschiede von daher nicht ergeben. Natürlich dürfen und sollen die hier vorgetragenen Daten und Spekulationen nicht überinterpretiert werden. Nicht nur, daß sie bei den untersuchten Klassenanzahlen von maximal 25 auf relativ tönernen Füßen stehen. Lehrergeschlechtsspezifische Verhaltensauswirkungen zu analysieren, war auch keineswegs ein gezieltes Anliegen der hier dargestellten Studien, ganz abgesehen vom völligen Fehlen einer diesbezüglichen theoretischen Grundlage.

Insofern sind die berichteten Fakten zunächst allein von heuristischem Wert. Aber eben von Wert, wie wir meinen, denn wenn man sich noch einmal eines der beiden Hauptanliegen dieses Buches vergegenwärtigt – einen Beitrag zur Aufklärung des Konstrukts „Selbstkonzept eigener Fähigkeiten" zu leisten –, so wird man in zukünftigen Untersuchungen nicht umhinkommen, in die Analyse des Einflusses unterschiedlichster Kontextvariablen auch das Lehrerverhalten mit einzubeziehen.

Dafür spricht abschließend auch noch ein letzter bemerkenswerter Nebenbefund. So waren in Studie II, in der Jungen insgesamt ein höheres Selbstkonzept zeigten als Mädchen, zwar auch ihre Mathematiknoten etwas besser. Es sei jedoch dahingestellt, ob sich ihre perzeptive Überlegenheit allein hierdurch erklären ließe. Auf jeden Fall paßt es ganz in das Bild der obigen Ausführungen, daß, wie eine nachträgliche Kontrolle zeigte, die Probanden von Studie II vornehmlich von Lehrerinnen, die der anderen dagegen von Lehrern unterrichtet wurden ($\chi^2 = 174.9$, FG $= 1$, p $< .001$).

Somit zeichnet sich eine im Prinzip ähnliche wissenschaftliche Entwicklung der Fragestellung ab – das deuten diese ersten Ergebnisse bereits an –, wie sie sich inzwischen auch im Rahmen der Unterrichtsstil-Forschung vollzogen hat: Von einer zunächst globalen Betrachtung der Auswirkungen verschiedener Stilformen auf das Schülerverhalten (TAUSCH & TAUSCH, 1971; NICKEL, 1975) hin zu einer zunehmend differenzierenderen interaktionistischen Sichtweise, die über die Analyse von Haupteffekten hinaus auch die Spezifika beider Interaktionspartner mit einbezieht (SCHWARZER & STEINHAGEN, 1976; TREIBER, 1977).

Auf jeden Fall bleibt festzuhalten, daß die Antwort auf die Frage nach bedingenden Faktoren der schulisches Lernen begünstigenden Fähigkeitswahrnehmungen, wie eingangs dieses Abschnitts bereits postuliert wurde, an der Einbeziehung und damit auch an der psychologischen Mitverantwortlichkeit der Erzieher *nicht* vorbeiführen wird.

8.4. Leistungsdifferenzierung durch Kurse

Die Entscheidung für oder gegen die Verankerung von Niveaukursen innerhalb der Schule hat sich mit einer Vielzahl von insbesondere auch sozialpsychologischen Argumenten auseinanderzusetzen und hängt keineswegs ausschließlich davon ab, welche Unterrichtsform unter dem Gesichtspunkt von Selbstkonzepten zu motivational günstigeren Folgen führt (s. YATES, 1972; ROEDER & TREUMANN, 1974).

An dieser Stelle soll daher lediglich aufgezeigt werden, daß neben anderen Variablen *auch* die Zugehörigkeit zu einer Leistungsgruppe, in den allermeisten Hauptschulen heute Realität, das Selbstkonzept der Schüler beeinflußt oder – vorsichtiger gesagt – damit kovariiert, denn es ist bislang ja keineswegs einhellig geklärt, ob Selbstkonzepte in Folge verbesserter Leistungen stehen oder ob sie als Vorausgehende diese bedingen.

Auch an den beiden von uns untersuchten Schulen waren alle Schüler entweder dem leistungsbesseren E-(rgänzungskurs) zugeordnet oder im schwächeren G-(rundkurs) verblieben, und da diese äußere Differenzierungsmaßnahme ja gerade unter dem Gesichtspunkt einer Leistungshomogenisierung erfolgte, war nicht nur für den E-Kurs von vornherein der bessere Notendurchschnitt zu erwarten (Studie II: $F = 113.84$, $FG = 1/499$, $p = < .001$; Studie III: $F = 27.90$, $FG = 1/334$, $p < .001$), ebenso sollte sich dort wegen des engen Zusammenhangs zwischen Fähigkeitswahrnehmung und Zensur ein deutlich höheres Fähigkeitskonzept nachweisen lassen.

Insofern kann die allgemeine Bestätigung dieses Sachverhalts (vgl. Abb. 6) nicht überraschen (s. auch WAGNER, 1977). Doch da nach den bisherigen Ausführungen die relative Loslösung der Fähigkeitswahrnehmung von der Leistungsbewertung, d. h. von der Zensur, als eine ganz wesentliche Voraussetzung für ihre Modifikation angesehen werden muß, stellt sich weiter die Frage, ob sich die Angemessenheit von Gruppierungsmaßnahmen auch unter diesem Gesichtspunkt bestätigen läßt.

Tatsächlich finden sich hierfür Anhaltspunkte, wie aus Abb. 6 hervorgeht: Die Streubreite der SKM-Kennwerte ist im E-Kurs erheblich niedriger als im G-Kurs, was insbesondere den Leistungsschwachen zum Nachteil gereicht, da für sie die kursbezogenen Selbstkonzeptunterschiede *mit Abstand am größten* sind. Von daher sind sie es, die am stärksten davon profitieren, wenn sie ihren (unteren) Rangplatz innerhalb der höheren Niveaugruppe einnehmen.

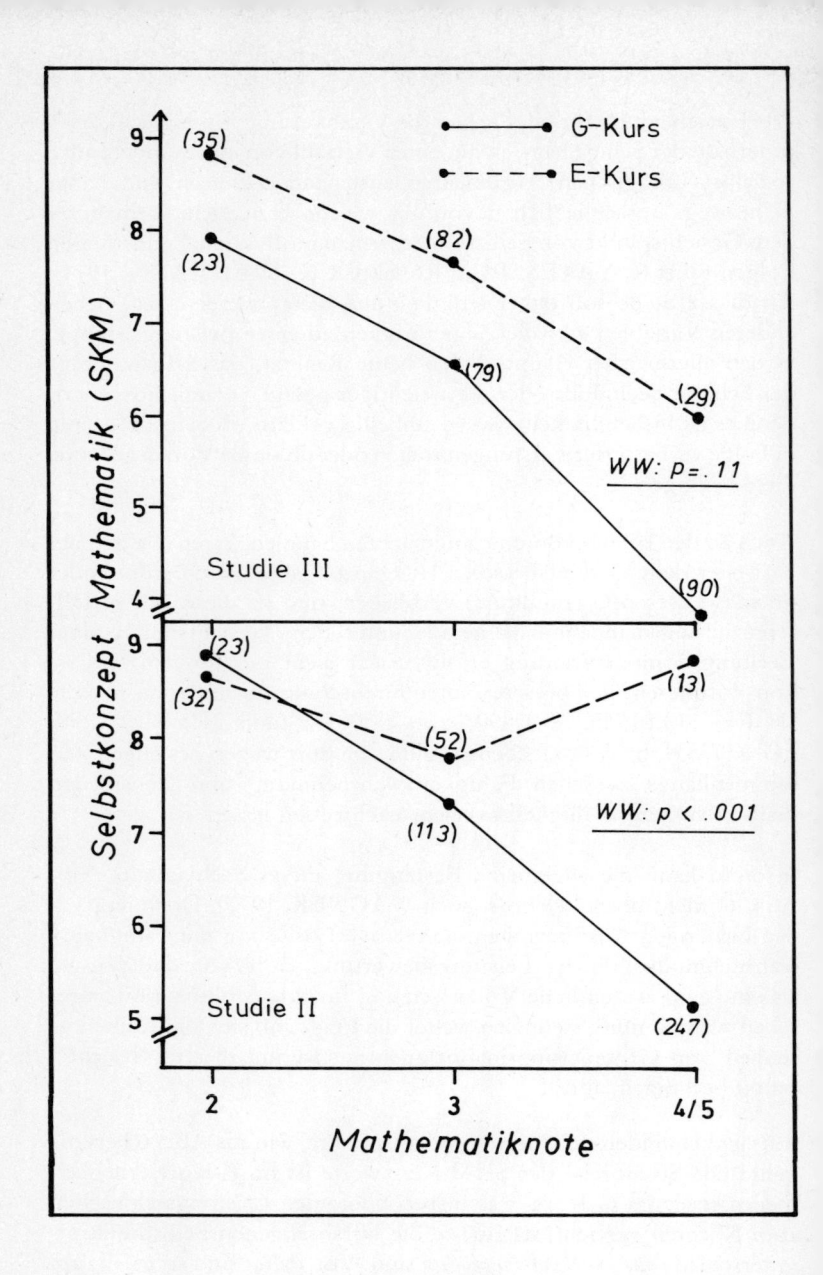

Abb. 6: Selbstkonzept und Kurszugehörigkeit

Tab. 25: Varianzanalyse des SKM in Abhängigkeit von Zensur und Kurs

	Studie II			Studie III		
Quelle der Varianz	FG	MAQ	F	FG	MAQ	F
A: Note	2	290.27	43.79+++	2	312.81	64.73+++
B: Kurs	1	74.25	11.20+++	1	145.91	30.19+++
A × B	2	68.72	10.37+++	2	10.26	2.12+
Innerhalb	479	6.63		332	4.83	

+ $p = .11$ +++ $p < .001$

Nun ließe sich aber dagegen einwenden, daß generell der E-Kurs durch die Zusammenfassung der Noten Vier und Fünf im Vorteil sei, weil sich in ihm ohnehin nur die eher besseren Schüler befinden und Fünfen damit von vornherein seltener sind. Tatsächlich gibt es im E-Kurs von Studie II keinen, von Studie III lediglich einen einzigen Schüler mit der Note fünf, im G-Kurs dagegen sind es 67 bzw. 25. Nimmt man aber diese leistungsschwächsten Schüler aus der Vergleichsbetrachtung heraus, so ändert sich das Bild auch dann nur geringfügig, denn immer noch bleiben die den E-Kurs begünstigenden SKM-Unterschiede im untersten Zensurenbereich (jetzt Note 4) erhalten.

Somit kann man verallgemeinernd sagen, daß die Strukturierung des Klassenverbandes nach Leistungsniveaus – neben allen anderen gewollten und nicht gewollten Effekten – auch bewirkt, *daß im höheren Kurs gerade beim schlechten Schüler der Leistungsstand weniger negativ das Selbstkonzept beeinflußt als im niederen.*

Ziel dieser Ausführungen soll es jedoch nicht sein, aufgrund dieses nachgewiesenen Einflusses der Kurszugehörigkeit vorschnell äußeren Differenzierungsmaßnahmen das Wort zu reden, denn noch fehlt ein ganz wichtiges Glied für eine solche Argumentationskette. Solange nämlich allein Kursgruppen unter Ausklammerung von Klassenverbänden, die als *heterogene* Einheiten unterrichtet werden, in Untersuchungen Berücksichtigung finden, muß letztlich offen bleiben, ob eine Beeinflussung des Selbstkonzepts ausschließlich auf diesem Wege zu erreichen ist oder ob nicht weniger belastete Alternativmaßnahmen den gleichen Effekt bewirken können.

Soviel jedoch läßt sich schon jetzt sagen: Bei der Suche nach Möglichkeiten, auf die Fähigkeitswahrnehmung von Schülern einzuwirken, wird es nicht nur darauf ankommen, bedeutsame Person- und Verhaltensvariablen auf beiden Seiten der Interaktionseinheit Lehrer-Schüler zu identifizieren. Zusätzlich wird auch damit zu rechnen sein, daß sich der soziale Referenzrahmen im ganz ursprünglichen Sinne einer Bezugssystemorientierung auf das Selbstkonzept auswirkt, selbst dann, wenn man versucht, seine normsetzende Kraft möglichst gering zu halten.

Doch noch ein weiterer Einfluß der Leistungsgruppierung läßt sich feststellen. Wurde oben berichtet, daß Mädchen, zumindest in Studie II, ein niedrigeres Selbstkonzept als Jungen aufwiesen, so wird nun unter Berücksichtigung des Kurses ersichtlich (s. Abb. 7), daß dieser Unterschied wohl im G-Kurs sehr ausgeprägt ist, sich aber im E-Kurs dagegen deutlich verringert hat (Kurs $\times$ Sex: $F = 2.35$; $p = .12$). Möglicherweise zeigt sich hierin ein Hinweis auf den prinzipiellen *Doppelcharakter* jeglicher äußerer Differenzierung, indem sie dazu beitragen kann, geschlechtsspezifische Vorurteile einerseits zu *pointieren,* andererseits aber auch zu *nivellieren.*

Unterstützen läßt sich diese Vermutung auf dem Hintergrund des bereits dargestellten Ergebnisses, wonach bei Lehrerinnen die Fähigkeitseinschätzung von Schülern noch wesentlich höher ausfiel als bei Lehrern. Denn unter Beachtung der Gruppenzugehörigkeit ist dieser Effekt nur noch für den G-Kurs nachweisbar (varianzanalytisch zwar nicht signifikant, der separate Mittelwertsvergleich bestätigt jedoch den Unterschied: Lehrer: $\bar{x} = 6.19$, Lehrerin: $\bar{x} = 7.09$; $t = 2.23$, $FG = 196$, $p < .05$).

Tab. 26: F-Werte der Varianzanalysen von SKM und DSL in Abhängigkeit von Lehrer- und Schülergeschlecht (Studie II)

	G-Kurs	E-Kurs
SKM		
A: Sex	44.42[+++]	6.01[+]
B: Sex Lehrer	2.72	.99
A $\times$ B	1.91	.55
DSL		
A: Sex	.58	1.64
B: Sex Lehrer	28.23[+++]	2.60
A $\times$ B	.00	3.96[+]

[+] $p < .05$ [+++] $p < .01$

Auf Schüler beiderlei Geschlechts dagegen, die dem besseren Kurs angehören oder in diesen aufgestiegen sind, wirkt sich die Geschlechtsrolle des Unterrichtenden nicht mehr aus.

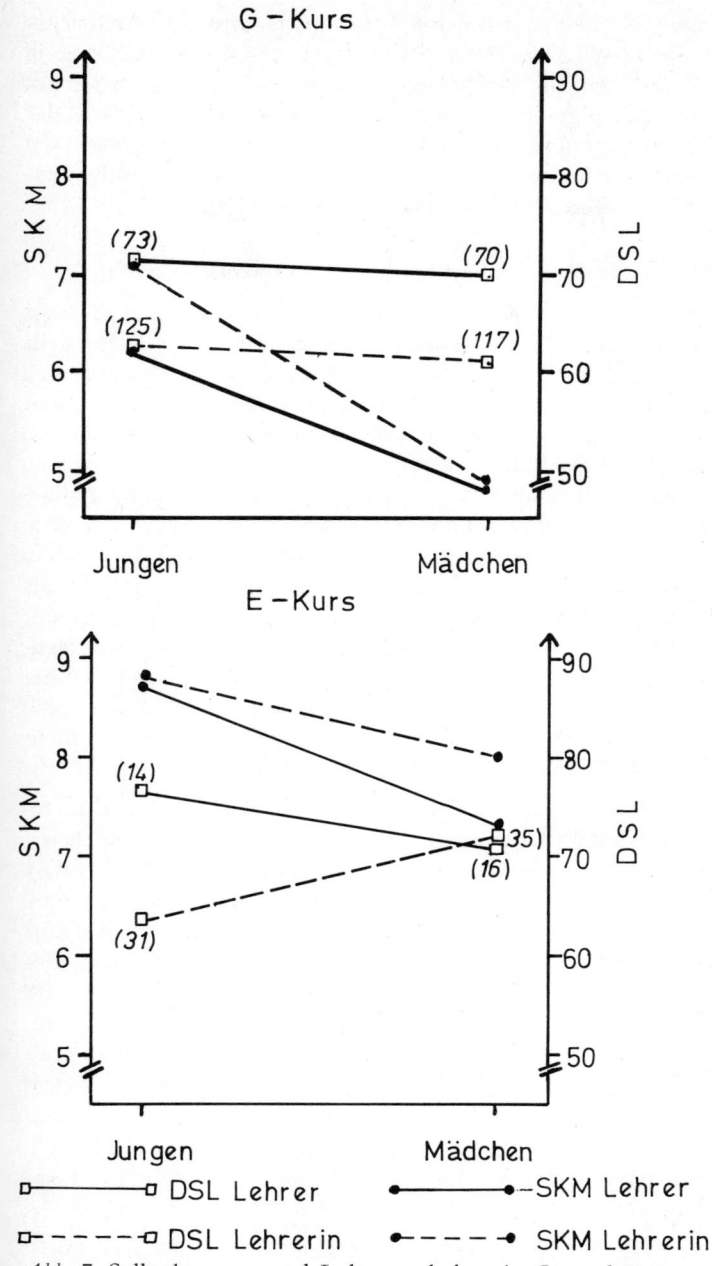

Abb. 7: Selbstkonzept und Lehrerverhalten in G- und E-Kurs

Man könnte vermuten, daß sich Erwartungsstereotypien der Erzieherinnen um so eher in ihrem Unterrichtsverhalten ausdrücken, je niedriger ihre Leistungserwartungen sind. Bevor hierüber aber weitere Mutmaßungen angestellt werden (denkbar wäre etwa ein Wandel der Bezugsnormorientierung mit der Tendenz, bei den schwächeren Schülern des G-Kurses stärker individuell zu bewerten), sollten zunächst noch weitere Untersuchungsergebnisse vorliegen.

8.5. Schwierigkeit des Faches und subjektive Erfolgswahrscheinlichkeit

Was jemand zu können glaubt, hängt im Sinne der sozialen Bezugsnormorientierung u. a. maßgeblich davon ab, wie schwer die Aufgabe oder der Stoff gerade für diejenige Referenzgruppe ist, mit der er sich vergleicht bzw. an deren Leistungen die Güte der eigenen verankert wird. Daraus folgt zweierlei: Zum einen kann je nach der individuellen Verbindlichkeit der Referenzgruppe dasselbe Ergebnis für den einen ein Erfolg, für einen anderen dagegen ein Mißerfolg sein oder allgemein gesagt, Erfolg und Mißerfolg sind keine realen, sondern psychologische Sachverhalte (HOPPE, 1930; FOKKEN, 1966). So konnten JOPT & ERMSHAUS (1977a) zeigen, daß sich die Güte der als Erfolg eingestuften Leistungen erfolgsmotivierter Schüler nur unwesentlich von der unterschied, die von anderen als Mißerfolg klassifiziert wurde. Daneben ist es aber auch eine der Grundannahmen der kognitiven Motivationstheorie, daß die *wahrgenommene Schwierigkeit* eines Faches und die korrespondierende *subjektive Schwierigkeit* nicht identisch sind (MEYER, 1973a, 1976; KUKLA, i. V. a).

Dennoch hat man bei dem Versuch, motivationale Prozesse aufzuklären, grundsätzlich von zwei – psychologisch unterschiedlichen – Konzepten von „Schwierigkeit" auszugehen (s. dazu MEYER, 1976). Denn einerseits kogniziert das Individuum unter Einbeziehung des relevanten sozialen Umfeldes die Schwierigkeit einer Aufgabe „an sich", verstanden als statistisches Kalkül der Erfolge bzw. Mißerfolge aller anderen („wahrgenommene Aufgabenschwierigkeit" nach MEYER); daneben und im Prinzip unabhängig vom gruppenbezogenen Schluß bildet es sich aber auch ein Urteil, wiederum als Wahrscheinlichkeitskalkül operationalisierbar, von der Schwierigkeit einer Aufgabe „für sich selbst".

MEYER (1973a, 1976) nimmt an, daß die ich-bezogene Schwierigkeit auf dem Hintergrund der subjektiven Einschätzung eigener Fähigkeit für die in Frage stehende Aufgabe (Selbstkonzept) durch entsprechende Gewichtung der „objektiven", d. h. sozial determinierten Anforderungsstruktur bestimmt wird. Diese Einschätzung wird jedoch noch nicht unmittelbar verhaltensrelevant, da vor der Handlungsinitiierung zunächst noch sogenannte *Nutzen-*

Überlegungen angestellt werden, die sich auf das vermeintliche Ausmaß notwendiger *Anstrengung,* um erfolgreich zu sein, beziehen.

Erst unter Mitberücksichtigung der „intendierten Anstrengung" resultiert für das Individuum schließlich die psychologische Größe „subjektive Erfolgswahrscheinlichkeit", von der sein weiteres Handeln abhängt. Diese Vorstellung schließt ein, daß „subjektive Schwierigkeit" und „subjektive Erfolgswahrscheinlichkeit" nicht – wie dies noch im motivationspsychologischen Modell von ATKINSON (1964; ATKINSON & FEATHER, 1966) der Fall ist – identische Größen sind, sondern daß die Stärke der Erfolgsantizipation das Ergebnis eines Abwägungsprozesses darstellt, wobei Überlegungen darüber angestellt worden sind, ob überhaupt und wenn ja mit welchem Aufwand an Anstrengung ein erfolgreicher Aufgabenabschluß zu erwarten ist („Anstrengungskalkulation").

Trotz dieser zunächst akademisch erscheinenden Konzeption ist das Modell der Anstrengungskalkulation auf den zweiten Blick keineswegs so realitätsfern wie es den Anschein hat.

Denn danach sind Erwartungssteigerungen nur in dem Maße zu erwarten, wie objektive Sachverhalte einen Schwierigkeitseindruck vermitteln, den man unter Einsatz seiner verfügbaren motivationalen Ressourcen auch bewältigen zu können glaubt, was um so wahrscheinlicher ist, je höher die Eigenkompetenz wahrgenommen wird. Die Analogie zur schulischen Lernsituation ist offensichtlich.

Denn danach sind Erwartungssteigerungen in dem Maße zu erwarten, wie objektive Sachverhalte einen Schwierigkeitseindruck vermitteln, den man unter Einsatz seiner verfügbaren motivationalen Ressourcen auch bewältigen zu können glaubt, was um so wahrscheinlicher ist, je höher die Eigenkompetenz wahrgenommen wird. Die Analogie zur schulischen Lernsituation ist offensichtlich.

Daß es im Sinne dieses Modells, und Lehrer können dies wohl nachdrücklich bestätigen, vorübergehend auch zu einem Motivationsabfall und zur Leistungsverschlechterung kommen kann – wenn nämlich aufgrund eines hohen Selbstkonzepts nur wenig Anstrengung (Fleiß) für nötig gehalten wird –, relativiert nun nicht etwa die Forderung nach einem möglichst positiven Selbstkonzept; vielmehr weist eben diese mögliche Konsequenz auf die Notwendigkeit solcher unterrichtstechnischer Maßnahmen hin, die stets eine optimale Passung zwischen Fähigkeitslage und Schwierigkeitsanordnung garantieren, wobei mit optimal solche Herausforderungen gemeint sind, die sich zwar bewältigen lassen, wobei Können allein allerdings nicht ausreicht, sondern durch Anstrengung noch ergänzt werden muß.

Obwohl es aber diesem Modell an empirischer Evidenz nicht fehlt (s. dazu Kap. 9.2.3.) und auch erste Hinweise für seine Gültigkeit in bezug auf Motivation und Leistungen in der Schule vorliegen (JOPT, 1977b; JOPT i. V.), ist dennoch seine praktische Erklärungsangemessenheit noch so gut wie gar nicht aufgezeigt worden. Die pädagogischen Implikationen lägen jedoch auf der Hand: Ungeachtet ihrer Form, wären auf jeden Fall Differenzierungsmaßnahmen zu fordern, da nur Maßnahmen der *Unterrichtsindividuierung* gewährleisten, daß neben einer generellen Anhebung der Selbstwahrnehmung nun auch *für alle* Schüler aufgrund konzeptangemessener Anforderungen realistische (d. h. Erfolg ermöglichende) subjektive Erfolgszuversichten etabliert werden könnten.

Um die von MEYER eingeführte Unterscheidung auf ihre Angemessenheit auch für die schulische Lernsituation zu überprüfen, ließen wir auf 9-Punkte-Skalen sowohl den objektiven Schwierigkeitsgrad des Faches Mathematik (W_{ob}; Bezug: Mitschüler) als auch die subjektive Erfolgswahrscheinlichkeit (W_{sub}; Bezug: eigene Person) einschätzen. Damit verbunden war die Erwartung, daß sie einer Klasse

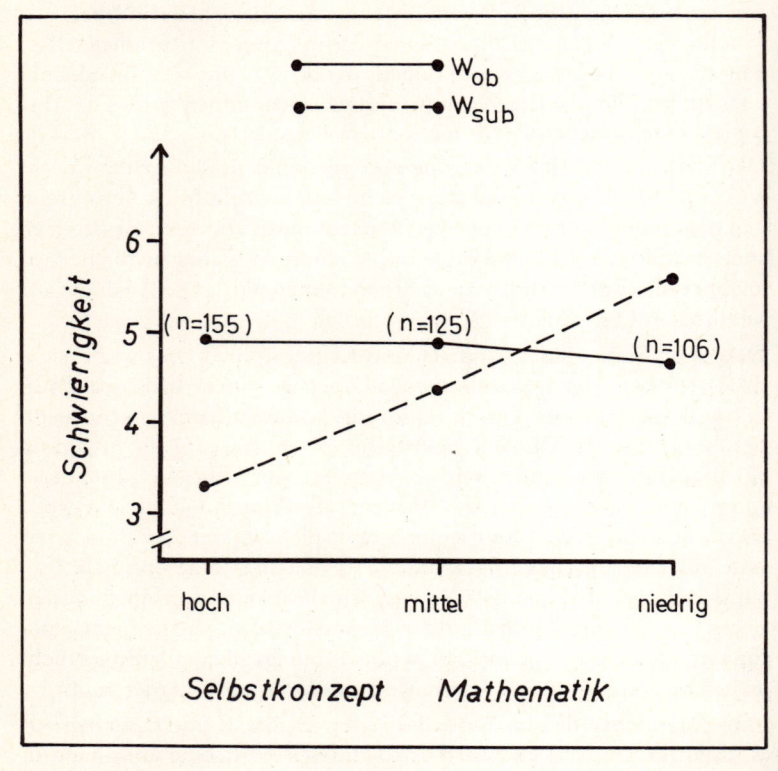

Abb. 8: Objektive (W_{ob}) und subjektive (W_{sub}) Schwierigkeit des Faches Mathematik in Abhängigkeit vom Selbstkonzept

ungeachtet ihres Selbstkonzepts zwar in der Lage sein würden, zu einem relativ übereinstimmenden Urteil hinsichtlich des Schwierigkeitsniveaus dieses Faches zu gelangen, dennoch aber sollte sich zeigen, daß im Rahmen der wahrgenommenen Fähigkeit – und damit verbunden, hier jedoch nicht kontrolliert: der investierten Anstrengung – deutliche Unterschiede in bezug auf die subjektive Erfolgszuversicht bestehen.
Genau dies ist auch der Fall (vgl. Abb. 8): während objektiv das Fach Mathematik *von allen Schülern* (anhand des SKM-Wertes war die Stichprobe in Terzile aufgeteilt worden) als mittelschwer eingestuft wird, steigt die Einschätzung der subjektiven Erfolgszuversicht mit wachsendem Selbstkonzept an und dies signifikant stärker bei Jungen als bei Mädchen.

Tab. 27: Varianzanalyse von objektiver Schwierigkeit (W_{ob}) und subjektiver Erfolgswahrscheinlichkeit (W_{sub}) [Studie III]

	W_{ob}			W_{sub}	
	FG	MAQ	F	MAQ	F
A: SKM	2	1.11	n.s.	158.74	83.61+++
B: Sex	1	1.59	n.s.	10.64	5.60++
A × B	2	1.37	n.s.	1.66	
Innerhalb	378	.89			

++ $p = .02$ +++ $p < .001$

Daraus folgt, daß Schüler einerseits in der Lage sind, den objektiven Schwierigkeitsgrad eines Faches losgelöst vom eigenen Fähigkeitsbild weitgehend übereinstimmend einzuschätzen; die verhaltenssteuernde Schwierigkeit „für mich", die subjektive Erfolgswahrscheinlichkeit des Einzelnen, hängt hingegen entscheidend vom Selbstkonzept des Urteilers ab: je kompetenter er sich wahrnimmt, desto leichter erscheint ihm auch der Stoff.
Daß mit der Variation anschaulicher Schwierigkeiten auch Änderungen im Grad der investierten Anstrengung einhergehen, wie es das Modell von MEYER (1976) vorhersagt, kann jedoch wegen des Fehlens entsprechender Zusatzdaten nicht überprüft werden. Auf jeden Fall aber läßt sich auch für die Schule bestätigen, daß Leistungsanforderungen unter zwei Schwierigkeitsgesichtspunkten thematisiert werden können, die als weitgehend unabhängig voneinander anzusehen sind, wenngleich ihre Korrelation aufgrund der Stichprobengröße statistisch hochsignifikant ausfällt (r = .13, $p < .001$).

Tab. 28: Korrelationen zwischen SKM und den beiden Schwierigkeitsparametern (N = 385) [Studie III]

	Produkt-Moment-Korrelation	Partielle Korrelation
W_{ob}	.05	−.03
W_{sub}	−.59[+++]	−.44[+++]

[+++] $p < .001$

Nun sind Selbstkonzept und subjektive Erfolgswahrscheinlichkeit insofern von vornherein nicht unabhängig voneinander, als beide durch das Leistungsniveau des Schülers mitbestimmt werden. Es ließe sich von daher vermuten, daß die aufgezeigte Konnexion allein durch das gemeinsame Bindeglied Zensur zustandegekommen sei, während in Wirklichkeit beide kognitiven Parameter weitgehend unabhängig voneinander wären. Um diesen Einwand zu prüfen, wurden auch hierzu Partialkorrelationen, die den Noteneinfluß eleminierten, berechnet. Wie der Vergleich in Tab. 28 zeigt, blieb der enge Zusammenhang jedoch auch weiterhin erhalten. Damit hat sich die bisher nur im Labor untersuchte Annahme einer engen Beziehung zwischen Selbstkonzept und subjektiver Erfolgswahrscheinlichkeit auch für den realitätsnahen Leistungsraum Schule bestätigen lassen. Denn die vermittelnde Rolle der Zensur ist zwar offensichtlich, doch trotz des hochsignifikanten Abfalls der Korrelation ($z = 2.85$; $p < .005$) bleibt noch ein größenmäßig bedeutsames Residium zurück, das unzweideutig erkennen läßt, daß der von einem Schüler in bezug auf die eigene Person wahrgenommene Schwierigkeitsgrad eines Faches durch seine Realleistung *allein* nicht hinreichend erklärt werden kann.

8.6. Zusammenfassung und Diskussion

Ziel des gesamten Kapitels 8 war es, den Zusammenhang zwischen mathematischem Selbstkonzept und einer ganzen Reihe anderer Variablen zu überprüfen, von denen aufgrund von Plausibilitätsüberlegungen einerseits, unter Berücksichtigung bereits vorliegender Forschungsergebnisse andererseits angenommen werden konnte, daß sie in einem nachweisbaren Verhältnis zur Fähigkeitswahrnehmung stehen würden. Die dabei hervorgetretenen Ergebnisse waren, von wenigen Ausnahmen abgesehen, zwar nicht von jener Eindeutigkeit, wie man sie von vielen Experimenten kennt; aber dies konnte unter dem Gesichtspunkt des Feldstudiencharakters der beiden Untersuchungen auch kaum erwartet werden.

Denn das Studium psychologischer Phänomene *vor Ort* schafft in Prinzip genau die gleiche Ausgangslage, in der sich auch der Biologe bei der Analyse des Zellaufbaus oder der Chemiker bei dem Versuch, die Struktur eines kompliziert aufgebauten Moleküls zu identifizieren, befindet: stets wird weitgehend punktuell in ein komplexes System einer unbekannten Vielzahl von Variablen eingegriffen, die allesamt auf zunächst unbekannte Weise miteinander interagieren. Dies aber geht nicht nur auf Kosten des Verlusts der funktionalen Bedeutung einer Variablen; sehr viel häufiger noch resultiert der Eindruck ihrer Irrelevanz, weil mit dem herkömmlichen methodischen Rüstzeug nach möglichst monokausalen Zusammenhängen gesucht wird, die sich aber meist nur unter den rigorosen Deprivationsmaßnahmen des Experiments aufzeigen lassen, während es sie im Kontext von natürlichen Situationen gar nicht gibt (s. SCHULTZ & POMERANTZ, 1974).

In diesem Sinne meint auch HECKHAUSEN (1973):

„Auch in der Motivationspsychologie hat es sich inzwischen als ein Mißverständnis erwiesen, Grundlagenforschung mit Laborexperimenten gleichzusetzen" (S. 38).

Unter diesem Gesichtspunkt aber ist es u. E. nicht nur eine methodische, sondern ebenso eine von mehr praktisch orientierten psychologischen und pädagogischen Interessen gesteuerte Frage, welche Bedeutung im einzelnen einem Variablenkomplex zuerkannt wird – wenngleich natürlich auch derartige Überlegungen nicht völlig außerhalb des Rahmens statistischer Gültigkeitsbestimmungen geführt werden dürfen (vgl. BREDENKAMP, 1972).

Vor der abschließenden Erörterung zunächst jedoch einige grundsätzliche Anmerkungen zum Stellenwert der bisher vorliegenden Ergebnisse für das gesamte Anliegen dieses Buches. Wenngleich auch keinem simplen Determinismus das Wort geredet werden soll (vgl. dazu die kritischen Ausführungen von RHEINBERG, 1976a), so gehen wir in Anlehnung an die neuere Motivationspsychologie dennoch davon aus, daß inhaltsspezifische Fähigkeitsvorstellungen, sozusagen als „subjektive Wahrheiten", neben einer Vielzahl anderer Faktoren (s. dazu KRAPP & MANDL, 1976, GAEDIKE, 1974; TIEDEMANN, 1977) für die Lernmotivation und damit mittelbar auch für schulische Leistungen entscheidend mitverantwortlich sind.

Ganz vordergründig bedarf diese Annahme eigentlich keiner weiteren theoretischen Begründung, da sie für das naiv-psychologische Denken schlechthin konstitutiv ist (HEIDER, 1958; LAUCKEN, 1974). Denn es gehört zum Erfahrungsschatz eines jeden, daß er sein Handeln *in allen Lebensbereichen* auf dem Hintergrund seiner vermutlichen Kompetenz und damit zugleich auch im Rahmen von Schwierigkeits- und Erfolgswahrscheinlichkeitskalkulationen abwägt. Insofern sind Selbstkonzepte keineswegs auf die Schule beschränkt. Aber dennoch sind sie, so glauben wir, innerhalb dieses Kontextes von ganz besonderer Bedeutung.

Schule ist nämlich insofern ein *besonderer* Raum, als es hier wie in keinem späteren Lebensabschnitt wieder möglich ist, auf den Ausbau und die Stabilisierung von Selbstkonzepten *Einfluß* zu nehmen. Man denke nur an die meist recht hohe Konkordanz zwischen schulischen Fachleistungen und späterer Studien- und Berufswahl (vgl. WATKINS, 1975).

Unter diesem Gesichtspunkt war es auch ein Anliegen der bisherigen Befunddarstellung, eben diese Sozialisierungsfunktion der Schule am Beispiel der mathematischen Fähigkeitswahrnehmung aufzuzeigen (s. dazu auch FEND u. a., 1976). Doch das idealistische Moment dieses Ansatzes darf nicht übersehen werden, denn es wurde ja nicht in Analogie zum Effektivitätsnachweis bestimmter Unterrichtsprogramme aufgezeigt, was die Schule tun *kann,* um auf das Selbstkonzept der Schüler einzuwirken; vielmehr wurde lediglich, einer unvollständigen Bestandsaufnahme vergleichbar, dargelegt, was durch die Einwirkung einiger Faktoren *erreicht wird.*

Von ganz wesentlicher Bedeutung für das Zustandekommen dieser Ist-Lage ist eine Reihe psychologischer Prozesse, die innerhalb der Interaktionseinheit Lehrer-Schüler teilweise nebeneinander verlaufen, zu einem noch größeren Anteil aber mannigfaltig miteinander verwoben sind: Kognitive Interpretationen (Ursachenerklärungen) und leistungsbezogene Affekte (und deren Antizipationen), die nicht nur maßgeblich mit dem Selbstkonzept der Schüler verbunden sind, sondern darüber hinaus auch Wahrnehmung und Verhalten des Lehrers wesentlich beeinflussen. Und zwar nicht nur in seiner professionellen Rolle als „diagnostische Instanz" (RHEINBERG, 1976a), daneben auch nicht minder in sozialpsychologischem Sinn als Interaktionspartner und Fremdbeobachter.

Die Erhellung solcher Attribuierungsphänomene ist Gegenstand des zweiten Teils, und abschließend wird dann versucht werden, die künstliche Isolierung von Selbstkonzepten und Ursachenerklärungen im Rahmen ihrer theoretischen Integration wieder aufzuheben.

Doch zunächst eine Zusammenfassung der Ergebnisse zum Selbstkonzept. Um das Ganze überschaubarer zu machen, werden hierfür zum Abschluß alle Variablen, die in den beiden Untersuchungen herangezogen worden waren, schrittweise in eine Regressionsanalyse eingebracht. Dabei kommt in den (transformierten) β-Koeffizienten das Gewicht jeder einzelnen Variable zum Ausdruck, das ihr im Rahmen einer linearen Modellvorstellung zur Schätzung des Fähigkeitsparameters empirisch zufällt (unter Vernachlässigung von Wechselwirkungen).

Tab. 29: Regressionsanalyse von Korrelaten des Selbstkonzepts (Studie II und Studie III)

Variable	Jungen				Mädchen			
	R^2 (mult.)	ß	F	p	R^2 (mult.)	ß	F	p
Studie II								
FM 1	.02	−.03			.00	−.00		
FM 2	.02	.01			.00	−.04		
HE	.02	.01			.01	.01		
PA	.14	−.30	17.40	<.001	.14	−.24	10.18	<.001
MA	.14	.00			.14	.01		
Sex-Leh.	.14	−.07			.17	.09	2.07	<.25
DSL	.15	−.10	2.71	<.10	.19	.11	3.56	<.10
Kurs	.23	.15	6.69	<.025	.25	.08		
Note	.33	−.37	39.13	<.001	.35	−.39	33.82	<.001
Studie III								
Sex-Leh.	.43	.06			.30	.11	3.27	<.10
Kurs	.42	.27	20.19	<.001	.30	.19	9.13	<.005
Note	.29	−.26	16.10	<.001	.28	−.23	9.07	<.005
W_{ob}	.43	−.02			.30	.14	4.84	<.05
W_{sub}	.53	−.38	32.79	<.001	.43	−.45	37.48	<.001

Leistungsmotiv Das vielleicht überraschendste Ergebnis war wohl der verschwindend geringe Zusammenhang zwischen dem SKM und Kennwerten des allgemeinen Leistungsmotivs, der doch bereits in einer Vielzahl von Einzelarbeiten nachgewiesen worden war (MEYER, 1973a; WEINER & POTEPAN, 1970; WEINER, 1976; KUKLA, 1972b) und an dem auch noch gegenwärtig unter der Äquivalenzvorstellung „Hohes Leistungsmotiv = Hohes Selbstkonzept" vereinzelt festgehalten wird (KUKLA, i. V., a; i. V., b). Dennoch ist dieses Ergebnis, das auch schon von anderen Autoren berichtet wurde (TOUHEY & VILLIMEZ, 1975; HECKHAUSEN, 1975c), aus mindestens zwei Gründen gar nicht so verwunderlich. Betrachten wir dazu zunächst die Operationalisierung des SKM. Von vornherein war die Fähigkeitsmessung so angelegt, daß in ihr die durch Zensuren dokumentierte *Schulleistung* mit zum Ausdruck kommen mußte; das aber heißt, daß das Leistungsmotiv nur dann von einiger Bedeutung sein konnte, wenn es gleichzeitig auch mit der Note korrelierte, was jedoch, entgegen der semantisch naheliegenden Vermutung, entweder gar nicht oder nur höchst unzureichend der Fall (WEISS et al., 1959; KLINGER, 1966) ist. In Einzelfällen konnte sogar eine genau umgekehrte Beziehung (niedriges Leistungsmotiv/ bessere Noten) nachgewiesen werden (WASNA, 1972).

Die Erklärungen hierfür sind vielfach: so meinte beispielsweise ATKINSON (1958), Schulleistungen seien überdeterminiert, d. h., von einer Vielzahl von Motiven gleichzeitig abhängig, so daß die Voraussagen auf der Basis eines einzigen Motivs notwendigerweise schwach sein müssen; McCLELLAND (1973) betonte, daß zur Aktivierung des Leistungsmotivs Herausforderungen („challenge") gegeben sein müssen, und WEINER (1973b) wiederum wies darauf hin, daß aus extrinsischen Motiven, wie sie Mißerfolgsängstliche zeigen sollen, gleichfalls gute Leistungen erbracht werden können. Und auch an methodischen Einwänden fehlte es nicht, wonach die mit Korrelationstechniken verbundene Linearitätsannahme für den fraglichen Zusammenhang unzutreffend sei (McKEACHIE, 1961).

Nimmt man all diese Begründungen ernst, so fragt man sich schließlich zu Recht, wo denn dann überhaupt noch jenes Leistungsverhalten anzutreffen sei, von dem in den theoretischen Beziehungsnetzen die Rede ist. ATKINSON selbst sprach lediglich von der Fiktion einer nicht näher bestimmten „ideal achievement situation" (1957), ihre utopische – und alles andere als schulnahe – Natur wird jedoch durch eine jüngste Definition von KUKLA (i. V., b) erst richtig deutlich:

"An achievement-related task is one for which no extrinsic rewards or punishments are expected, and where, by definition, the only source of utility is the satisfaction of success itself or the dissatisfaction of failure" (S. 9).

Auf diesem Hintergrund jedoch wäre genau das Gegenteil überraschend: wenn sich nämlich für eine Leistungssituation, für die extrinsischer Druck und Fremdsteuerung im Mittelpunkt stehen (WASNA, 1973), überhaupt Kovariationen zwischen Leistungsmotiv und dort erbrachten Leistungen fänden. Die Künstlichkeit und Enge des Gültigkeitsbereiches einerseits, zu der die transsituative Anwendung des Leistungsmotivs von der Analyse ganzer Kulturen bis hin zur Partnerwahl (SCHORB, 1977) merkwürdig kontrastiert, haben erst in letzter Zeit dazu geführt, den „summarischen" Charakter dieses Konstrukts in Frage zu stellen und seinen Omnipotenzanspruch dadurch abzubauen, daß ihm lediglich der Status einer Teilkomponenten innerhalb eines Verbandes von vielen anderen, insbesondere auch kognitiven, Einflußfaktoren eingeräumt wird (HECKHAUSEN,

i. V.), weil es „*das* einheitliche und allgemeine Leistungsmotiv nicht gibt" (HECKHAUSEN, 1973, S. 38).

Wenn sich aber dennoch ausgeprägte Zusammenhänge zwischen Leistungsmotiv und Selbstkonzept fanden, so bisher in den meisten Fällen nur in Laboruntersuchungen, die den sozialen Kontext auf ein Minimum zu reduzieren versuchten, wobei Tätigkeiten gefordert waren, die aufgrund ihres geringen Bekanntheitsgrades allenfalls vage Analogieschlüsse zuließen (s. JOPT & ERMSHAUS, 1977b). Daß in solchen Situationen die erhöhte Zuversicht des Leistungsmotivierten als Folge seiner einschlägigen Lernerfahrungen zum Tragen kommen kann, ist zwar gut vorstellbar. Dies schließt aber noch nicht aus, daß ggf. erwartungswidrige Leistungsrückmeldungen nicht auch zu einer gründlichen Revision des Fähigkeitsselbstbildes führen können. Sowohl die Experimente von FEATHER & SIMON (1972; SIMON & FEATHER, 1973) als auch eine ähnliche Untersuchung von AMES, AMES & FELKER (1976) haben jedenfalls gezeigt, daß kognitive Schlüsse eben nicht von solcher dispositionellen Stabilität sind, daß sie sich neuen und/oder erwartungswidrigen Informationen nicht anpassen würden. Und dort, wo beide Parameter unter natürlichen Bedingungen erfaßt wurden (WAGNER, 1977), läßt sich die angebliche Kovariation leicht durch aufzeigbare Operationalisierungsmängel in Frage stellen.

Die weiteren Überlegungen würden erneut hinführen zum Problem der Generalisiertheit der Fähigkeitswahrnehmung. Doch darauf soll nicht nochmals eingegangen werden, da bereits schon früher gezeigt worden ist, daß nur die Berücksichtigung des Inhaltes bzw. Gegenstandes von Selbstkonzepten zu einer psychologisch sinnvollen Anwendung dieses Konstrukts führen kann. Bleibt somit festzuhalten, daß *keine* der leistungsmotivationalen Komponenten geeignet ist, den Ausprägungsgrad des mathematischen Fähigkeitskonzepts auch nur annähernd einigermaßen befriedigend vorherzusagen (was allerdings auch nicht erwartet wurde). In völliger Übereinstimmung mit diesen Ergebnissen kam auch schon SOLOMON (1969) zu dem Schluß, daß Schulleistungen wahrscheinlich eine eigene Dimension für sich darstellen, die nur mäßig mit Leistungsverhalten in anderen Situationen korreliert (s. auch SHAW, 1961; FARLEY & TRUG, 1971; SIMONS & BIBB, 1974), und GAEDIKE (1974) schloß nicht aus, daß möglicherweise nur ein Zusammenhang zwischen „‚auf-schulische-Inhalte-gerichteter' Leistungsmotivation und Schulerfolg" (S. 63) besteht, was immer das heißen mag.

Angst Genauer müßte es im letzten Absatz heißen: im Rahmen dieser Operationalisierung nicht erwartet werden konnte – denn bezeichnet man die Bereitschaft, angesichts der Wahrnehmung bestimmter Gefahrenmomente mit einem als hochgradig unangenehm erlebten Erregungsanstieg zu reagieren, mit Angst (KROHNE, 1975) und das erhöhte Bedrohlichkeitserleben angesichts von Leistungsanforderungen als Leistungsangst oder auch in der Sprache der Leistungsmotivation, als Furcht vor Mißerfolg, so ist leicht vorstellbar, daß ein derart definiertes Personenmerkmal *sehr wohl* mit dem Selbstkonzept zusammenhängen sollte. Und zwar vor allem deshalb, weil einerseits wiederholte Mißerfolgserlebnisse eine nachhaltige Verletzung des Selbstwertgefühls zur Folge haben können und von daher alle Schüler, unabhängig von ihrem Leistungsstand, nach Erfolg, d. h. Sicherung bzw. Verbesserung der Zensuren streben (WASNA, 1973; COVINGTON & BEERY, 1976). Andererseits ist diese Gefahr umso größer, je wahrscheinlicher – aufgrund eines nur geringen Selbstkonzepts – derartige Versagenserfahrungen sind (s. COVINGTON & BEERY, 1976). COOPERSMITH (1967) konnte diese Vorstellung durch den Nachweis einer recht hohen Korrelation von $r = -.67$ zwischen Angst und allgemeinem Selbstwertgefühl („self-esteem") bereits eindrucksvoll unterstützen.

Wenn aber die *leistungsmotivationalen* Furchtfaktoren diesen Zusammenhang bestenfalls nur andeuten, ein anderer Angstindex hingegen genau im erwarteten Sinne durchschlägt, so kann das nur bedeuten, daß die FM-Komponenten entweder zu summarisch und deshalb ungeeignet oder unzureichend operationalisiert oder beides zugleich sind. Die deutliche Abhängigkeit der Fähigkeitswahrnehmung von der Leistungsangst (immerhin hat der Faktor Prüfungsangst nach der Note das zweithöchste β-Gewicht, s. Tab. 25) scheint u. E. jedoch eindeutig belegt, zumal ähnliche Ergebnisse mit demselben Angstmaß auch von anderen Autoren gefunden worden sind (KRUG & PETER, 1977; WAGNER, 1977).

Dieser Befund steht in guter Übereinstimmung zu der Tatsache, daß schulische Leistungsängste in aller Regel auch die Zensuren negativ beeinflussen (s. KRAPP, 1976; BIERHOFF-ALFERMANN, 1976); womit nicht auszuschließen ist, daß nur über diesen Moderator die hochsignifikanten Korrelationen zustande kommen konnten. Ein solcher Schluß käme jedoch lediglich einer Neuauflage des alten Problems von Ursache und Wirkung gleich, für das sich aber wohl keine eindeutige Lösung finden läßt.

Dennoch ist in diesem Zusammenhang eines bemerkenswert: auch wenn der Noteneinfluß auspartialisiert wird, bleiben die Koeffizienten *in nahezu unveränderter Größenordnung* erhalten, so daß man davon ausgehen kann, daß zwischen der Fähigkeitswahrnehmung und Angst, insbesondere Leistungsangst, ein unmittelbarer Zusammenhang besteht.

Wenn es somit u. a. darum geht, dem Lehrer Wege und Möglichkeiten aufzuzeigen, wie er das Selbstkonzept seiner Schüler erhöhen kann, so finden auch wir uns in einer Hinsicht im großen Kreis derer wieder, die aus den verschiedensten Gründen schon immer den Abbau schulischer Leistungsangst gefordert haben (s. KROHNE, 1977). Es wäre jedoch zu vereinfacht, wenn man wegen der Persönlichkeitsspezifität dieses Merkmals folgern würde, daß damit also doch die Fähigkeitswahrnehmung in ganz entscheidendem Maße durch die Person *selbst* bedingt und nur unwesentlich darüber hinaus auch äußeren Einflußnahmen zugänglich sei.

Lehrerverhalten Denn neben den didaktisch-methodischen Maßnahmen der Stoffdarbietung (Komplexität, Gegliedertheit) und der Aufgabengestaltung (Schwierigkeitsgrad) gehört das *Verhalten des Lehrers im Unterricht* zu den wichtigsten schulischen Auslösern von Leistungsängsten und steht zugleich, wie gezeigt wurde, in keiner unerheblichen Beziehung zum Selbstkonzept. Insofern täuscht die Trennung von Angst und Lehrerverhalten leicht die Unabhängigkeit zweier Variablenkomplexe vor, die in Wirklichkeit jedoch eng miteinander verzahnt sind.

Daß Lehrer, bewußt oder unbewußt, am Aufbau von Selbstkonzepten ihrer Schüler beteiligt sind, ist unstrittig (VILLIMEZ, 1974). Die Frage ist nur die des *Wie*. Wie sollte er sich in seinem Bemühen, „to help a child develop a positive selfconcept" (LaBENNE & GREENE, 1969), verhalten? Die hierzu vorliegenden Empfehlungen sind mannigfaltig und reichen von der Forderung nach verstärkter individualisierter Anteilnahme und Ermutigung (FITTKAU & LANGER, 1974) sowie mehr Vertrauen (IMBER, 1973; ALEXANDER et al., 1971), über verbesserte Unterrichtsplanung und -gestaltung (HARGREAVES, 1972; GERSTENMAIER, 1975) bis hin zur Betonung schülerzentrierten, mehr auf Hilfe und Unterstützung als auf Kontrolle und Strenge ausgerichteten Erzieherverhaltens (TAUSCH & TAUSCH, 1970; NICKEL & SCHLÜTER, 1970; GERSTENMAIER, 1975).

Vielfach sind allerdings solche Vorstellungen mehr von anthropologisch-pädagogischen Grundüberzeugungen der Autoren getragen, als daß sie auf theoretisch begründeten und empirisch überprüften Einsichten beruhen. Denn es hat sich bereits wiederholt gezeigt, daß es für die tatsächlichen Verhältnisse in der Klasse unangemessen ist, beim Studium von Unterrichtsstilen der Lehrer von einfachen Kausalmodellen auszugehen, die ein *alle* Schüler optimales Erzieherverhalten annehmen. Stattdessen treten immer stärker Wechselwirkungsmodelle in den Vordergrund, die zusätzlich zu den diversen Interaktionsstilen der Lehrer auch den unterschiedlichen Empfänglichkeiten auf der Schülerseite Rechnung tragen (s. SCHWARZER & STEINHAGEN, 1975; NICKEL, 1976).

Eben hierfür und gegen eine nicht weiter differenzierende Totalperspektive sprechen auch die hier berichteten Ergebnisse zum Selbstkonzept. Denn obgleich Lehrerinnen die Fähigkeitswahrnehmung von Jungen günstiger zu beeinflussen scheinen als Lehrer, ließ sich nirgendwo feststellen, daß diese Auswirkung etwa die Folge eines einheitlich von mehr Unterstützung getragenen Unterrichtsstils sei.

Allerdings wurde die negative Einschätzung von leistungsschwachen Schülern noch erheblich stärker wahrgenommen als von den besseren, und so ließe sich, in Anlehnung an eine Argumentation von SNYDER & CLAIR (1976), vermuten, daß es weniger das tatsächliche Verhalten als vielmehr die durch den eigenen Leistungsstand mitbestimmte *Perzeption* ist, die im Fremdurteil zum Ausdruck kommt. Dagegen spricht jedoch, daß ein analoger Zusammenhang bei Lehrern nicht mehr nachzuweisen war: schlechte noch mehr als gute Schüler sahen sein Unterrichtsverhalten in erster Linie durch Unterstützung und emotionale Wärme gekennzeichnet.

Dieser Befund erhält weiteres Gewicht, wenn man berücksichtigt, daß zwar die allermeisten Lehrer übereinstimmend mehr Unterstützung geben möchten (MASENDORF & TSCHERNER, 1973), andererseits ist es aber gerade diese Qualität ihres Verhaltens, die für sie am schwierigsten einzuschätzen ist (MASENDORF, TÜCKE & BARTRAM, 1973) und nicht selten in der schulischen Realität selbst geradezu auf den Kopf gestellt erscheint (TAUSCH u. a., 1970; TAUSCH & TAUSCH, 1970; s. auch NICKEL & SCHLÜTER, 1970).

Es ließe sich vermuten, daß derartige Widersprüche zwischen Einstellung und Verhalten, die ja schon eine lange Tradition haben (vgl. La PIERRE, 1934), im schulischen Bereich auf gewichtige Weise durch Gegensätze zwischen ethisch-moralischen Leitgedanken und naiv-psychologischen Motivationsvorstellungen vermittelt werden. Das würde bedeuten, daß viele Erzieher einerseits *als Lehrer* schon auf dem Hintergrund ihrer Berufsrolle von der Notwendigkeit eines Unterrichtsverhaltens überzeugt sind, das den Schüler in den Mittelpunkt ihres Handelns stellt. Auf der anderen Seite steht jedoch auch noch der Lehrer als *Laienpsychologe*, der im Sinne HEIDERs (1958), wie jeder andere Mensch auch, über vorwissenschaftliche Handlungs- und Verhaltensmodelle verfügt, die mehr oder minder bewußt sein eigenes Tun steuern (LAUCKEN, 1974). Solche Schemata aber sind, weil nicht empirisch gewonnen oder überprüft, nachhaltig von nicht hinterfragten Verhaltensvorstellungen (z. B. „Strenge und negative Sanktionen motivieren") sowie von sozialisierten Erwartungsstereotypien („Mädchen können Sprachen besser als Jungen") beeinflußt und aufgrund der sie begleitenden Wahrnehmungsselektivität hochgradig änderungsresistent.

Es ist hier nicht der Ort, grundsätzlich die Möglichkeiten von Einstellungsänderungen zu erörtern (s. TRIANDIS, 1975), unsere Daten lassen jedoch erkennen (vgl. Abb. 7), daß dort, wo unerwartete Sachverhalte zu registrieren sind – hier: Mädchen im mathematischen E-Kurs –, auch ein verändertes Lehrerverhalten auftritt[4], wobei Strengevorstellungen der Erzieherinnen gegenüber Jungen weiterhin bestehen bleiben.

Veränderungen der Fähigkeitswahrnehmung sind somit keineswegs nur eine Angelegenheit von leistungsthematischen Rückmeldungen (Zensuren), darüber hinaus sind sie auch abhängig von Art und Qualität der Interaktionen zwischen Lehrern und Schülern. Lehrer für die kritische Reflexion ihres eigenen Unterrichtsverhaltens zu sensibilisieren, dürfte allerdings nicht gerade leicht fallen, da hierbei wahrscheinlich nicht nur ihre eigenen kognitiven Strategien zur Verarbeitung sozialer Bewertungsängste eine gewichtige Rolle spielen (s. MASENDORF & KRATZSCH, 1977); auch kommen zusätzlich noch institutionelle Zwänge und professionelle eigene und vermittelte Erfahrungen ins Spiel, die den unkritisch-dogmatischen Lenkungsgesichtspunkt mit wachsender Schulpraxis in den Vordergrund treten lassen („Konstanzer Wanne"; s. PFEIFER, 1977).

Leistungsdifferenzierung Der wohl deutlichste Einfluß der Kurszugehörigkeit auf das Selbstkonzept betrifft die *schlechten Schüler*, das hat sich in beiden Untersuchungen weitgehend übereinstimmend gezeigt. Zwar konnte es nicht überraschen, daß die Angehörigen des E-Kurses eine höhere Fähigkeitswahrnehmung besitzen als die aus dem G-Kurs; daß die günstigen Auswirkungen auf das Selbstkonzept jedoch in erster Hinsicht die Leistungsschwachen betreffen würden, war von vornherein nicht erwartet worden.

Dabei muß allerdings gesehen werden, daß die Verankerung des Selbstkonzepts auf einem relativ höheren Niveau keineswegs zugleich schon die äußere Differenzierung präjudiziert, denn dieser Schritt würde unweigerlich zur Folge haben, daß es für die im anspruchsärmeren Kurs befindlichen Schüler, sofern sie dort obendrein noch

---

[4] Dies gilt in erster Linie für Lehrerinnen, deutet sich aber auch bei Lehrern an, die nun von Schülerinnen negativer gesehen werden als von Schülern (p < .05).

dem untersten Leistungsdrittel angehörten, so gut wie keine Chancen gäbe, ihre Selbstwahrnehmung und damit mittelbar auch ihre Leistungen zu verbessern. La BENNE & GREENE (1969) sehen deshalb auch in der Gefahr, daß damit Fähigkeitskonzepte nur perpetuiert werden würden, den entscheidenden Grund überhaupt, jegliche Niveaugruppierung abzulehnen.

Allerdings wäre es verfrüht, aus diesem Ergebnis bereits Schlußfolgerungen zu ziehen, denn bisher fehlt es nicht nur völlig an weiteren spezifisch kognitionspsychologischen Untersuchungen aus diesem pädagogischen Problemfeld; darüber hinaus sind Differenzierungsmaßnahmen auch noch mit erheblichen anderen Schwierigkeiten verbunden, die weit über den engen Rahmen motivationspsychologischer Betrachtung hinausreichen (s. z. B. YATES, 1972; WASNA, 1973a). Grundsätzlich läßt sich jedoch schon jetzt sagen, daß Niveaugruppierungen immer den Nachteil haben werden, für einen Teil der Betroffenen eher mit für die Selbstwahrnehmung *ungünstigen* Konsequenzen verbunden zu sein. Als Alternative könnte sich die sogenannte *Binnendifferenzierung* anbieten, aber auch die Erforschung ihrer Auswirkungen ist über reine Effektivitätsuntersuchungen bisher kaum hinausgekommen.

Verschiedene jüngere Studien haben jedoch nicht nur gezeigt, daß in kleineren Arbeitsgruppen die Leistungen meist sogar deutlich besser ausfallen als beim Frontalunterricht (KNAPP & SCHINDLER, 1976; BÖDIKER u. a., 1976); auch das emotionale und soziale Klima wird von den Schülern als wesentlich positiver erlebt (BEL-BORN u.a., 1976), wobei im vorliegenden Zusammenhang ein Befund von LANGER & SCHOOF-TAMS (1976) besonders bemerkenswert erscheint: danach profitierten insbesondere die schwächeren Schüler von der Gruppenarbeit, ohne daß dies die Leistungen der guten beeinträchtigte.

Schwierigkeit und Zensur Durch die enge Kovariation zwischen Selbstkonzept und Mathematikzensur bzw. subjektiver Erfolgswahrscheinlichkeit wurde das Grundpostulat der Bezugsnormorientierung von Fähigkeitsperzeptionen (MEYER, 1973a, 1976; RHEINBERG, 1976b) anschaulich bestätigt. Gute Noten, die stets auf Referenzgruppen bezogen sind (INGENKAMP, 1971), gehen einher mit hohem Selbstkonzept und eher niedriger subjektiver Schwierigkeitseinschätzung; bei schlechten Leistungsbewertungen ist es genau umgekehrt.

Dabei sind Schüler generell durchaus in der Lage, den Schwierigkeitsgrad eines Faches intersubjektiv weitgehend invariant zu bestimmen; wenn aber dennoch große Abweichungen der subjektiven Erfolgswahrscheinlichkeit nach oben wie nach unten in bezug auf diesen quasi-objektiven Parameter bestehen, so kann das nur bedeuten, daß sie sich, gemessen an der Bezugsgruppe Klasse, entweder für über- oder für unterdurchschnittlich befähigt halten, wobei die kontinuierlichen Leistungsrückmeldungen in Form von Klassenarbeiten etc. diese Eigenperzeptionen noch ständig bekräftigen.

Um diesen Zirkel aufzubrechen, sind im Prinzip zwei Lösungswege denkbar. Der radikale liefe auf die Abschaffung der Notengebung hinaus und dürfte wohl, wenngleich von noch so großer motivationspsychologischer Evidenz, eher Utopie bleiben als in absehbarer Zeit Wirklichkeit werden. Geht man aber davon aus, daß den Zensuren neben einer ganzen Reihe von „selbstkonzeptstörenden" Funktionen u. a. auch die der *Rückmeldung* zukommt (s. dazu KORNADT, 1975), so deutet sich durchaus ein Weg an, wie dem Zensureneinfluß unter Aufrechterhaltung heterogener Lernverbände begegnet werden könnte.

Erste Voraussetzung wäre in jedem Fall eine *begrenzte Unterrichtsindividuierung*, wobei der Schwierigkeitsgrad des Stoffes so auf einzelne Schülergruppen abgestimmt sein müßte, daß positive Leistungserfahrungen *für alle* wieder vermehrt auftreten können. RHEINBERG (1976c) meint hierzu, daß, obwohl viele Lehrer mit dieser Zielvorstellung vor Augen ihr Unterrichtsgeschäft betreiben, der Erfolg solcher inneren Differenzierungsmaßnahmen dennoch klassenspezifisch sehr unterschiedlich ausfällt, weil es letztlich nicht allen gleichermaßen gelingt, den für sie ungewohnten Anforderungen dieser Unterrichtsform gerecht zu werden (s. auch HECKHAUSEN, 1977). Dies mag zum Teil daran liegen, daß es vielen Erziehern schwerfällt, den Schwierigkeitsgrad des Lernstoffs einigermaßen realistisch zu beurteilen – Unterschätzungen sind aus verschiedensten Gründen eher die Regel (SCHNOTZ, 1971). Mit Schwierigkeitsdosierungen allein ist es jedoch, wie MAEHR (1974) ausgeführt hat, nicht getan, wenn nicht gleichzeitig auch versucht wird, „intrinsische" Aufgabeninteressen zu erwecken, was wiederum nur gelingen kann, wenn der Lehrer motivationale Aspekte des Lernerfolgs (Anstrengung, Fleiß) stärker betont als intellektuell-kognitive („Begabung").

Allerdings wird auch die bestmögliche Realisierung des leistungsthematischen „Prinzips der Passung" (HECKHAUSEN, 1971) solange relativ wirkungslos bleiben, wie sie nicht durch eine *Neudefinition der Notengebung* ergänzt wird, die sich nicht mehr in erster Linie am klasseninternen Querschnittsvergleich orientiert, sondern stattdessen mehr auf den relativen Lernfortschritt oder -abfall des Einzelnen ausgerichtet ist. Wenngleich sich Lehrer danach unterscheiden lassen, inweit für sie die eine oder andere Bezugsnormorientierung verbindlicher ist (RHEINBERG, 1976a, b, 1977a), so stellt sich andererseits aber dennoch die ernsthafte Frage, ob dieser Forderung unter Beibehaltung der *numerischen* Leistungsbewertung grundsätzlich überhaupt befriedigend entsprochen werden kann. Denn Noten, das wurde auch aus unseren Untersuchungen ersichtlich, implizieren mit ihrer Quasi-Ordinalstruktur immer auch einen zusätzlichen Sozialvergleich, mit der aufgezeigten Folge, daß identischen Ziffern aus verschiedenen Bezugsgruppen durchaus unterschiedliche Fähigkeitskognitionen entsprechen können.

Damit soll nicht gesagt werden, daß individualisierte Rückmeldungen nicht auch über Ziffern möglich sind; nur scheinen Zensuren heutzutage bereits dermaßen „belastet" zu sein, daß eine Abschwächung ihres Vergleichscharakters zugunsten einer stärkeren Betonung ihrer Diagnosefunktion selbst durch eine institutionalisierte Umdefinition nicht zu erreichen sein wird. Der jüngst in Nordrhein-Westfalen eingeführte Fortfall jeglicher Zensierung für die ersten beiden Schulklassen scheint daher ein sinnvoller erster Schritt zu sein, um ein Neuverständnis für Noten in Gang zu setzen (s. BARTNITZKY & CHRISTIANI, 1977).

II. SCHULLEISTUNG UND URSACHENERKLÄRUNGEN

9. THEORETISCHE ANSÄTZE ZUR KAUSAL-ATTRIBUIERUNG

9.1. Naiv-psychologische Handlungserklärungen

Wenn es das Anliegen einer Wissenschaft Psychologie ist, neben solchen Dimensionen wie Erleben und Empfinden in erster Linie Verhalten zu verstehen und vorherzusagen, dann ist ein jeder, auch ohne sich je ernsthaft mit psychologischen Sachverhalten beschäftigt zu haben, ein *Laienpsychologe*. Um diese Behauptung zu stützen, braucht man sich nur zu vergegenwärtigen, daß es nahezu jedem – in der Regel ohne größere Schwierigkeiten – tagtäglich in einer Vielzahl von Begegnungen und Kontakten mit den verschiedensten Menschen gelingt, die Interaktionen weitgehend „störungsfrei" zu gestalten (s. KELLEY, 1973; IRLE, 1975).
Ein Grund hierfür liegt sicherlich in den über Rolle, Positionen etc. etablierten soziologischen Steuerungsmechanismen, die für eine ausgewogene Verhaltensstabilität sorgen, doch davon soll hier nicht die Rede sein (s. DAHRENDORF, 1958; SADER, 1969). Viel häufiger steht nämlich zunächst gar kein umfangreiches Hintergrundwissen über den anderen zur Verfügung, und doch werden allein aufgrund der Wahrnehmung seines Verhaltens bereits Rückschlüsse sowohl über Persönlichkeitseigenschaften als auch das zukünftige Auftreten des Beobachteten gezogen, die oft durch ein hohes Maß an subjektiver Sicherheit gekennzeichnet sind.
Dies sei mit einigen eindrucksvollen Beispielen aus dem schulischen Feld belegt.

„Vermutlich hat sie wohl die Zerfahrenheit vom Vater *geerbt*."
„Sie ist ganz faul, *deshalb* lügt sie auch."
„Er ist faul, der Kerl, das gehört ja dazu ... Der Vater ist Melker, *das sagt alles.*"
„Die Gründe, warum der Junge so ist, scheinen mir darin zu liegen, daß er sich durch schlechte Leistungen die *Beachtung der Eltern erzwingen* will."

Hierbei handelt es sich um Zitate mündlicher Lehrerkommentare über verschiedene Schulversager (s. HÖHN, 1967), aus denen ihre Funktion als *Ursachenzuschreiber* unmittelbar hervorgeht (hier wie auch in den folgenden Beispielen stammen sämtliche Hervorhebungen von mir). Mit dem gleichen methodischen Paradigma läßt sich aber auch der andere Aspekt sozialen Alltagshandelns aufzuzeigen, Lehrer in der Rolle als *Prognostiker*. So berichten BROPHY & GOOD (1974) von zwei Lehrerinnen, die bereits nach nur dreitägigem Kontakt mit Schulanfängern über einige Kinder urteilten:

„Robert ist sehr langsam ... *Ich befürchte,* daß er wirklich hart arbeiten muß, um in die nächste Klasse versetzt zu werden."
„Louise wird, *glaube ich,* eine der besten werden."
„John ... arbeitet brav. *Ich erwarte,* daß er einer der besseren Jungen sein wird."
(S. 42f.)

9.2. Leistungsverhalten und Ursachenerklärungen

„Seit 1885 etwa sind wir dabei, eine wunderbare Wissenschaft vom Lernen zu entwickeln. Wir wissen jetzt beinahe alles über das Lernen und Vergessen von sinnlosen Silben, über das Bedingen von Speichelsekretion und über ökonomische Methoden der Ratten- und Taubendressur; und wir haben wunderschöne mathematische Lernmodelle konstruiert, um die reinsten Formen des Lernens darzustellen ... Es bedurfte aber erst einer Krise, um die Psychologie zur Einsicht zu zwingen, daß die hübschen, auf Ratten und sinnlosen Silben beruhenden Lernmodelle vielleicht nicht ‚richtig darstellen, was *in den Köpfen von Kindern* vorgeht'" (McLEOD, 1965; zit. nach WEINERT, 1974, S. 659f.; Hervorh. von mir).

Wenngleich die in diesem berühmt gewordenen Zitat ausgesprochene Ironie auch speziell auf die behavioristische Lernpsychologie abhebt, so läßt es sich inhaltlich ohne weiteres auch auf das artverwandte Gebiet der Motivation übertragen, das ohnehin vom Lernen nur höchst künstlich abzutrennen ist und lediglich die andere Seite ein und derselben Medaille darstellt, da beide auf der Ebene konkreten Handelns stets in nicht auflösbarer Interdependenz stehen (s. z. B. COFER, 1975 oder auch OSGOOD, 1962, der die gesamte Motivation unter dem Kapitel „Lernen" abhandelt). Denn auch in bezug auf die wissenschaftliche Erforschung der Motivation mußte man angesichts der zunehmenden Sophistikationen der S-R-Psychologie eher glauben, daß das gesamte reale menschliche Verhalten mehr das Ergebnis auszuschließender Fehlervarianz, als daß es psychologischer Erklärungsansätze würdig sei.

Insofern war es ein durchaus ungewöhnlicher Schritt, als sich in den Vierziger Jahren Fritz HEIDER von einem solchen Psychologieverständnis ab- und bewußt den naiv-psychologischen Vorstellungen des Alltagsmenschen zuwandte, um auf diese Weise zu einem angemesseneren Verständnis menschlichen Realverhaltens zu gelangen.

Damit war zugleich aber auch jene gemeinsame Ausgangsbasis wiedergewonnen, in der wissenschaftliches und vorwissenschaftliches, eben „naiv-psychologisches", Denken ihren gemeinsamen Ursprung haben, um sich fortschreitend lediglich durch unterschiedliche Rigorosität im Festlegen und Befolgen von „Spielregeln" für ihre Theoriebildung zu unterscheiden (HERRMANN, 1973; HOLZKAMP, 1967).

9.2.1. Der allgemeine Erklärungsansatz von HEIDER

Ausgangspunkt der HEIDERschen Überlegungen (HEIDER, 1958) war die in allen späteren attributionstheoretischen Ansätzen wiederkehrende Vorstellung, daß jegliche Reizaufnahme – d. h. die Beobachtung fremden wie auch die Wahrnehmung eigenen Verhaltens – stets mit *Interpretationen* verknüpft ist: das Individuum stellt mehr oder weniger verbindliche Hypothesen über die *Ursachen* der perzipierten Geschehensabläufe auf.

Diese können zunächst entweder in der Person selbst (internale Ursachen) oder außerhalb in ihrer Umwelt (externale Ursachen) verankert sein. Dabei läßt sich auf der Personseite weiterhin unterscheiden zwischen der Kompetenz, d. h. der Fähigkeit, bestimmte Handlungsergebnisse zu erzielen („can") und den Bemühungen, antizipierte Resultate zu erreichen („try"); letztere heben ab auf die Anstrengungsaufwendungen des Handelnden und thematisieren damit den im eigentlichen Sinne motivationalen Faktor.

Entsprechend lassen sich auch die Beeinflussungsgrößen aus der Umwelt unterteilen in solche, die durch die sachstrukturellen Anforderungen bedingt sind (Schwierigkeit der Aufgabe) und solche, die sich jeglicher Kalkulierbarkeit entziehen (Zufall).

Diese vier Faktoren werden als die wesentlichsten Kausaldeterminanten zur Beurteilung einer Situation angesehen, indem sie es dem Individuum als Fremdbeobachter ermöglichen, das perzipierte Geschehen eindeutig und verstehbar zu strukturieren.

Doch dies ist nur die eine Seite des Attribuierungsprozesses. Darüber hinaus kommt den kausalen Zuschreibungen auch eine prospektiv-verhaltenssteuernde Bedeutung zu, indem sie, etwa bezüglich der zukünftigen Gestaltung sozialer Interaktionen oder gerade auch bei der Auseinandersetzung mit Leistungsanforderungen, als subjektive Kalküle dem eigenen Tun *vorgeschaltet* sind (vgl. WEINER, 1976).

Es entspricht dem Alltagsdenken, daß, gleich welche Anforderungsstruktur vorliegt, kein irgendwie geartetes Leistungsverhalten in Gang kommt, wenn entweder zwar Fähigkeiten, aber keinerlei Anstrengung oder Anstrengung ohne jegliche Fähigkeiten vorhanden sind. Entsprechend nimmt HEIDER an, daß diese beiden Faktoren in *multiplikativer* Verknüpfung zueinander stehen:

(1) Verhalten = f (Fähigkeit × Anstrengung)

Dagegen gibt es von vornherein keinen Grund, auch auf der Situationsseite eine analoge Interdependenz anzunehmen, da Leistungsresultate, ob Erfolge oder Mißerfolge, sowohl allein durch den Schwierigkeitsgrad der Aufgabe, als auch durch das nicht vorhersehbare Auftreten zufälliger Einflußfaktoren (Glück oder Pech) mitbestimmt sein können. Deshalb soll hier gelten:

(2) Verhalten = f (Aufgabenschwierigkeit + Zufall)

Weiterhin wird unterstellt, daß internale und externale Kausalfaktoren in einem *additiven* Verhältnis zueinander stehen, womit sich die HEIDERsche Verhaltensgleichung, als Spezifikation des bekannten LEWINschen Postulats V = f (P, U), vollständig so darstellt:

(3) Verhalten =
f (Fähigkeit × Anstrengung) + (Aufgabenschwierigkeit + Zufall)

Der heuristische Wert einer solchen Verhaltensbestimmung ist unverkennbar, und es muß eigentlich überraschen, daß der hier offengelegte Zugang zu einer kognitionspsychologischen Leistungsanalyse, immerhin zeitlich parallel zur forschungsstimulierenden Publikation des ATKINSON-Modells vorgelegt (ATKINSON, 1957), die nächsten anderthalb Jahrzehnte kaum Beachtung finden sollte.

Verstehbar ist dies möglicherweise nur auf dem Hintergrund des bereits oben erwähnten behavioristischen Psychologieverständnisses, das jeglichen strukturalistischen Zugang, wie er gerade deutscher Psychologietradition entsprach, diskreditierte; hinzu kam eine durch die Entwicklung der projektiven Meßtechnik bedingte Forschungseuphorie (vgl. ATKINSON, 1958), da nun erstmals ein essentieller Persönlichkeitsbereich, der der Motive, einer direkten Operationalisierung und Quantifizierung zugänglich schien – eine Möglichkeit, die bis dahin allein der Klinischen Psychologie und – am weitesten elaboriert – der Psychodiagnostik zugänglich war.

Außerhalb der Leistungsmotivationsforschung zeichnete sich jedoch schon sehr viel früher eine „Kognitivierung" der psychologischen Betrachtung ab, stimuliert insbesondere durch ROTTERs Theorie des Sozialen Lernens, in deren Folge zunächst vor allem die Bedeutung der Aufgabenstruktur, ihre Tüchtigkeits- bzw. Zufallsdeterminiertheit, in ihrer Auswirkung auf das Leistungsverhalten untersucht wurde (z. B. PHARES, 1957).

Ganz im Sinne der HEIDERschen Postulate zeigte sich jedoch immer deutlicher, daß die aufgabenspezifische Situationsvarianz stärker durch kognizierte, interindividuell variable als durch struktureigene, autochthone Eigentümlichkeiten der Aufgabe selbst bestimmt wurde; damit aber wurde es nötig, Individuen nach perzeptiven Tendenzen des Kontrollerlebens zu unterscheiden, was mit einem eigens entwickelten Fragebogen, der je nach der vorherrschenden wahrgenommenen Lokalisation von Verstärkern zwischen „Internals" und „Externals" zu trennen erlaubte, auch gelang (ROTTER, 1966).

WEINER (1976) hat die kaum überschaubare Vielzahl von Untersuchungen, die sich methodologisch hieran anschloß (s. JOE, 1971), resümiert und den damit verbundenen Vorteil – Berücksichtigung individueller Kognitionen – als auch Nachteil – „Umwelt" wurde zu breit gefaßt, um stabile Verhaltensvorhersagen zu ermöglichen – aufgezeigt.

9.2.2. Die erweiterte Klassifikation WEINERs

Zwar fehlte es nicht an Versuchen, das ROTTERsche Konstrukt „Locus of Control" mit der im Rahmen der Leistungsmotivations-(LM-)theorie vollzogenen Unterscheidung von Erfolgs- und Mißerfolgsmotivierten in Beziehung zu setzen (mit mäßigem Erfolg); den entscheidenden Fortschritt und damit die „kognitive Wendung" im eigentlichen Sinne brachte jedoch erst der erfolgreiche Versuch von WEINER und seinen Mitarbeitern (WEINER et al., 1971), die von HEIDER aufgezeigten, im ROTTERschen Konzept partiell integrierten, Kausaldimensionen mit der Theorie ATKINSONs zu verknüpfen.

Vorangestellt war die Überlegung, daß sich die HEIDERschen Faktoren nicht nur hinsichtlich ihrer Lokalisation (internal vs. external) unterscheiden ließen, sondern darüber hinaus zusätzlich durch das Merkmal zeitlicher Invarianz charakterisiert werden konnten (und mußten). Dabei entsprachen Fähigkeit als auch Aufgabenschwierigkeit ein zeitstabiles, den beiden übrigen Faktoren ein zeitvariables Moment, so daß sich die vier Grunddimensionen schließlich in ein Schema einordnen ließen, das sowohl ihrer Lage in bezug auf die Person des Handelnden (und damit das ROTTERsche Konzept inkorporierend) als auch ihrer zeitlichen Erstreckung Rechnung trug.

Tab. 30: Vierfelder-Schema der Kausalfaktoren nach WEINER

		Person	
		internal	external
Zeit	stabil	Begabung	Aufgabenschwierigkeit
	variabel	Anstrengung	Zufall

Die auf diesem Hintergrund angeregte Forschung vermittelte zwei wesentliche Erkenntnisse (ausführlich dargestellt in WEINER, 1976):

(1) Kausalfaktoren beeinflussen nachhaltig zwei bedeutsame leistungsthematische Parameter, nämlich a) die *Änderungsrate der Erfolgswahrscheinlichkeit* für zukünftige Handlungsausgänge und b) den damit einhergehenden *Affekt*, Freude über den erreichten Erfolg bzw. Beschämung über Mißerfolg (WEINER, 1973a, 1975a).

Dabei ist die Veränderlichkeit des Erwartungsgradienten stärker an die stabilen Attribuierungsdimensionen – Fähigkeit und Aufgabenschwierigkeit – gebunden als an die variablen. D. h., das Individuum wird seine Erfolgszuversicht nach einem Mißerfolg um so rascher senken, je eindeutiger es diesen durch Kompetenzmangel oder einen in bezug auf die eigene Fähigkeit zu großen Schwierigkeitsgrad der Aufgabe verursacht wahrnimmt. Und umgekehrt wird sich seine Zuversicht nach unerwartetem Mißerfolg nur sehr viel langsamer ändern, wenn es diesen auf zu geringe Anstrengung oder Pech zurückführt. Diese Vermutung, ohnehin von logischer Evidenz, konnte in einer Anzahl von Experimenten auch empirisch unterstützt werden.

Demgegenüber soll die Intensität der *affektiven* Begleitprozesse von Erfolg und Mißerfolg stärker an internale als externale Ursachenerklärung gekoppelt sein. Dieser Gedanke ist in zweierlei Hinsicht von Bedeutung. Zum einen stellt er die Beziehung zur leistungsmotivationalen Konzeption von Erfolgs- und Mißerfolgsmotivierten her, deren letztendliches Handlungsziel in der Maximierung positiver bzw. Minimierung negativer Affekte gesehen wurde (ATKINSON & FEATHER, 1966).

Die begünstigende Wirkung internaler Erklärungsprozesse für die Affektstärke bekommt darüber hinaus jedoch noch eine weitere, im Wesen gänzlich andere Bedeutung. Sieht man Leistungshandeln nämlich weniger unter dem hedonistischen Gesichtspunkt der Affektoptimierung als handlungsleitendem Endziel, sondern stattdessen in erster Linie im Bedürfnis nach *Information über die eigene Fähigkeit* begründet, so erhält der Affekt nunmehr eine völlig andere Qualität: im Sinne der Aufrechterhaltung und Stabilisierung leistungsthematischen Bewältigungsbemühens wird ihm eine *selbstverstärkende* Wirkung zugesprochen, die es der Person, weitgehend frei von extrinsischen Handlungszwängen und Fremdbekräftigung, ermöglicht, das eigene Leistungshandeln via Selbstbekräftigung von sich aus zu stabilisieren (HECKHAUSEN, 1972, 1978a).

Welcher der beiden internalen Kausalfaktoren dabei die größere Rolle spielt – ob das Affekterlebnis also stärker an Fähigkeits- oder An-

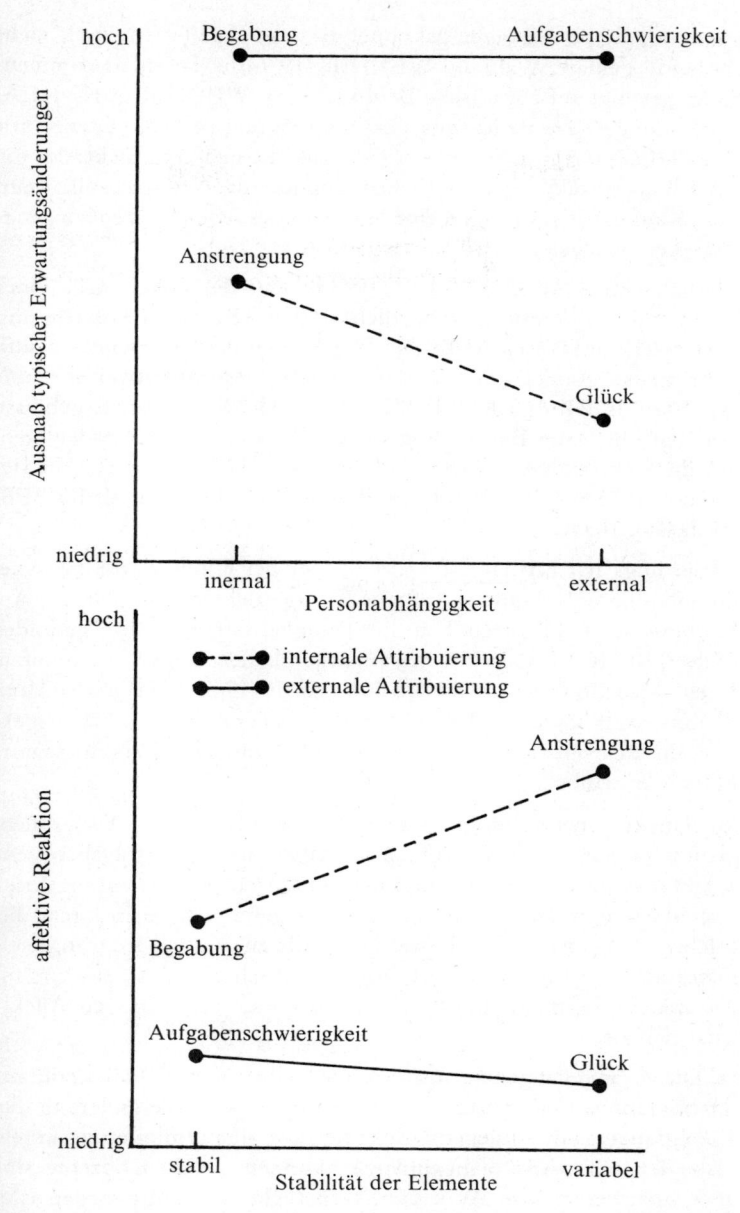

Abb. 9: Hypothetische Zusammenhänge zwischen den vier Kausalfaktoren und Erwartungsänderungen bzw. Affektstärke (aus WEINER, 1976)

strengungsattribuierungen gekoppelt ist –, ist gegenwärtig noch nicht eindeutig geklärt. Während WEINER (1976) in diesem Zusammenhang, gestützt auf empirische Befunde (z. B. WEINER & KUKLA, 1970), die größere Bedeutung der Anstrengung betont, verweist vor allem HECKHAUSEN (1972; 1978b) auf die größere Affektrelevanz des Fähigkeitsfaktors, die sich insbesondere dann zeigen soll, wenn über Kausalattribuierungen eine Revision des Selbstkonzepts eigener Fähigkeit nahegelegt wird.

Ähnlich betont auch MEYER (1973a), daß der Affekt nach einer Begabungsattribuierung wesentlich stärker sei, denn Anstrengung als Ursachenerklärung „läßt das Ergebnis änderbar erscheinen und stellt keine gravierende Beeinträchtigung des Selbstwertes dar". (S. 153f.) JOPT & ERMSHAUS (1977b) legten hierzu Ergebnisse vor, die über eine Bestätigung dieser Annahme hinaus andeuteten, daß die Kopplung des Affekts bzw. der Selbstbekräftigung an die Begabungsdimension für Erfolgsmotivierte stärker ausfällt als für Mißerfolgsängstliche.

Neuerdings hat NICHOLLS (1976), der bei Kindern, die bei einer ihnen völlig unbekannten Aufgabe Erfolg erlebten, eine stärkere Anbindung der Erfolgsfreude an die Fähigkeitsattribuierung gefunden hatte (NICHOLLS, 1975), den offensichtlichen Widerspruch aufzulösen versucht, indem er die seit RAYNOR (1969, 1974) in der Motivationspsychologie als bedeutungsvoll bekannte Zukunftsperspektive, die Relevanz eines gegenwärtigen Leistungsresultats für spätere Folgen, miteinbezog.

Mit einem – methodologisch allerdings fragwürdigen – Experiment glaubte er den Nachweis erbracht zu haben, daß der erfolgsbezogene Affekt nur bei kurzfristigen und perspektivisch eher bedeutungslosen Ergebnissen an den Anstrengungsfaktor gebunden sei, während bei solchen Aufgaben, deren Bewältigung für zukünftige Leistungsziele instrumentell ist (z. B. der erfolgreiche Abschluß eines Seminars für das spätere Examen), Begabungsperzeptionen die stärkeren Affekte nach sich ziehen.

(2) Die vorangegangenen Ausführungen haben gezeigt, daß bestimmte Attribuierungspräferenzen sowohl einer raschen Veränderung der Erfolgszuversicht entgegenwirken als auch eine Optimierung ergebnisbegleitender Affekte begünstigen können. Beide Konzepte sind aber auch bereits von Anbeginn Kernstücke der traditionellen LM-Theorie, und so lag es nahe, die dort definierten typologischen Konzeptionen von Erfolgs- und Mißerfolgsmotivierten in bezug auf ihre kausalen Erklärungsstrategien näher zu untersuchen.

Diese Versuche waren, zumindest was den experimentellen Rahmen anbelangt, insgesamt recht erfolgreich. So ließ sich in einer Reihe von Studien, wenngleich auch nicht immer in der erwarteten Deutlichkeit, zeigen, daß Erfolgsmotivierte (EM) Erfolg eher auf ihre eigenen Fähigkeiten, Mißerfolg hingegen stärker auf mangelnde Anstrengung zurückführten. Dagegen fühlten sich Mißerfolgsängstliche (MM) häufig stärker für das eigene Versagen verantwortlich und erklärten es auf dem Hintergrund mangelnder Fähigkeit, während Erfolg als mehr oder weniger zufällig oder durch einen ohnehin geringen Schwierigkeitsgrad der sachlichen Anforderungen bedingt angesehen wurde.

Tab. 31: Typisierte Leistungserklärungen von Erfolgs- (EM) und Mißerfolgsmotivierten (MM)

Leistungsergebnis	EM	MM
Erfolg	Fähigkeit	Zufall, Aufgabenleichtigkeit
Mißerfolg	Anstrengungsmangel, Pech	Fähigkeitsmangel

Es darf allerdings nicht übersehen werden, daß es sich hierbei lediglich um eine sehr grobe Klassifizierung handelt, die zwar in einem theoretischen Rahmen die beiden leistungsthematischen Ansätze LM-Theorie und Kausalattribuierungstheorie recht gut miteinander verzahnt (insgesamt traten die oben indizierten Zusammenhänge in den meisten Fällen allerdings sehr viel deutlicher bei Mißerfolg als bei Erfolg auf), dabei jedoch Korrespondenzen vortäuscht, die keineswegs immer ein entsprechend deutliches empirisches Korrelat gefunden haben, und wenn, dann nur unter den künstlichen Bedingungen des Labors.

9.2.3. Selbstkonzept und Ursachenerklärung (MEYER)

Auf dem Hintergrund der Ergebnisse von WEINER und seinen Mitarbeitern, speziell im Hinblick auf die Unterschiede zwischen Erfolgs- und Mißerfolgsmotivierten bezüglich ihrer Attribuierung auf den internal-stabilen Faktor „Begabung", entwickelte MEYER – und in ähnlicher Weise auch KUKLA (1972a) – ein Motivationsmodell, das die Wahrnehmung des eigenen Könnens, das *Selbstkonzept eigener Fähigkeiten*, in den Mittelpunkt der Betrachtung rückte (MEYER, 1973a, 1976).

Danach leiten interindividuelle Unterschiede der Fähigkeitsperzeption, die hier zunächst in Anlehnung an MEYER mit einer allgemeinen Begabungswahrnehmung gleichgesetzt werden soll, einen ersten, wenngleich grundlegenden Schritt eines prozessualen Geschehens ein, das der Autor mit *Anstrengungskalkulation* bezeichnet.

Dieser Ansatz basiert auf allgemeinen attributionstheoretischen Überlegungen KELLEYs (1972), wonach die leistungsthematische Kausalanalyse nach zwei, vom Schwierigkeitsgrad der Aufgabe abhängigen, universellen Prinzipien erfolgt, die sich hinsichtlich der *Gewichtung* der beiden leistungsrelevanten Faktoren Begabung und Anstrengung unterscheiden.

Im ersten Fall, bei einer leichten Aufgabe etwa, sind Begabung und Anstrengung weitgehend austauschbar, jeder Faktor für sich jedoch hinreichend, um einen positiven Aufgabenabschluß herbeizuführen (natürlich darf der jeweils andere Faktor nicht exakt Null sein, da in diesem Fall überhaupt kein Verhalten aufträte, was jedoch nur von theoretischer Bedeutung ist, in der Praxis aber kaum auftreten wird; dort kommt es stattdessen entscheidend im obigen Sinne auf das Gewichtungsverhältnis der beiden Dimensionen an). KELLEY spricht hier von einem *Schema für „multiple sufficient causes"*, d. h., die Aufgabe ist *entweder* durch gute eigene Begabung *oder* durch erhöhte Anstrengung erfolgreich zu bewältigen.

Demgegenüber stehen andere, eher schwere Aufgaben, deren Lösung *sowohl* Begabung *als auch* zusätzliche Einbringung von Anstrengung erfordert *(Schema für „multiple necessary causes")*.

Diese beiden Kausalschemata greift MEYER auf, indem er zunächst die beiden Dimensionen Begabung und Aufgabenschwierigkeit als subjektiv-psychologische Variablen definiert, um dann unter Berücksichtigung ihrer hypostasierten Interaktionsmuster zu einer Motivationsmatrix zu gelangen, in die unterschiedliche Anstrengungsgrade als jeweilige Kalküle von wahrgenommener Begabung und erlebter Schwierigkeit, eingehen.

Auf diese Weise ist es möglich, die meisten Untersuchungen im Rahmen des traditionellen LM-Konzeptes sensu ATKINSON schlüssig zu reinterpretieren. Da jedoch unterschiedlicher Anstrengungsaufwand auf dem Boden perzipierter Kompetenz und erlebter Aufgabenschwierigkeit sozusagen logisch deduzierbar ist, dieser wiederum entscheidend nicht nur über Erfolg oder Mißerfolg, sondern auch über alle anderen leistungsthematischen Korrelate wie Ausdauer, Anspruchsniveau, Konformität und Risikowahl entscheidet, ist es nur naheliegend, in der *Fähigkeitswahrnehmung die initiale motivationale Ausgangsgröße* zu sehen, die sowohl die Einschätzung des Schwierigkeitsgrades als auch – darauf aufbauend – den antizipierten Aufwand (Anstrengung) determiniert.

Entsprechend reformuliert MEYER das alte motivationspsychologische Konzept dahingehend, daß er die Unterscheidung zwischen Erfolgs- und Mißerfolgsmotivierten einzig auf Unterschiede im Fähigkeitskonzept zurückführt; dies allerdings auf dem allgemeinen kognitionspsychologischen Hintergrund, daß nicht Affektmaximierung bzw. -minimierung, sondern ein für *alle* Individuen gleichermaßen grundlegendes Bedürfnis nach *Information über das eigene Können* den eigentlichen Handlungsmotor darstellt.

Das damit zunächst grob skizzierte Modell soll uns zunächst noch ein wenig weiter beschäftigen, weil es wegen der in ihm angesprochenen Verknüpfung von Selbstkonzepten und Ursachenerklärungen am ehesten für das Verständnis auch schulischen Leistungsverhaltens geeignet scheint. Vereinfacht läßt es sich reduzieren auf die beiden zentralen Aussagen:

(1) Leistungsverhalten wird über die Fähigkeitswahrnehmung moderiert, indem sie den Ausschlag gibt für den auf den vorliegenden Schwierigkeitsgrad abgestimmten Anstrengungsaufwand.

(2) Verhaltensziel ist nicht einfach die Maximierung von Erfolg (und damit von positiven Affekten), sondern das Erlangen von Information über das eigene Können.

Bevor jedoch von der universellen Gültigkeit dieser Postulate ausgegangen werden darf, ist zunächst aufzuzeigen, welche empirische Stützung sie bereits erfahren haben.

Anstrengungskalkulation MEYER (1973a) geht davon aus, daß zwischen der wahrgenommenen Fähigkeit für eine Leistungsanforderung und dem gezeigten Anstrengungsaufwand kein direktes Verhältnis besteht, sondern daß dieses maßgeblich davon beeinflußt wird, als wie *schwierig* der einzelne die Aufgaben erlebt. Die subjektive Schwierigkeitseinschätzung wiederum soll davon abhängen, ob der Handelnde für die fragliche Tätigkeit über ein hohes oder eher niedriges Selbstkonzept verfügt. Das bedeutet, daß beispielsweise eine objektiv schwere Aufgabe jemandem mit hohem Selbstkonzept leichter erscheint als einem anderen, der sich für weniger kompetent hält. Mit der Folge, daß ersterer im Einsatz von Anstrengung eine ralistische Möglichkeit sieht, zu einem erfolgreichen Aufgabenabschluß zu gelangen, während dem anderen auch bei höchster Anstrengung der Mißerfolg unvermeidbar erscheint, so daß er auf ihren Einsatz von vornherein verzichtet. Andererseits wird der sich für befähigter Haltende bei einer eher leichten Aufgabe nur vermindert Anstrengung ins Spiel bringen, da er glaubt, daß seine Fähigkeit allein für einen Erfolg ausreiche, während der Leistungsschwächere im Einsatz von Anstrengung noch einen Weg sieht, die für ihn ohnehin größere Schwierigkeit zu überwinden.

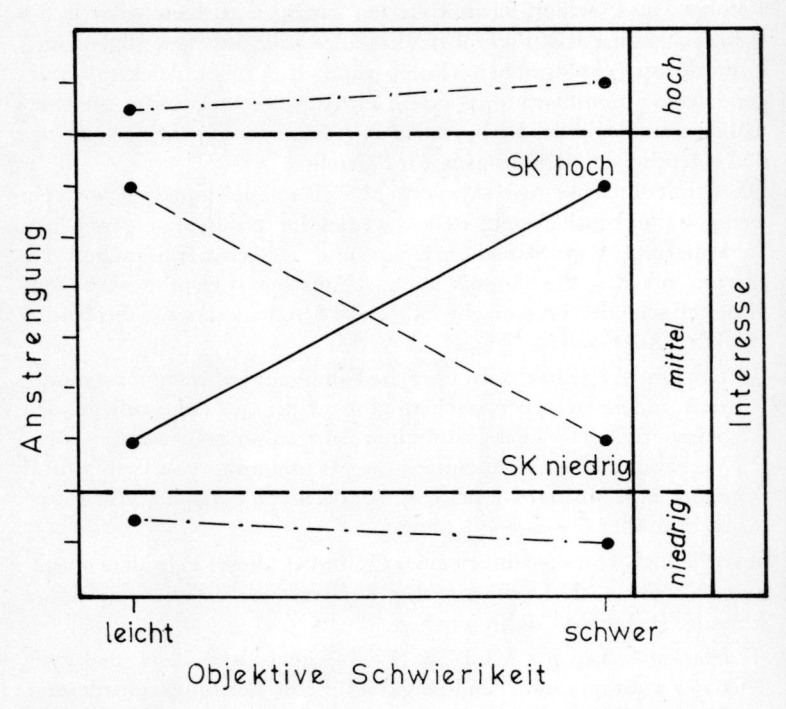

Abb. 10: Fähigkeitswahrnehmung (SK) und intendierte Anstrengung in Abhängigkeit vom Schwierigkeitsgrad der Aufgabe und vom Interesse

Die klarste Bestätigung für die Annahme einer Wechselwirkung zwischen Schwierigkeit und Selbstkonzept in bezug auf den Anstrengungseinsatz erbrachte eine Untersuchung von MEYER & HALLERMANN (1974; siehe auch MEYER, 1974), in der die Versuchspersonen auf dem Hintergrund kombinierter Fähigkeits- und Schwierigkeitsinformationen genau die Unterschiede im Ausmaß der *intendierten* (nicht der tatsächlichen) Anstrengung erkennen ließen, die im Sinne von Abbildung 10 (Bedingung: mittleres Interesse) vorhergesagt wurden. Ein entsprechendes Ergebnis fand sich auch dann, wenn statt der Anstrengungsskalierungen ein Persistenzmaß herangezogen wurde, dem eine psychologisch ähnliche Indikatorfunktion unterstellt werden kann (HALLERMANN & MEYER, 1977).

Der Eindruck, daß es sich hierbei somit um einen psychologischen Universalmechanismus handelt, trügt allerdings, denn Anstrengungskalkulationen ließen sich keineswegs durchgängig nachweisen, was MEYER (1973b) zu der Vermutung führte:

„Ob allerdings das Ausmaß der intendierten Anstrengung variiert wird, scheint (außer von den experimentellen Bedingungen) mit vom *Interesse* der Vpn an der Bearbeitung der in Frage stehenden Aufgaben abzuhängen. Mittelhohes Interesse ist nach unseren Ergebnissen die beste Voraussetzung dafür; denn bei sehr niedrigem Interesse zeichnet sich die Tendenz ab, sich konstant wenig anzustrengen, bei sehr hohem Interesse, sich konstant stark anzustrengen" (S. 262; Hervorh. von mir).

Damit aber wird ein zusätzlicher Faktor ins Spiel gebracht, der u. E. schon längst stärkere Berücksichtigung durch die Motivationspsychologie verdient hätte und darauf hinausläuft, grundsätzlich zwischen Aufgabenstruktur und -inhalt zu unterscheiden. So fanden auch KRUG, HAGE & HIEBER (1978) in einer realistischen Versuchsanordnung (Fahrradergometer) dann *keine* Anstrengungsänderungen, wenn den Probanden an einem guten Abschneiden gelegen war (was von Kindern der 5. Klasse angenommen wurde), aber mäßige schwierigkeitsabhängige Variationen, wenn seitens Studenten „ein gutes Abschneiden für eher unwichtig" gehalten wurde (s. auch Abb. 10).

Mit der Einführung der Interessendimension wird nun auch ersichtlich, weshalb auf das Konzept Anstrengungskalkulation etwas ausführlicher eingegangen wurde, als es zunächst vielleicht notwendig erschien. Denn Anstrengung ist einer der wesentlichsten schulischen Ursachenfaktoren überhaupt, ganz gleich, ob es um die Erklärung schlechter Schulleistungen (HÖHN, 1967; SCHÄFER, 1975), um naiv-psychologische Globalperzeptionen von „Theorien über Schüler" durch Lehrer (HOFER, 1969; LOHMÖLLER, MANDL & HANKE, 1976) oder um die Sanktionierung von Schülerverhalten geht (WEINER & KUKLA, 1970; RHEINBERG, 1975). Wenn andererseits 88 % aller Lehrer einer Stichprobe von HAMMER (1975) einen engen Zusammenhang zwischen Interesse und Motivation (d. h. Anstrengung) wahrnehmen, so ist es eigentlich kaum vorstellbar, daß das Gros der Lehrer ihre faktischen Bemühungen, Anstrengungsbereitschaft im Schüler zu wecken, in den meisten Fällen auf ineffektive Appelle und fragwürdige Sanktionierungspraktiken reduziert.

Von daher ist die schulische Relevanz des MEYERschen Ansatzes eher zu unter- als zu überschätzen, denn das Interaktionskonzept widerspricht nicht nur eindeutig den vorwissenschaftlichen Motivierungsvorstellungen des (auch pädagogischen) Laien (s. JOPT, 1977 b), darüber hinaus lenkt es die Aufmerksamkeit auf die gerade auch für das schulische Lernen entscheidenden Anstrengungsdeterminanten *Selbstkonzept, Schwierigkeit und Interesse,* von denen zumindest die ersten beiden mit im Verantwortlichkeitsbereich des Erziehers liegen, wie im ersten Teil dieses Buches aufgezeigt wurde.

Wenngleich die allermeisten empirischen Ergebnisse bisher auch noch relativ artifiziellen Kontexten entstammen, da dort die Operationalisierung der einzelnen Parameter am einfachsten ist, so ist die generelle Gültigkeit dieses logischen Abwägungsprozesses damit jedoch durchaus noch nicht ausgeschlossen; denn es liegen bereits erste Hinweise vor, daß sich die gleichen Prozesse auch in wirklichkeitsnahen Verhaltensbereichen beobachten lassen: so scheinen Anstrengungsüberlegungen sowohl für das berufliche Entscheidungsverhalten (ERNST, KLEINBECK & SCHNEIDT, 1976) als auch für schulisches Lernverhalten leistungsschwacher Schüler ebenfalls von Einfluß zu sein (JOPT, i. V.).

In der Schule kommt jedoch insofern eine entscheidende Schwierigkeit hinzu, als Entscheidungen über den Einsatz von Anstrengung (Fleiß) nicht ausschließlich rationalen Überlegungen unterliegen, sondern durch die Tatsache überlagert werden, daß Anstrengung mit einer *moralischen* Implikation verbunden ist (KUKLA, i. V., b); vom Schüler wird einfach erwartet, daß er sich anstrengt, völlig unabhängig von seinem Leistungsstand, was zur Folge hat, daß Faulheit in aller Regel mit sehr viel stärkeren negativen Affekten seitens des Lehrers verbunden ist als Dummheit (HÖHN, 1967; LANZETTA & HANNAH, 1969) und infolgedessen auch schärfere Sanktionen nach sich zieht (WEINER & KUKLA, 1970; REST u. a., 1973). Dies ist möglicherweise ein wesentlicher Grund dafür, daß sich Anstrengungskalkulationen am ehesten bei schlechten Schülern nachweisen lassen, da diese sich dem moralischen Appell am ehesten widersetzen können, weil der Lehrer es aufgegeben hat, überhaupt noch Erwartungen an sie zu richten, die über den sozialen Bereich hinausreichen („Hauptsache, er stört den Unterricht nicht.").

Wenn daher früher angeführt wurde, daß es darauf ankäme, einzelne Annahmegefüge der Motivationstheorie auf ihren Wert für das Verständnis von Schülermotivation zu überprüfen, so läßt sich schon jetzt sagen, *daß das Konzept Anstrengungskalkulation auf jeden Fall zu jenen Ansätzen gehört, die in einer Theorie schulischer Lernmotivation zu berücksichtigen wären.*

Affekt versus Information Um es gleich vorwegzunehmen: die Vorstellung von der handlungstreibenden Kraft des Bedürfnisses, Information über die eigene Tüchtigkeit zu erlangen, halten wir als universalistisches Erklärungsprinzip im Rahmen *schulischer* Leistungstätigkeiten für *unangemessen.* Dabei darf allerdings auch nicht übersehen werden, daß der Streit, ob leistungsthematische Aktivitäten letztendlich durch informative oder durch hedonistische Bestrebungen in Gang gesetzt werden, von der – für die Schule unrealistischen – Vorstellung ausgeht, daß das Individuum über seine Leistungsansprüche selbst frei entscheiden kann und hierbei keinen von außen herangetragenen Zwängen unterliegt.

Allein für diesen Fall sagte das Risikowahl-Modell von ATKINSON (1957, 1964) die Präferenz bzw. Meidung mittlerer Schwierigkeiten voraus, weil sie die höchsten positiven (Erfolg) bzw. negativen (Mißerfolg) Affekte zur Folge haben sollten. Und allein auf diesen Fall bezogen sich auch die experimentellen Gegenbeweise, die das Wahlverhalten mehr informations- als emotionsgesteuert auswiesen (TROPE & BRICKMAN; 1975; TROPE, 1975; MEYER, FOLKES & WEINER, 1976). Dabei sehen sich die kognitiven Psychologen vor allem dadurch bestätigt, daß intendierte wie tatsächliche Anstrengung nicht nur bei mittleren Schwierigkeitsgraden am höchsten ausfallen, was sich durch beide Annahmen erklären ließe, sondern in der Regel bei solchen Aufgaben ein Maximum aufweisen, für die auf dem Hintergrund der eigenen Fähigkeitswahrnehmung die subjektive Erfolgswahrscheinlichkeit genau eine mittlere ($W_{sub} = .50$) ist (MEYER & HALLERMANN, 1977).

In diesem Zusammenhang mag man sich grundsätzlich die Frage stellen, ob es überhaupt einer sinnvollen Problemstellung entspricht, wenn für die Erklärung von Leistungsverhalten ganz im Sinne von Entscheidungsexperimenten nach Beweisen gesucht wird, die die Gültigkeit alternativer Erklärungsmöglichkeiten jeweils auszuschließen versuchen. U. E. scheint die Annahme realistischer zu sein, daß Information und Affekt immer untrennbar mit allen leistungsthematischen Handlungen verbunden sind (s. auch VILLEMEZ, 1974), wobei jedoch durchaus situative Unterschiede denkbar sind, in denen der eine oder andere Aspekt jeweils im Vordergrund steht.

Wenngleich nicht direkt ausgesprochen, so ist diese Sicht auch bereits aus späteren Ausführungen MEYERs (1976) herauszulesen, wenn er im Hinblick auf die Strategie der Informationsgewinnung zwischen den beiden Fällen unterscheidet, daß a) noch keine und b) bereits ausreichende *Vertrautheit* mit dem Aufgabenmaterial besteht. Hat sich aufgrund des Neuigkeitscharakters der Tätigkeit noch kein festes Fähigkeitskonzept ausbilden können, so ist es nach MEYER die effizienteste Strategie, *mittlere (objektive) Schwierigkeiten* auszuwählen,

um auf diese Weise zu einer angemessenen Fähigkeitsschätzung zu gelangen. Verfügt dagegen der Handelnde bereits über ein „subjektiv mehr oder weniger valides Begabungskonzept", dann kommt es, und genau dies haben die oben zitierten Untersuchungen gezeigt, zur Wahl *mittlerer subjektiver Erfolgswahrscheinlichkeiten.*
Es ist leicht vorstellbar, daß in bezug auf die Schule in aller Regel der erstere Fall vorliegen wird, d. h., daß der Schüler bereits über relativ stabile (fachspezifische) Fähigkeitsperzepte verfügt.

MEYER (1973b) vermutete in diesem Zusammenhang, daß Selbstkonzepte um so *instabiler* seien, je negativer sie ausgeprägt sind. Doch diese korrelativ gestützte Vorstellung läßt, was schon angedeutet wurde, ebensogut den alternativen Schluß zu, wonach Individuen bestrebt sind, generell ein positives Selbstwertgefühl zu etablieren und möglichst aufrechtzuerhalten, so daß sie den mit einem niedrigen Selbstkonzept in einer fremden Situation verbundenen Konflikt über die gleichzeitige Relativierung ihrer Aussage zu lösen versuchen („dynamischer Ansatz" nach SCHMALT, 1976c). Wir jedenfalls konnten in Studie III *keinen* Anhaltspunkt für diesen vermeintlichen Zusammenhang finden: skaliertes Selbstkonzept Mathematik und die darauf bezogene Urteilssicherheit (100%-Skala) korrelierten nicht miteinander (r = .02).

Das dogmatische Festhalten am Informationsbestreben als leistungsthematischem Leitmotiv führt jedoch noch zu einem weiteren Engpaß. Denn wieso, so wäre zu fragen, sollte jemand, der bereits über ein ausgeprägtes, obendrein noch recht stabiles, Selbstkonzept verfügt, eigentlich noch daran interessiert sein, hierfür ständig nach neuer Bestätigung zu suchen? MEYER (1976) löst diesen scheinbaren Widerspruch durch eine weitere Zusatzannahme:

„... es wird davon ausgegangen, daß das Konzept eigener Begabung subjektiv *noch nicht völlig valide* ist, da bei bereits fest etablierten Begabungsperzeptionen das Informationsmotiv nicht mehr angeregt wird" (S. 109; Hervorhebung von mir).

Damit aber wird eingeräumt, daß relativ stabile Fähigkeitswahrnehmungen, hohe wie niedrige, denkbar sind, die, wenn sie dennoch Leistungsverhalten nachhaltig steuern (s. Teil I), logischerweise an anderen als lediglich informativen Endzielen orientiert sein müssen.

Kehren wir deshalb abschließend nochmal zurück zum Schüler mit negativem Fähigkeitskonzept. Er nimmt sich wahr in einem Kontext, der Können als einen der höchsten personalen Werte ansieht (COVINGTON & BEERY, 1976) und dürfte von daher eigentlich nur den einen Wunsch haben, dieser Situation zu entfliehen (s. auch ATKINSONs gleiche Aussage zum Mißerfolgsängstlichen). Das aber ist ihm in aller Regel verwehrt, so daß nur die Möglichkeit bleibt, möglichst alle Situationen, die über erbrachte Leistungen Fähigkeitsrückschlüsse zulassen, gerade zu *vermeiden* (s. WEINER et al., 1971; WEINER, 1976). Aber auch hierzu gewährt die „extrinsische Zwangsinstitution" Schule kaum Raum: der eigene Kompetenzmangel ist auf Dauer weder den Mitschülern, dem Lehrer noch sich selbst gegenüber zu verbergen. Schülern mit niedrigem Selbstkonzept bleibt somit, solange sie keine gezielte pädagogische Unterstützung erfahren, keine andere Wahl, als darauf zu warten, daß sie der selbstwertverletzenden Schulsituation so schnell wie möglich entfliehen können (Selbstkonzept und Schulunlust korrelieren signifikant negativ).

Ob sie aber während des erzwungenen Verbleibs defensive kognitive Abwehrstrategien in Form von Ursachenerklärungen einsetzen, ist weitgehend offen. Die Attributionstheorie hat bisher eher das genaue Gegenteil belegt: danach ist Fähigkeitsmangel als kausale Mißerfolgsbegründung für Leistungsängstliche und Selbstkonzeptschwache geradezu typisch. Die allermeisten dieser Untersuchungen waren jedoch nicht im schulischen Bereich verankert, und somit ist von vorneherein nicht auszuschließen, daß sich dort ein ganz anderes Bild zeigt.

Damit dürfte die Notwendigkeit *schulspezifischer* Attribuierungsstudien offensichtlich geworden sein.

10. ATTRIBUIERUNGSTHEORIE UND SCHULISCHES LERNEN

Nach dieser kurzen Darstellung der wichtigsten Konzeptionen der Attribuierungstheorie, insbesondere des MEYERschen Ansatzes, geht es in diesem Kapitel darum, die Bedeutung von Kausalerklärungen für das Lernen in der Schule aufzuzeigen. Diese Aufgabe soll in zwei getrennten Schritten vollzogen werden. Zunächst wird über solche Untersuchungen berichtet, in denen bereits versucht wurde, einzelne Attribuierungskomponenten im schulischen Kontext nachzuweisen. Daran anschließend folgen grundsätzliche Überlegungen zur Relevanz einiger einschlägiger experimenteller Befunde für die Praxis. Und schließlich werden diejenigen Fragestellungen formuliert, die sich aus der Übertragung der theoretischen Ansätze auf die Schule ergeben, und die anhand der beiden bereits beschriebenen Untersuchungen beantwortet werden sollen (s. Kap. 7.2. und 7.3.).

10.1. Praktische Schwierigkeiten

Obwohl die Kernaussagen der Attribuierungstheorie von hoher naivpsychologischer Plausibilität sind und gerade für den Leistungsbereich

Schule von unmittelbarer Bedeutung zu sein scheinen, liegen hierzu bisher nur wenige vereinzelte Befunde vor. Ein entscheidender Grund dafür dürfte in den teilweise nicht unerheblichen Schwierigkeiten zu sehen sein, die sich der Operationalisierung einzelner Parameter in den Weg stellen.

Ursachenerklärungen im Leistungsbereich werden verstanden als diejenigen kognitiven Kausalschlüsse, die an bereits vorliegenden Handlungsresultaten mit dem Ziel angelegt werden, diese subjektiv verstehbar zu machen. Dies setzt voraus, daß die Ergebnisse hinsichtlich ihres Status relativ eindeutig sind, d. h., entweder als gelungene (Erfolg) oder mißlungene (Mißerfolg) Aufgabenbewältigungen aufgefaßt werden können. Im Experiment läßt sich diese Voraussetzung leicht erfüllen, indem entweder über die Induktion sozialer Bezugsnormen oder über die Auswahl solcher Aufgaben, die das Ergebnis der Bewältigungsbemühungen direkt erkennen lassen (gelöst oder nicht gelöst), die gewünschte Referenzbasis hergestellt wird.

Dies ist jedoch in der Schule in aller Regel kaum möglich, vor allem dann nicht, wenn es um Attribuierungen von Schülern selbst geht. Denn da Erfolg und Mißerfolg in bezug auf fachspezifische Leistungen keine objektiven, sondern psychologische Kategorien sind, lassen sie sich auch nicht faktisch, etwa unmittelbar über die Zensuren, sondern nur individuell auf dem Hintergrund des persönlichen Anspruchsniveaus bestimmen (vgl. FOKKEN, 1966; COVINGTON & BEERY, 1976).

Ein Beispiel soll das Gesagte verdeutlichen. Man möchte wissen, wie stark nach Meinung eines Schülers dessen Leistungen in einem Fach auf den Faktor Anstrengung zurückzuführen sind. Wird ihm dazu – in Analogie zur experimentellen Strategie – einfach eine entsprechende Skala vorgelegt, so ist aus der Intensitätsangabe allein unmöglich zu erschließen, ob damit ein subjektiver *Erfolg* durch *Anstrengungsaufwand* begründet werden soll oder ob die als persönlicher *Mißerfolg* empfundene Leistung durch das gleichstarke *Fehlen von Anstrengung* erklärt wird.

Daraus folgt, daß es entweder auf dem Hintergrund der bewerteten Leistung nur möglich ist, unter Vernachlässigung der Bipolarität der Attribuierungsdimensionen zunächst nur ihr relatives *Erklärungsgewicht* zu erfassen (etwa: Begabung wird als bedeutsamer angesehen als Anstrengung) oder es muß ergänzend in Erfahrung gebracht werden – was in den Experimenten in der Regel durch induzierte Vorgaben erfolgt –, ob die schulische Leistung subjektiv als Erfolg oder als Mißerfolg erlebt wird; bzw., dies ist eine zwar andere, in der Aussage jedoch gleichwertige Operationalisierung: wie die *Einflußrich-*

tung der verschiedenen Kausalfaktoren wahrgenommen wird. Diese Strategie wird anschließend näher ausgeführt werden. Zuvor jedoch soll über einige schulische Attribuierungsergebnisse berichtet werden, die zur Präzisierung der Fragestellung beitragen können.

10.1.1. Ursachenerklärungen in der Schule

Wie aufgezeigt wurde, war die durch WEINER erfolgte Klassifikation der Ursachenfaktoren lediglich hinsichtlich der beiden übergreifenden Dimensionen „Personenabhängigkeit" und „Zeitstabilität" neu, nicht jedoch die Ausfüllung des Schemas mit den vier Faktoren *Begabung, Anstrengung, Aufgabenschwierigkeit* und *Zufall,* die bereits in den grundsätzlichen Überlegungen HEIDERs herausgearbeitet worden waren. Und dort wurden sie nicht etwa auf dem Hintergrund empirischer Ergebnisse, sondern im Rahmen naiv-psychologischer Überlegungen eines als rationales Wesen konzipierten Beobachters eingeführt.

Damit ist jedoch noch nicht gesagt, daß diese vier Faktoren auch in bezug auf die Schulsituation angemessene und/oder hinreichende Kausalquellen zur Leistungserklärung beschreiben. Nun wurde zwar schon geraume Zeit vor der attributionstheoretischen Motivationspsychologie mit ihrer gegenwärtigen Geschlossenheit gezeigt, daß die beiden internalen Kausalelemente Begabung und Anstrengung auch in den Augen der Lehrer zentrale Erklärungsgrößen darstellen, beispielsweise in der Analyse des schlechten Schülers durch HÖHN (1967, SCHÄFER, 1975) oder in den Studien zur implizierten Persönlichkeitstheorie des Lehrers (HOFER, 1969). Über den Stellenwert der beiden anderen Faktoren war jedoch kaum etwas Genaueres bekannt und ebensowenig über mögliche *weitere* Ursachen im Bereich schulischen Lernens.

Ein in diesem Sinne erster Erweiterungsvorschlag kam von ROSENBAUM (zit. nach MEYER & BUTZKAMM, 1975), der von der Überlegung ausging, daß es durchaus verschiedene Faktoren gleichen Klassifikationsursprungs geben kann, die trotzdem, weil mit unterschiedlicher *Selbstverantwortlichkeit* verknüpft, nicht notwendigerweise auch zu korrespondierenden Konsequenzen führen müssen. So sind beispielsweise sowohl *Anstrengungsmangel* als auch *Ermüdung oder Abgespanntheit* beide internal-variablen Ursprungs, die sich aber dennoch im Hinblick auf den Grad ihrer Beeinflußbarkeit voneinander unterscheiden lassen. Deshalb schlug ROSENBAUM vor, das bekannte Schema WEINERs durch die zusätzliche Berücksichtigung der *Intentionalität* zu einer dreidimensionalen Klassifikation auszuweiten.

U. W. wurde dieser Gedanke bisher nicht wieder aufgegriffen, was am Mangel schulischer Attribuierungsstudien generell liegen mag. Darüber hinaus sollte man den Gewinn einer solchen Erweiterung aber auch nicht überschätzen, denn in der Schule ist es in bezug auf pädagogische Interventionsstrategien wichtiger, *langzeitige* individuelle Begründungsmechanismen zu kennen als lediglich lokal angebundene von nur kurzer Zeitdauer. Und selbst da, wo beispielsweise in einer längeren Krankheit ein Erklärungsgrund gesehen wird, dürfte es angemessener sein, diesen einer externalen Ursachenerklärung gleichzusetzen als darin eine internal-variable doch intentionslose Attribuierung zu sehen. Damit würde auch dem ursprünglichen Konzept von ROTTER (1966) eher Rechnung getragen, wonach die Unterscheidung von internal versus external weniger eine von innen und außen ist, sondern in erster Linie auf die wahrgenommene Beeinflußbarkeit abhebt, die stärker bejaht oder verneint werden kann.

Von größerer schulpraktischer Relevanz scheint dagegen der Vorschlag HECKHAUSENs (1974a) zu sein, wonach das Vierfelderschema unter dem Gesichtspunkt allgemeiner Plausibilitätsüberlegungen zur Lehrer-Schüler-Interaktion zu erweitern sei, und zwar einerseits hinsichtlich eines auch als *stabil* betrachtbaren Anstrengungsfaktors, der – als „Arbeitshaltung" oder oft auch als „Fleiß" bezeichnet – anscheinend zum naiven Persönlichkeitsmodell der Lehrer gehört (HOFER, 1969; GRESSER-SPITZMÜLLER, 1973), zusätzlich aber auch noch ergänzt werden sollte durch „typisch" schulische Leistungsbeeinflussungen (häusliches Milieu, Einfluß von Lehrern und Mitschülern, Unterrichtsqualität etc.).

Alle diese Überlegungen weisen auf die Notwendigkeit hin, im schulischen Feld von der geübten Praxis der *Vorgabe* von Kausaldimensionen abzuweichen und stattdessen die Betroffenen, Schüler wie Lehrer, zunächst einmal *selbst* nach den wahrgenommenen Leistungsursachen zu befragen.

Genau dies war die Vorgehensweise der beiden nachfolgenden Untersuchungen, die sich an ein konzeptionell ähnliches Experiment von FRIEZE (zit. nach MEYER & BUTZKAMM, 1975) anschlossen; dort deutete sich zwar bereits an, daß Versuchspersonen, die zur freien Benennung von Leistungsursachen aufgefordert wurden, neben dem bekannten internalen Faktorenpaar auch Kausalquellen nannten, die durch das herkömmliche WEINER-Schema nicht abgedeckt waren. Diese Studie, und das relativiert das Gewicht ihrer Aussage wesentlich, stand allerdings insofern ganz in der Tradition des attributionstheoretischen Forschungsparadigmas, als auch hier lediglich *fiktive* Situationen zu beurteilen waren („Stellen Sie sich einmal vor, daß ...");

dabei bleibt jedoch gerade der für Schüler charakteristische mannigfaltige Erfahrungshintergrund unberücksichtigt, auf den sich konkrete Leistungserklärungen stützen können. Was dazu führt, daß eher laienpsychologische *Zusammenhangsvermutungen* evoziert werden – sensu HEIDER (1958), KELLEY (1972, 1973) oder LAUCKEN (1974) –, als daß man verbindliche Hinweise auf die Dimensionalität des kausalen Attribuierungsraumes erhielte.

10.1.2. Leistungserklärungen durch Lehrer

Die erste *direkte* Befragung von Lehrern nach den mutmaßlichen Ursachen für die unterschiedlichen Leistungen ihrer Schüler erfolgte durch MEYER & BUTZKAMM (1975). Sie ließen 10 Grundschullehrer zunächst für jedes einzelne Kind ihrer Klasse die vermeintlichen Gründe für dessen Leistungen in *Mathematik* benennen (max. 6 Faktoren) und derart mit einer Gewichtung versehen, daß sich das Gesamt der Gründe für jeden Schüler zu 100 Prozent aufaddierte. Anschließend wurden alle Nennungen anhand eines auf Plausibilitätsüberlegungen beruhenden Klassifikationsschemas insgesamt neun diskreten Kategorien zugeordnet, von denen zwei entweder lediglich Deskriptionen von Leistungsresultaten oder aber Äußerungen enthielten, die sich einer klaren Zuordnung entzogen.

Tab. 32: Nennhäufigkeiten und mittlere Gewichtungen der einzelnen Ursachenfaktoren von 10 Lehrern (aus MEYER & BUTZKAMM, 1975, S. 60)

Faktoren	Häufigkeit der Nennung (in %)	mittlere Gewichtung
Begabungsfaktoren	91,5	49,7
Anstrengung (stabil, variabel)	77,3	27,6
sonstige Persönlichkeitsfaktoren	37,4	8,7
außerschulisches Milieu	29,3	8,5
sonstige Faktoren	10,5	3,9
Beschreibung von Leistungsresultaten	2,1	0,8
nicht klassifizierte Äußerungen	3,2	0,8

Das wohl Bemerkenswerteste dieser Studie ist, daß aus der Sicht von Grundschullehrern mit großer Deutlichkeit vornehmlich die Faktoren als leistungsverursachend angesehen wurden, die auf der *Schülerseite* anzusiedeln waren (86%), und dort vor allem die beiden Dimensionen *Begabung* und *Anstrengung*. Eine nähere Inspektion des Klassifizierungsschemas macht jedoch deutlich, daß auch die Rubrik „sonstige Faktoren" noch weitere auf die Person bezogene Beschreibungen enthält (z. B. leibseelische Zuständlichkeiten, konstitutionelle Besonderheiten), so daß das tatsächliche Gewicht, das den Personfaktoren beigemessen wird, in der Nähe von annähernd 90% (!) liegt.

Regelrecht bescheiden nehmen sich dagegen die Faktoren aus, die außerhalb des Schülers liegen. Zwar entfällt nahezu ein Drittel aller Nennungen auf sie, ihr Erklärungs*gewicht* ist jedoch nur gering und kommt auch nicht annähernd an die Bedeutung der internalen Kausalquellen heran.

Dieses Ergebnis ist nicht sonderlich überraschend, da es nur besonders deutlich den grundsätzlichen Unterschied zwischen Selbst- und Fremdbeobachter in der Lokalisation von Kausalquellen widerspiegelt, der bereits seit langem bekannt ist.

"Actors tend to attribute the causes of their behavior to stimuli inherent in the situation while observers tend to attribute behavior to stable dispositions of the actor" (JONES & NISBETT, 1971, S. 15).

Für diese Divergenz lassen sich verschiedene Gründe anführen. Einerseits wäre hinzuweisen auf die zumeist sehr verschiedenen Informationen, die den beiden Parteien in der Beurteilungssituation zur Verfügung stehen, mit der Folge, daß der kausale Prozeß im Rahmen zweier *ungleicher Bezugssysteme* erfolgt, die entweder stärker ipsativ-ideographisch (Handelnder) oder mehr normativ-nomothetisch (Beobachter) verankert sind. Demgegenüber geht die *Selbstwert-Hypothese* davon aus, daß es sich bei allen Attribuierungen in erster Linie um „defensive Manöver" handelt, die dem Ziel dienen, das Selbst hochzuhalten und beeinträchtigende Bedrohungen abzuwehren (JONES & DAVIS, 1965; HASTORF, SCHNEIDER & POLEFKA, 1970; ENDER & BOHART, 1974), mit der vielfach bestätigten Folge, daß Erfolge eher internal, Mißerfolge dagegen bevorzugt external erklärt werden (FITCH, 1970; PHARES, WILSON & KLYVER, 1971; LUGINBUHL, CROWE & KAHAN, 1975; MENAPACE & DOBY, 1976).

Einem dritten Erklärungsansatz schließlich liegt die Vorstellung zugrunde, daß die besagten Attribuierungsunterschiede hauptsächlich auf unterschiedlichen Strategien der Informations*verarbeitung* beruhen, wobei das individuelle Bedürfnis nach Umweltkontrolle (KEL-

LEY, 1971) im Vordergrund steht (MEYER & SCHMALT, i. V.; HANSEN & LOWE, 1976; s. dazu aber auch die Kritik von BEM, 1972, und MILLER & ROSS, 1975). Allerdings ist diese auf Unterschieden in der Informationsaufnahme und -gewichtung beruhende Erklärung besser geeignet, für Situationen von nur geringer oder fehlender wechselseitiger Vertrautheit zu gelten, für die Schule jedoch kann sie kaum überzeugen.

Denn Attribuierungsunterschiede zwischen den beiden Wahrnehmungsinstanzen sind auf dem Hintergrund dieser Deutung ja keine ubiquitären kognitiven Mechanismen, sondern treten lediglich so lange auf, wie Informationsdiskrepanzen vorhanden sind. Gerade dies ist für das Verhältnis Lehrer-Schüler in aller Regel jedoch nicht der Fall, denn die Leistungserfahrungen des einzelnen sind dem Lehrer nicht weniger bekannt als dem Schüler selbst. Zu Recht erwartet man vom Pädagogen, daß er sich nicht als nur technokratischer Wissensvermittler begreift, sondern im Rahmen eines sehr viel subtileren Verständnisses von Lernen und Motivation die kognitive Übernahme der Schülerperspektive, das „sich einfühlen" zu einem wichtigen Leitsatz seines pädagogischen Handelns macht (TEUTSCH, 1977). Dies ist jedoch gerade der entscheidende Schritt, der die Trennung zwischen den beiden Beobachterebenen aufzuheben vermag, wie sich experimentell zeigen ließ (STORMS, 1973; REGAN & TOTTEN, 1975).

Wenn sich dennoch eine so große Überbetonung der Schülerseite findet, so kann das nur zweierlei bedeuten. Entweder trifft die kausale Zuordnung der Lehrer *tatsächlich* zu, da sie auf profunden und langzeitigen Beobachtungsdaten beruht, oder es waren psychologische Mechanismen im Spiel, die die Wahrnehmungsverzerrungen bewirkt haben. Frühere Befunde sprechen zwar spontan gegen die Validitätsannahme des Lehrerurteils (HAMMER, 1975, z. B. fand für die Begabungseinstufung durch Lehrer Korrelationen von $r = -.35$ bis maximal $r = +.35$), doch berichten MEYER & BUTZKAMM (1975) über augenfällige Übereinstimmungstendenzen zwischen dem Gewicht, das Lehrer dem Begabungsfaktor beimessen und der tatsächlichen Begabungsverteilung innerhalb der Klassen, die sich in einem Intelligenztest zeigte.

Zudem neigen sie – als naive Persönlichkeitstheoretiker – nicht selten zu der Annahme, daß der Motivation (Anstrengung, Fleiß) von Schülern eher der Status eines internal-stabilen, auf jeden Fall aber eines ausschließlich internalen Merkmals zukommt (vgl. JOPT, 1977b). Wenngleich diese Vorstellung im Widerspruch zur motivationspsychologischen Theorie steht, als Part subjektiven Überzeugungswissens muß sie zunächst akzeptiert werden und mag ergänzend dazu beitragen, daß die pädagogischen Kausalschlüsse psychologisch gar nicht so unzutreffend sind.

Trotzdem scheint doch einiges eher für die zweite Erklärung zu sprechen, wonach es andere psychologische Ursachen gibt, die die Urteile der Lehrenden beeinflußt haben. Verstärkt wird dieser Verdacht dadurch, daß – selbst wenn man das relative Zutreffen ihrer Urteile einmal unterstellt – ein zentraler Sektor des Schülerverhaltens so offensichtlich ausgespart bleibt, wie es sonst nur aus dem klinischen Feld bekannt ist (Abwehrmechanismen); denn „Unterrichtsbedingungen, Lehrerverhalten, Stoffpläne etc. werden ... zur Erklärung guter oder schlechter Schulleistungen *nicht* herangezogen" (MEYER & BUTZKAMM, 1975, S. 61; Hervorhebung von mir). Dies nun deutet darauf hin, daß die Fremdwahrnehmung des Lehrers weniger durch Informationsunterschiede als wahrscheinlich eher durch psychohygienische Tendenzen des Selbstwertschutzes beeinflußt wird, deren Ziel es ist, die ich-bedrohliche Zuschreibung von Mitverantwortlichkeit (im Falle des Versagens) abzuwehren. Ähnliches berichtete auch schon HÖHN (1967) in bezug auf die aversiven Reaktionen gegenüber solchen Schülern, die nach Meinung ihrer Lehrer zwar begabt, aber faul waren.

Doch auch diese Erklärung ist allein nicht ausreichend, da sie sich zwar auf das Attributionsverhalten der Lehrer bezüglich der schlechten Schüler anwenden ließe (vgl. BECKMAN, 1970, 1973; JOHNSON et al., 1964; SCHOPLER & LAYTON, 1972), nicht jedoch gegenüber den besseren. Insofern steht eine insgesamt befriedigende Erklärung dieses Befundes noch aus. Überraschend ist letztlich jedoch weniger die Tatsache, daß sich die Lehrer als Ursachenquellen nicht miteinbeziehen als vielmehr, *daß sie einen derart großen Anteil an Kausalzuschreibung in die Schülerpersönlichkeit verlagern.*

Vor weiteren Spekulationen soll deshalb zunächst die andere Seite zu Worte kommen, da erst über den anschließenden Vergleich „echte" Attribuierungsdiskrepanzen erkennbar werden.

10.1.3. Leistungserklärungen durch Schüler

Die Erfassung der Attribuierungsdimensionen von Schülern gestaltet sich von vornherein schwieriger als dies für Lehrer der Fall ist. Zum einen gehört die kausale Leistungserklärung naturgemäß in erster Linie zum Aufgabenkatalog des Pädagogen, während der Lernende diesbezüglich weitgehend ungeübt ist, so daß entsprechende Fragen zunächst nicht selten auf Verständnisschwierigkeiten stoßen. Daneben ist aber auch für diese Gruppe von vornherein gar nicht klar, welche Kausaldimensionen für sie von Relevanz sind; die Unzulänglichkeit des WEINER-Schemas deutete sich ja schon in der Studie von MEYER & BUTZKAMM (1975) an, und es ist nach den bisherigen Ausführungen durchaus fraglich, ob Schüler den Attribuierungsraum ähnlich extrem in Richtung persönlicher Verursachung strukturieren wie Lehrer (COOMBS, 1959; JONES & NISBETT, 1971). Daher schien es in einem ersten Schritt zunächst notwendig zu sein, unter Ausklammerung der Frage nach der Beeinflussungs*richtung*, die *Dimensionalität* des psychologischen Kausalraumes zu erhellen. Eine solche Untersuchung wurde von JOPT (1977a) durchgeführt. Er legte älteren Hauptschülern insgesamt 15 mögliche Ursachenquellen vor und ließ zu jedem Faktor angeben, ob er ihre letzte Zeugnisnoten (in Mathematik und Deutsch) eher günstig, eher ungünstig oder überhaupt nicht beeinflußt hatte.

Tab. 33: Prozentuale Häufigkeiten der auf die einzelnen Faktoren entfallenden Nennungen (für Mathematik und Deutsch zusammen)

Ursachenquelle	Jungen (119)	Mädchen (89)
1. Schülereigenschaften	54,4	48,3
– Interesse	18,9	16,8
– Anstrengung	14,2	9,9
– Begabung	17,0	12,8
– Sympathie für den Lehrer	4,3	8,8
2. Lehrereigenschaften	14,3	24,9
– Sympathie des Lehrers	2,8	0,7
– Unterrichtsqualität	11,5	24,2
3. Milieu	18,3	19,7
– häuslich (Eltern, Wohnverhältnisse)	5,0	8,4
– schulisch	5,3	6,2
– außerschulisch (Freunde, Verein)	8,0	5,1
4. Zufall	7,1	1,1
– stochastisch	2,5	0
– Umstände (z. B. Schulwechsel)	4,6	1,1
5. Aufgabenschwierigkeit	5,9	5,9

(Anzumerken zu Tab. 33 ist, daß nur die drei vom Schüler als am wichtigsten bezeichneten Kausalquellen in die Darstellung aufgenommen wurden.)

Auffällig ist hierbei zunächst der hohe Stellenwert, der seitens der Lernenden dem Faktor „Interesse am Fach" beigemessen wird. Auch wenn dieser Aspekt in der Lehrerbefragung nicht ausdrücklich erwähnt wurde, so darf wohl dennoch nicht angenommen werden, daß Lehrer hinsichtlich dieses Merkmals nicht dikriminierten (s. HÖHN, 1967). Allerdings betrachten sie es aber wohl eher als ein *stabiles* Schülermerkmal, anstatt eine ursächliche Beziehung zur Motivation herzustellen. Geht man jedoch davon aus, daß Interesse und Motivation selbst in einem Kausalverhältnis zueinander stehen, derart, daß starkes Interesse auch erhöhte Anstrengungsinvestitionen zur Folge hat (s. JOPT, i. V.; MEYER, 1973b; KRUG, HAGE & HIEBER, 1978), so wird die diesbezügliche Diskrepanz zwischen Schüler- und Lehrerwahrnehmung erst recht augenfällig.

Ein weiterer bemerkenswerter Unterschied zwischen den beiden Urteilsgruppen besteht in der Einschätzung des Gewichts, das der Variablen „Lehrer" – sowohl seiner Persönlichkeit als „signifikanter anderer" als auch seinen didaktisch-unterrichtstechnischen Qualitäten – zuerkannt wird. Gerade hierauf entfällt ein nicht unbeträchtlicher Anteil aller Schülernennungen, wobei der Lehrer für Mädchen anscheinend von größerer Bedeutung ist als für Jungen ($\chi^2 = 12.1$; $p < .001$).

Daß das hohe Gewicht dieses Kausalfaktors nicht etwa vornehmlich durch die erfolgte *Vorgabe* von möglichen Ursachenquellen bedingt gewesen ist, wird durch die in der Befragung eingeräumten ergänzenden Schülerkommentare bestätigt: Fast die Hälfte (46,2%) aller freien Äußerungen entfiel ausschließlich auf Bezugnahmen positiver oder negativer Art zum Lehrer.

Man könnte meinen, daß sich in diesem Befund lediglich der zuvor erwähnte Sachverhalt widerspiegelt, wonach Handelnde eher geneigt sind, sich auf außerhalb ihrer Person liegende Kausalquellen zu berufen als Beobachter. Doch diese Erklärung bliebe höchst unbefriedigend, denn immerhin sieht auch der Schüler den größten Anteil von Kausalfaktoren *in sich selbst* begründet (hierauf entfällt etwa die Hälfte aller Nennungen).

Eine bessere Erklärung deutet sich dagegen an, wenn man sich nochmals vergegenwärtigt, *worauf* die Schüler ihre Einschätzungen bezogen. Dies waren ja nicht irgendwelche objektiven Leistungsergebnisse, sondern Zensuren, also Beurteilungsindizes, deren Lehrerabhängigkeit außer Frage steht (s. INGENKAMP, 1971). Dann aber scheint es nur angemessen zu sein, auch die Person des Evaluators und sein schulisches Verhalten in die kausale Begründungskette miteinzubeziehen.

Hierbei ist die Frage nach dem *Gewicht* dieses Faktors im Grunde von nur untergeordneter Bedeutung. Denn der gesamte attributionstheoretische Ansatz sollte weniger verstanden werden als ein weiterer Versuch, im Sinne der traditionellen Schulleistungsforschung zu einer Steigerung der Prädiktion von Noten und Schulerfolg beizutragen; dahinter steht ein letztendlich statischer und die Lernverhältnisse eher stabilisierender Leistungsgedanke, der den möglichen Fortschritt attributionspsychologischen Denkens für die Pädagogik günstigenfalls hemmen, schlimmstenfalls aber zunichte machen würde, bevor er überhaupt erst richtig in Gang gekommen ist. Wesentlich bedeutsamer ist vielmehr die gerade von der Attributionstheorie ausgehende Sensibilisierung für die gesamte schulische Lernsutuation, an die sich Einstellungsänderungen und Reflexionen naiver Persönlichkeitstheorien auf beiden Seiten – Schüler wie Lehrer – anschließen könnten. Von daher ist es schon bemerkenswert und keinesfalls unwesentlich, daß dem Lehrer aus der Sicht seiner Schüler auch dort eine für das Lernen gewichtige Rolle zugesprochen wird, wo dieser sich häufig nur als austauschbare Agentur zur Registration von Lern- und Leistungserfolg wahrnimmt (s. dazu auch GERSTENMAIER, 1975).

Der kausale Ort, der im kognitionspsychologischen Sinne unmittelbar weder für Lehrer noch für Schüler belastend ist, ist der Faktor „Milieu", der sich in beiden Gruppen wiederfindet. Nur deutet sich an, daß ihm seitens der Lernenden erheblich mehr Gewicht zugesprochen wird als durch die Erzieher, was jedoch nicht notwendigerweise auf Insgesamt bleibt somit festzuhalten, daß sich die kausalen Wahrnehmungsräume von Schülern und Lehrern in zweierlei Hinsicht unterscheiden. Zum einen werden von der Gruppe der Lernenden zusätzlich solche Faktoren thematisiert, die im anderen Fall gar nicht auftreten. Darüber hinaus finden sich aber auch erhebliche, teilweise geschlechtsgebundene, Gewichtungsunterschiede der einzelnen Kausalfaktoren, so daß eine über den Pilot-Charakter der JOPTschen Arbeit hinausgehende differenziertere Untersuchung vorrangig geboten erscheint.

10.2. Operationalisierungsprobleme

Das primäre Ziel dieser Studie JOPT (1977a) war es, bisher in der Attributionsforschung nicht berücksichtigte Erklärungsquellen, die eventuell allein für den Leistungsraum Schule gelten würden, überhaupt erst einmal zu identifizieren, ohne daß damit gleichzeitig etwas über ihren faktischen Stellenwert ausgesagt werden sollte. Daher wäre es in eine von den Lernenden praktizierte Entlastungsstrategie hinzuweisen braucht; immerhin verfügen Schüler auch faktisch über erheblich mehr Detailkenntnisse der familiären Hintergrundstrukturen, und es ist anzunehmen, daß die diesbezüglichen Schätzungen der Lehrer daher eher zu vorsichtig ausfallen (KRAPP, 1976; NICKEL, 1976).

alleiniger Anlehnung an diese Arbeit auch völlig verfrüht und unangemessen, bereits schon jetzt mit kontrollierten Vergleichsstudien zwischen Lehrern und Schülern einzusetzen, um nach bedeutsamen Unterschieden in den Kausalperzeptionen der beiden Interaktionspartner zu suchen, so wünschenswert und für ein besseres Verstehen der Schüler-Lehrer-Interaktion dienlich dies auch wäre.

Stattdessen schien es uns notwendig, zuvor erst einmal einer Reihe noch offener Fragestellungen nachzugehen, die noch vor jedem Bezugsgruppenvergleich zunächst geklärt werden sollten. Die damit verbundenen Probleme lassen sich wie folgt zusammenfassen.

(1) Relevanz von Kausalfaktoren

Legt man Schülern einen Katalog möglicher Leistungsursachen vor, aus dem sie die für bedeutsam gehaltenen auswählen sollen, so wird es einem in der Regel nicht anders ergehen als dem Persönlichkeitsforscher, der sich der Faktorenanalyse bedient: Das Ergebnis hängt zu einem guten Teil ab von solchen eigentlich irrelevanten Faktoren wie dem Einfallsreichtum, den Literaturkenntnissen oder auch dem theoretischen Standort des Experimentators, die allesamt mehr oder minder deutlich in die Konzipierung der Eingangsvariablen einfließen. So gesehen, sind natürlich auch die elf Kausalfaktoren, die den nachfolgenden Untersuchungen zugrunde liegen, zum Teil relativ willkürlichen Ursprungs – und dies ist gerade bei dem sich aufdrängenden Vergleich der späteren Ergebnisse mit den entsprechenden Befunden aus der Arbeit von MEYER & BUTZKAMM (1975) nicht zu vergessen (die dortigen Nennungen erfolgten völlig frei). Dennoch unterlag die eingegangene Subjektivität einer Anzahl von Kontrollen und Einschränkungen, die den beschrittenen Weg als einen ersten Zugang durchaus rechtfertigen.

Denn einerseits erfolgten Auswahl und Zusammenstellung der potentiellen Kausalfaktoren sowohl unter Hinzuziehung der einschlägigen Literatur als auch unter Berücksichtigung von Mutmaßungen zumindest z. T. kompetenter Beurteiler der Schulsituation (Lehrerstudenten); andererseits wurde aber auch eingeräumt, daß die Betroffenen selbst (die Schüler) die kausalen Gründe nach Belieben ergänzen konnten, wenn sie dies für notwendig hielten (s. JOPT, 1977a).

Wenngleich auf diese Weise insgesamt *elf* Faktoren ausgemacht werden konnten (s. S. 155), so war bei einer erneuten Vorlage jedoch damit noch keinesfalls ausgeschlossen – im Gegenteil: da sie auf den *mittleren Nennhäufigkeiten* für die gesamte Stichprobe basierten, lag es eher nahe –, daß der einzelne Schüler eine Dimension, die im Durchschnitt zwar häufig genannt wurde, in bezug auf seine eigene Person als kausal irrelevant betrachten würde. Um aber lediglich erzwungene Stellungnahmen von vornherein auszuschließen, war diese Möglichkeit bei einer nächsten Operationalisierung unbedingt zu berücksichtigen.

Mit der Konzeption eines kausalen Raumes, der sich aus einer Vielzahl unverbundener Einzelelemente zusammensetzt, ist zunächst jedoch noch nicht viel gewonnen. So hätte sich sicherlich auch auf empirischem Wege finden lassen, daß Leistungen in experimentalpsychologischen Untersuchungen im wesentlichen innerhalb eines durch die vier bekannten WEINER-Faktoren konzipierten Raumes kognitiv verankert sind; über die inzwischen als bedeutsam ausgewiesenen Unterschiede hinsichtlich der Präferierung und Gewichtung einzelner Dimensionen, beispielsweise in Abhängigkeit vom Leistungsmotiv, wäre damit jedoch noch nichts bekannt. Deshalb war es unser weiteres Anliegen, zusätzlich auch einen Hinweis auf die subjektive *Bedeutung* der verschiedenen Ursachenelemente zu erhalten.

Gerade für den Bereich des schulischen Lernens ist jedoch (z. B. im Hinblick auf eventuelle pädagogische Interventionsmaßnahmen) noch ein weiterer Gesichtspunkt von Interesse, nämlich der der *Einflußrichtung* einzelner Kausalfaktoren. Denn fragt man einen Schüler beispielsweise „Wie sehr hat es an Deiner Anstrengung gelegen, daß Du diese Note (in Mathematik) bekommen hast?" und er sagt „Wenig", so kann dies grundsätzlich mehrerlei bedeuten:

– Anstrengung hat für das Zustandekommen der Leistung grundsätzlich nur eine geringe Rolle gespielt, weil sie *nicht erforderlich* schien. D. h., daß die zu erklärende Leistung trotz fehlender Anstrengung erzielt wurde und folglich auf anderen kausalen Ursachen fußt.

– Ebenso kann diese Fragestellung die Schüler aber auch dazu veranlassen, „Wenig" anzukreuzen, um auszudrücken, daß sie ihre *nicht optimale* Anstrengung für mitursächlich halten.

Deshalb wurden die neuen Skalierungen von vornherein so angelegt, daß sich erkennen ließ, welche dieser Alternativen von den Schülern gemeint war, d. h., sowohl dem möglichen *Ausschluß* als auch der *Gerichtetheit* von Kausalfaktoren sollte Rechnung getragen werden, um gleichzeitig die Beurteilung von guten, durchschnittlichen und schlechten Schulleistungen zu ermöglichen.

(2) Determinanten der Attributionen

Über die Genese bestimmter Attribuierungen ist gegenwärtig noch sehr wenig bekannt; wenig wissen wir darüber, *wie* Schüler (aber auch Lehrer) zu ihren Kausalerklärungen gelangen (vgl. RHEINBERG, 1976b; i. V.; LIEBHART, 1977) und noch weniger über die entsprechenden Prozesse der Informationsaufnahme und -verarbeitung, läßt man die vielfach untersuchte, jedoch nicht unproblematische Anbindung von Ursachenerklärungen an das Leistungsmotiv einmal außer acht (WEINER, 1976; MEYER, 1973; RHEINBERG, 1976c). Daher wurden zunächst lediglich die bereits aus dem ersten Teil bekannten Persönlichkeitsmerkmale der Schüler sowie Charakteristika der Lehrer mit den einzelnen Erklärungsdimensionen in Beziehung gesetzt, mehr im Sinne einer Suchstrategie als auf dem Hintergrund dezidierter Hypothesen aus der Attributionstheorie.

(3) Operationalisierung in Studie II
Um später Ursachenerklärungen mit dem Selbstkonzept in Beziehung setzen zu können, bezogen sich sämtliche Attribuierungen stets auf die *letzte Zeugnisnote in Mathematik*. Zunächst am geeignetsten, weil aufgrund ihres Aufbaus kaum mißverständlich, schien eine an das Semantische Differential angelehnte Skala zu sein, deren Nullpunkt die Irrelevanz der jeweiligen Kausalquelle indizierte und die für beide Einflußrichtungen eine 3-Punkte-Abstufung vorsah.
Diese Konstruktion sei am Beispiel der Fähigkeitsattribuierung verdeutlicht.

Bezugnehmend auf seine letzte Zeugnisnote in Mathematik fand der Schüler unter dem Leitsatz „Dies lag unter anderem daran:" folgende Skala vor:

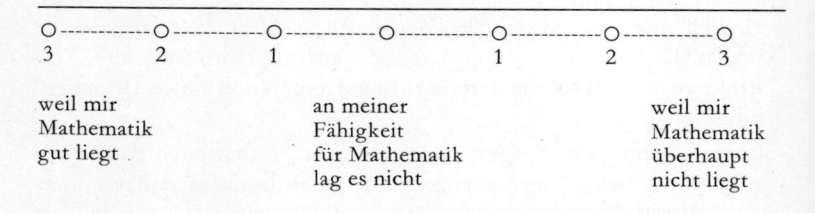

O-----------O-----------O-----------O-----------O-----------O-----------O
3　　　2　　　1　　　　　　1　　　2　　　3

weil mir	an meiner	weil mir
Mathematik	Fähigkeit	Mathematik
gut liegt	für Mathematik	überhaupt
	lag es nicht	nicht liegt

Ganz entsprechend sahen auch die Skalen für die zehn weiteren Ursachenfaktoren aus, wobei auf eine permutierte Anordnung geachtet wurde. Mit der Möglichkeit, durch Markierung des Mittelpunktes eine Dimension kausal auszuschließen, entstand jedoch ein entscheidendes methodisches Handicap, da nunmehr von Faktor zu Faktor wechselnde Stichprobengrößen auftraten, womit die angestrebten statistischen Vergleiche und Prüfverfahren sich jedoch strenggenommen verboten (s. Tab. 34).

Weil zudem aber auch keinerlei Hinweise über die Ausschluß*motive* vorlagen – weder Geschlecht noch Leistungsmotiv noch Angstindikatoren führten zu einer Differenzierung –, war zu vermuten, daß es für viele Schüler einfach nur der bequemste Weg war, die Skalenmitte anzukreuzen, ohne daß damit zugleich eine psychologisch sinnvolle Aussage verbunden war.

Damit aber war die Notwendigkeit nach einer anderen Befragungstechnik, die dem Probanden zu jedem Faktor eine interpretierbare und eindeutige Stellungnahme abverlangte, offensichtlich geworden (s. die Beschreibung von Studie III auf S. 89).

Tab. 34: Ausschlußhäufigkeit der einzelnen Kausalfaktoren in Studie II (N = 546)

Ursachenquelle	Ausschlußnennungen (%)
Interesse	44,1
Anstrengung	43,0
Fähigkeit	33,3
Sympathie für Lehrer	58,5
Zufall	59,4
Häusliche Unterstützung	69,9
Ablenkung	59,3
Unterstützung der Klasse	76,1
Sympathie des Lehrer	79,2
Unterricht	35,5
Schwierigkeit	35,1

Wenn hier dennoch über diese Technik berichtet wurde, so aus zwei Gründen. Zum einen werden Attribuierungsuntersuchungen in der Schule zukünftig zunehmend stärker das Interesse motivationspsychologischer Forschung gewinnen, und es kann deshalb nur von Nutzen sein, wenn Vor- und Nachteile der dort notwendigerweise anders aussehenden Operationalisierungsmöglichkeiten frühzeitig bekannt sind. Zum anderen stand eine Reihe wichtiger Variablen, die sich bereits im Zusammenhang mit dem Selbstkonzept als bedeutsam herausgestellt hatten (Leistungsmotiv, Angst, Lehrerverhalten), in Studie III nicht wieder zur Verfügung, so daß auf die Beantwortung wesentlicher Fragen hätte verzichtet werden müssen, wenn die Attribuierungsdaten aus Studie II vorbehaltlos verworfen worden wären. Dieser Schritt wäre aber mit Sicherheit übereilt gewesen, denn trotz aller methodischen Einschränkungen führten Analysen zum Gewicht, zur Einflußrichtung und zum faktoriellen Raum der Kausalfaktoren mit den Daten von Studie II zu ganz ähnlichen Ergebnissen wie sie sich auch in der anschließenden Untersuchung ergaben. Dennoch basiert die nachfolgende Befunddarstellung zum allergrößten Teil auf der letzten Erhebung und nur dort, wo die interessierenden Kovariate nicht verfügbar waren, wurde – mit allen Vorbehalten für die Interpretation – auf Studie II zurückgegriffen.

10.3. Ergebnisse

10.3.1. Faktorengewichte

Schon in der Voruntersuchung (JOPT, 1977a) hatte sich gezeigt, daß im Hinblick auf die Bedeutung der elf Kausalelemente beträchtliche

Variationen auftraten, wobei anscheinend personale Faktoren für wichtiger gehalten wurden als externale. Insofern zeichnete sich durchaus bereits eine gewisse Ähnlichkeit zu den kausalen Mustern der Lehrer ab, wie sie von MEYER & BUTZKAMM (1975) berichtet worden waren. Doch ein unmittelbarer Vergleich war wegen der Unterschiedlichkeit des Datenniveaus – Häufigkeitsangaben vs. Prozentschätzungen – zunächst noch nicht möglich gewesen, so daß unsere erste Frage erneut dieser eventuellen Konkordanz galt.

Dabei wurde natürlich von vornherein nicht erwartet, daß sich nun auf der Schülerseite die Verhältnisse genau umkehren und zu einer ebenso ausgeprägten Akzentuierung *externaler* Faktoren führen würden. Eine derartige Vorstellung hätte sich aus dem Konzept von JONES & NISBETT (1971), wonach zwischen Handelndem und Beobachter ausgeprägte Wahrnehmungsdivergenzen bestehen, auch gar nicht ableiten lassen, denn die schulische Alltagssituation läßt es praktisch kaum zu, die eigenen Lernleistungen als weitgehend fremdverursacht wahrzunehmen und damit aus der Eigenverantwortlichkeit auszugliedern. Eher schien die Vermutung berechtigt, daß Schüler, durchaus noch auf dem Hintergrund dieses Paradigmas, deutlicher als es seitens der Lehrer der Fall war, neben den internalen *auch* externale Ursachen ins Feld führen würden.

Dazu wurden die beiden Intensitätsskalen für „günstig" und „ungünstig" zunächst skalar gleichgerichtet und für jede Dimension über die gesamte Stichprobe hinweg aufsummiert. Anhand der mittleren Gewichte ließen sich insgesamt *drei Gruppen* von Faktoren unterscheiden, zwischen denen die Mittelwertunterschiede jeweils statistisch signifikant ausfielen (t-Test für korrelierte Stichproben). Es ist also zu bedenken, daß die anschauliche Trichotomie in Abb. 11 noch *nicht* das Resultat einer faktorenanalytischen Klassenbildung beschreibt, sondern lediglich auf empirisch ermittelten Gewichtungen der einzelnen Kausalquellen beruht und nur die hierbei hervorgetretene Ordnungsstruktur widerspiegelt.

Dabei konnte von einer für Jungen und Mädchen getrennten Darstellung abgesehen werden, da sich lediglich in zwei Fällen ein überzufälliger Unterschied nachweisen ließ. Betroffen waren beide Male die Ursachen der dritten Gruppe: sowohl *Sympathie des Lehrers* ($t = 1{,}67$; $p < .10$) als auch *Klassenunterstützung* ($t = 2{,}50$; $p < .02$) wurden hinsichtlich ihres kausalen Gewichtes von Schülerinnen höher beurteilt als von Schülern.

Wie weiterhin aus Abb. 11 zu ersehen ist, ist insgesamt die Variabilität zwischen den Ursachenquellen jedoch relativ gering – selbst die größte Differenz beträgt kaum mehr als eine Skaleneinheit. Wie sich noch

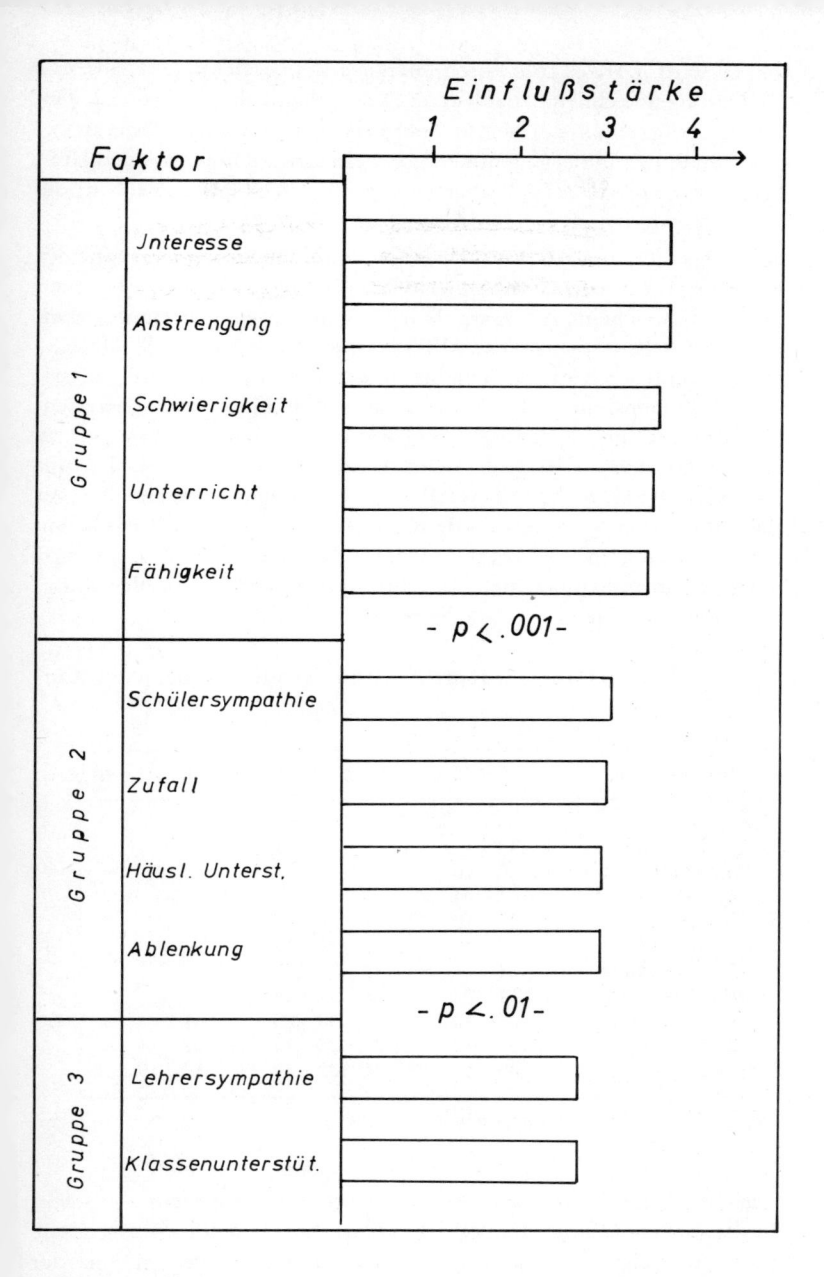

Abb. 11: Gewicht der elf Ursachen für die letzte Zeugnisnote in Mathematik

zeigen wird, wäre es aber falsch, hieraus auch bereits ihre annähernde Bedeutungsgleichheit abzuleiten. Wahrscheinlich handelt es sich hierbei lediglich um ein Methodenartefakt, das sich durch die erzwungene Stellungnahme gegenüber jeder einzelnen Dimension erklären läßt. Dennoch lassen sich aber bereits Unterschiede ausmachen, die zumindest statistisch von Bedeutung sind.

Als erstes fällt auf, daß, wie sich schon vermuten ließ, zur Gruppe der wichtigsten Faktoren *sowohl internale als auch externale* Ursachenquellen zählen. Fast scheint es sogar, als hätte sich mit einer geringfügigen, jedoch durchaus plausiblen, Modifikation das bekannte WEINER-Schema replizieren lassen, denn bis auf den Zufall sind alle drei „klassischen" Dimensionen innerhalb dieses ersten Komplexes vertreten. „Neu" in bezug auf diese Klassifikation ist lediglich der *schultypische* Faktor *Unterricht*, der von Lehrern entweder eher vernachlässigt (RHEINBERG, i. V.; SCHWARZER, 1976) oder – wie sich in einer jüngeren Arbeit von RHEINBERG (1977) andeutete – allenfalls von solchen Erziehern eingebracht wird, die den individuellen Leistungsverläufen ihrer Schüler mehr Beachtung schenken als sozialen Rangplatzbestimmungen.

Tab. 35: Produkt-Moment-Korrelationen der gleichgerichteten Kausalfaktoren

Ursachenquelle	1	2	3	4	5	6	7	8	9	10
(1) Interesse	—									
(2) Fähigkeit	.43	—								
(3) Schülersymp.	.22	.16	—							
(4) Anstrengung	.44	.34	.28	—						
(5) Zufall	.24	.18	.29	.27	—					
(6) Häusl. Unt.	.27	.17	.30	.38	.25	—				
(7) Ablenkung	.24	.25	.29	.37	.37	.30	—			
(8) Klassenunt.	.14	.04+	.37	.28	.37	.35	.38	—		
(9) Lehrersymp.	.22	.16	.51	.25	.38	.25	.37	.41	—	
(10) Unterricht	.32	.22	.29	.27	.23	.11	.21	.22	.21	—
(11) Schwierigkeit	.49	.50	.28	.41	.22	.17	.35	.17	.19	.37

+ n.s., alle anderen Koeffizienten sind mindestens auf dem 1%-Niveau signifikant.

Gleichfalls durch die bisherigen Attributionsstudien nicht abgedeckt ist die *Interessendimension*, über deren Status wir heute noch so gut wie nichts wissen, und sicherlich war es einer der größten Mängel der traditionellen Leistungsmotivationsforschung, diesen Gesichtspunkt völlig auszuklammern und eine allein vom Leistungsmotiv abhängige

Auseinandersetzung mit Schwierigkeitsanforderungen zu unterstellen. So jedoch bleibt zunächst lediglich die *Vermutung*, daß es sich hierbei vielleicht nicht so sehr um einen weiteren eigenständigen Faktor handelt; vielmehr deuten erste Anzeichen darauf hin (vgl. die Interkorrelationsmatrix in Tab. 35), daß *Interesse* als eine kombinierte psychologische Resultante angesehen werden kann, in die sowohl Anregungs- und Aufforderungsgehalte (Schwierigkeiten) des stofflichen Inhalts als auch Fähigkeits- und Anstrengungsperzeptionen einfließen.

Die zweite Ursachengruppe soll zunächst nicht weiter erörtert werden. In ihr finden sich sowohl internale *(Schülersympathie, Ablenkung)* als auch externale *(Zufall, Häusliche Unterstützung)* Kausalelemente wieder, und auch unter dem Gesichtspunkt der Zeitstabilität ist keine eindeutige Ordnungsstruktur zu erkennen. Damit bleibt lediglich festzuhalten, daß die hier aufgeführten Komponenten aus der Sicht von Schülern allesamt *auch* zur kausalen Leistungserklärung mit herangezogen werden können, womit sich das Unzureichen des WEINERschen Schemas erneut bestätigt.

Von den beiden schwächsten Faktoren *Lehrersympathie* und *Klassenunterstützung* war von vornherein kein größerer Erklärungsbeitrag erwartet worden. Interessanterweise zeigen sich jedoch bei ihnen die einzigen signifikanten Geschlechtsunterschiede, die, da sie auch in Studie II auftraten, anscheinend hinweisen auf eine höhere Sensibilität der Mädchen gegenüber „klimatischen" Gegebenheiten des Lernkontextes im Vergleich zu Jungen.

10.3.2. Ursachenerklärungen und Leistungsstand

Kausalattribuierungen im Leistungsbereich sind abhängig von den zu erklärenden Handlungsergebnissen, d. h. für die Schule, daß sie nicht losgelöst vom durch Zensuren dokumentierten Leistungsstand der Schüler gesehen werden können. So gesehen, sind die bisherigen Ergebnisse zunächst mehr von informativem Wert, und es geht nun um die attributionstheoretisch gewichtigere Frage nach den jeweiligen Beziehungen zwischen der Thematisierung einer Ursachenquelle und der ihr zugrunde liegenden Leistungshöhe.

Vergleicht man unter diesem Gesichtspunkt die (immer noch gleichgerichteten) mittleren Skalierungen für die einzelnen Notengruppen 2–5 miteinander (die Zensuren 1 und 6 wurden wegen ihrer geringen Häufigkeit jeweils den benachbarten Gruppen zugeschlagen), so zeigt sich eine Reihe bemerkenswerter Unterschiede.

(1) Die mutmaßliche Beziehung der Interessendimension zu sowohl Person- als auch Umweltfaktoren, über die oben bereits spekuliert

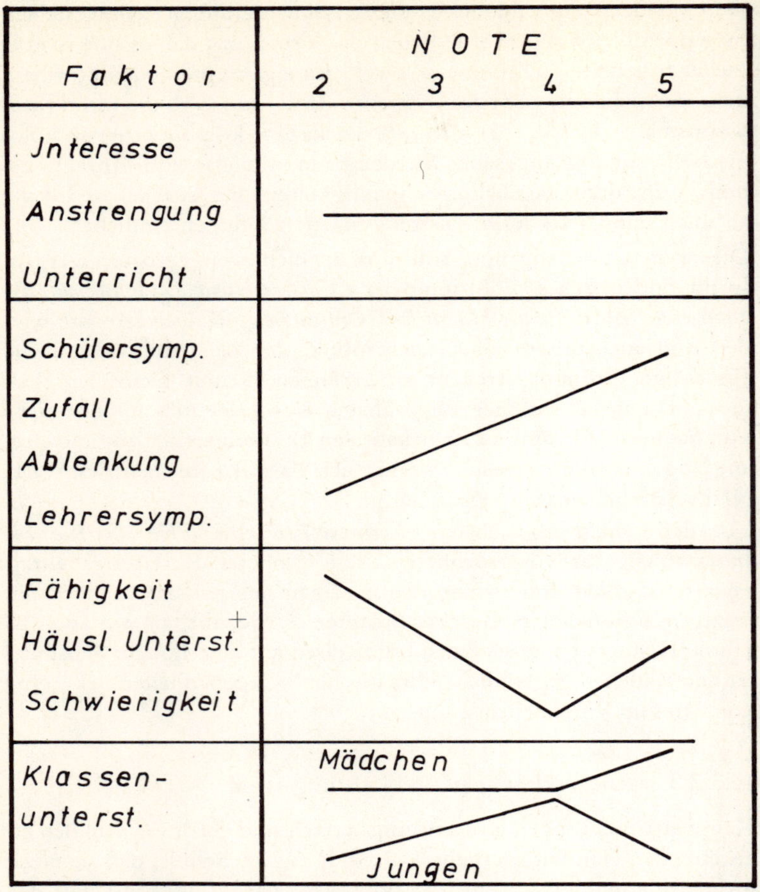

Faktor	NOTE			
	2	3	4	5
Interesse Anstrengung Unterricht	—————————			
Schülersymp. Zufall Ablenkung Lehrersymp.	⟋			
Fähigkeit Häusl. Unterst.⁺ Schwierigkeit	⟍⟋			
Klassen- unterst.	Mädchen —————— ⟋⟍ Jungen			

⁺ diese Verlaufsform wurde umgekehrt

Abb. 12: Leistungsstand und Kausalgewichte

wurde, deutet sich erneut durch eine auffällige Ähnlichkeit zwischen *Interesse, Anstrengung* und *Unterricht* an: alle drei Faktoren – und nur sie – stehen nämlich in *keinem* unmittelbaren Zusammenhang zur Mathematiknote. Das heißt nicht, daß beispielsweise eine mangelhafte Leistung nicht etwa auch durch unzureichenden Fleiß erklärt werden könnte (diese Aussage bezöge sich auf den Richtungsaspekt des Kausalfaktors). Mit dem Fehlen signifikanter Differenzen ist lediglich angedeutet, daß gute wie schlechte Schüler *in gleichem Maße* ihre Zensuren mit der Anstrengungsdimension verbunden sehen. Und genau dasselbe gilt für die beiden anderen Faktoren.

Diese Niveauunabhängigkeit ist gerade aus pädagogischer Sicht deshalb besonders günstig anzusehen, weil ausgerechnet die beiden für die Schule wohl wichtigsten *variablen* Faktoren davon betroffen sind, *Anstrengung* auf der internalen und *Unterrichtsqualität* auf der externalen Seite. Hätte man sich doch auch vorstellen können, daß mit abnehmender Zensur die Schüler *Anstrengung* (oder auch *Interesse*) als zunehmend weniger und Aspekte des *Unterrichts* entsprechend stärker betonen würden, um auf diese Weise im Sinne der Selbstwert-Hypothese die Mitverantwortlichkeit für unzureichende Leistungen abzuwehren. In bezug auf Anstrengung hatte sich dieser Zusammenhang für eine Teilgruppe der Leistungsschlechten bereits nachweisen lassen (JOPT, i. V.), hier jedoch indizieren die Ergebnisse, daß auf einer für die Lernmotivation entscheidenden Ebene genau die Voraussetzungen gegeben zu sein scheinen, die für jeden Erfolg von Trainings- und Förderungsmaßnahmen zunächst überhaupt erst einmal gegeben sein müssen.

(2) Charakteristisch für die zweite Verlaufsform ist ein jeweils *linearer ansteigender* Zusammenhang zwischen Ursachenfaktor und Zensur: die Intensität des Einflusses wird als um so größer wahrgenommen, je niedriger der eigene Leistungsstand ist. Hierunter fallen im einzelnen die Faktoren *Schüler- und Lehrersympathie, Zufall* und *Ablenkung*.

Hierbei dürften Sympathieaspekte allerdings eher *Folgen* als Ursachen der erbrachten Leistung sein, was im Bewußtsein der Lernenden jedoch leicht verschmelzen kann.

Dagegen müssen *Zufall* und *Ablenkung* als echte externale bzw. auchexternale (denn es ist noch nicht bekannt, ob mit *Ablenkung* in erster Linie die eigene Ablenkbarkeit oder das gehäufte Auftreten von äußeren Störungen gemeint ist) Ursachen angesehen werden. Hier kommt vielleicht am deutlichsten die geläufige Tendenz zum Ausdruck, Fremdeinflüsse um so höher zu gewichten, je mißerfolgsaffiner, d. h. je negativer das zu erklärende Handlungsresultat ist.

(3) Pädagogisch nicht minder interessant als die erste Gruppe ist schließlich jene Klasse von Kausalfaktoren, für die zwar notenspezifische, jedoch *nicht lineare* Intensitätsausprägungen charakteristisch sind, und zwar stets so, daß ein zunächst linearer Trend von den Leistungsschwächsten wieder aufgehoben bzw. umgekehrt wird. Dies gilt sowohl für *Fähigkeit* bzw. *Schwierigkeit* als auch *Häusliche Unterstützung*. Die Rolle des eigenen Könnens wird folglich um so geringer eingeschätzt, je schlechter die Note ist. Dabei bilden die Fünfer jedoch eine deutliche Ausnahme, denn sie gewichten den Fähigkeitsfaktor sogar noch stärker positiv als die mittlere Leistungsgruppe (Note 3). Gleiches gilt auch für den Unterstützungsbereich, nur mit umgekehr-

ten Vorzeichen: während die Bedeutung des familialen Kontextes mit schlechter werdender Zensur zunimmt, sind es wiederum die Rangniedersten, die seinen möglichen exkulpierenden Status kaum noch erwähnen (was auch schon von JOPT, 1977a, berichtet wurde).

Da man nicht annehmen wird, daß schlechte Schüler ihre Leistungen mit hoher Fähigkeit erklären werden, kann dies nur bedeuten: daß für sie die – motivational ungünstige – stabil-internale Kausalerklärung von erheblich größerem Gewicht ist als dies für den Rest der Schüler gilt. Auf jeden Fall wird bereits hier deutlich, daß es unter dem Gesichtspunkt von Ursachenerklärungen nicht angemessen ist, unter dem Label „Schlechter Schüler" sowohl Vierer wie Fünfer (und Sechser) zu subsumieren. Auch SCHWARZER & SCHWARZER (1977) hatten bereits darauf hingewiesen, daß sich Schüler mit der Note „ausreichend", im Unterschied zu allen anderen, in einer charakteristischen „Risikozone" befinden, die, wie sich hier andeutet, u. a. auch ihr Attributionsverhalten beeinflußt.

(4) Der einzige Faktor, der auch noch vom Geschlecht des Schülers abhängt, ist die Variable *Klassenunterstützung*, der generell von Mädchen ein größeres Gewicht zugeschrieben wird (F = 6.59, FG = 1/356; p < .01), was jedoch nur für die beiden *Randgruppen der Notenskala*, signifikant ausfällt (Geschlecht × Note: F = 4.11, FG = 3/356, p < .005).

10.3.3. Günstige versus ungünstige Einflüsse

Tab. 36: Einschätzung der Einflußrichtung (in Prozent) [N = 389]

Ursachenquelle	günstig	ungünstig
Interesse	68,4	31,6
Anstrengung	70,2	29,8
Schwierigkeit	69,5	30,5
Unterricht	73,9	26,1
Fähigkeit	71,6	28,4
Schülersympathie	63,3	36,7
Zufall	64,1	35,9
Häusliche Unterstützung	64,5	35,5
Ablenkung	54,0	46,0
Lehrersympathie	57,9	42,1
Klassenunterstützung	67,4	32,6

Durch die vorangegangenen Ausführungen ergaben sich zwar erste Hinweise auf die subjektive Relevanz der elf Kausaldimensionen, über die *Richtung* ihrer Einflußnahme ließen sich jedoch allenfalls erste Vermutungen anstellen. Auch die globale Antwort auf die Frage, ob ein einzelner Faktor die Leistung eines Schülers eher günstig oder ungünstig beeinflußt hat, sagt im Grunde hierzu noch nicht viel mehr aus, denn in der nominalen Klassifikation spiegelt sich zunächst lediglich die jeweils vorherrschende Wahrnehmungsperspektive des Attributors, der auf dem Hintergrund seiner eigenen Leistungsposition in erster Linie das für ihn relevante Segment eines grundsätzlich jedoch bipolar zu denkenden Kausalkontinuums (mit „sinnvollem" Nullpunkt: keine Wirkungsrichtung angebbar) ausgliedert.

Folglich wird ein guter Schüler vornehmlich positive, ein schlechter dagegen negative Einflüsse thematisieren, so daß das Überwiegen von „günstig"-Urteilen in Tab. 36 bei einem deutlich größeren Stichprobenanteil der Notenbesseren (2:3:4:5 $\triangleq$ 65:173:110:27) zunächst nicht sonderlich überrascht.

Deshalb wurden, um zu einem genaueren Bild zu kommen, in Abb. 13 die prozentualen Negativnennungen in Abhängigkeit von der letzten Zeugnisnote abgetragen, wobei in Anlehnung an die empirischen Gewichtigkeiten (Abb. 11) die einzelnen Variablen zu Ähnlichkeitsgruppen zusammengefaßt wurden. Dabei zeichnet sich im wesentlichen bereits folgendes ab:

a) Die besseren Schüler unterscheiden sich von den schlechtesten in allen drei Gruppen dadurch, daß bei ihnen die positiven Urteile hochsignifikant überwiegen ($p < .001$), wobei zwischen Schülern mit der Note „gut" und solchen mit „befriedigend" nicht weiter diskriminiert werden kann.

b) Die ausreichenden Schüler markieren einen Grenzbereich, in dem sich „nicht gut" und „noch nicht mangelhaft" ziemlich genau die Waage halten; entsprechend stehen positive und negative Einschätzungen in einem völlig ausgeglichenen Verhältnis zueinander. Dies deutet darauf hin, daß für einen Teil dieser Schüler eine 4 einen Erfolg (weil noch nicht 5), für einen anderen Teil dagegen eher einen Mißerfolg (weil „nur" 4 und nicht besser) bedeutet. Auf keinen Fall sollten jedoch Vierer und Fünfer zu einer Gruppe der Leistungsschlechten zusammengefaßt werden, denn bei den Schwächsten zeigt sich, daß das Gros ihrer Urteile Negativeinflüsse zum Ausdruck bringt.

c) Die Faktorengruppe mit den höchsten Gewichtungen (Gruppe 1) differenziert auch zwischen Guten und Schlechten am deutlichsten, indem sie hinsichtlich ihrer *negativen* Auswirkungen geringer bzw. erheblich stärker wahrgenommen wird als die beiden – weitgehend identischen – anderen.

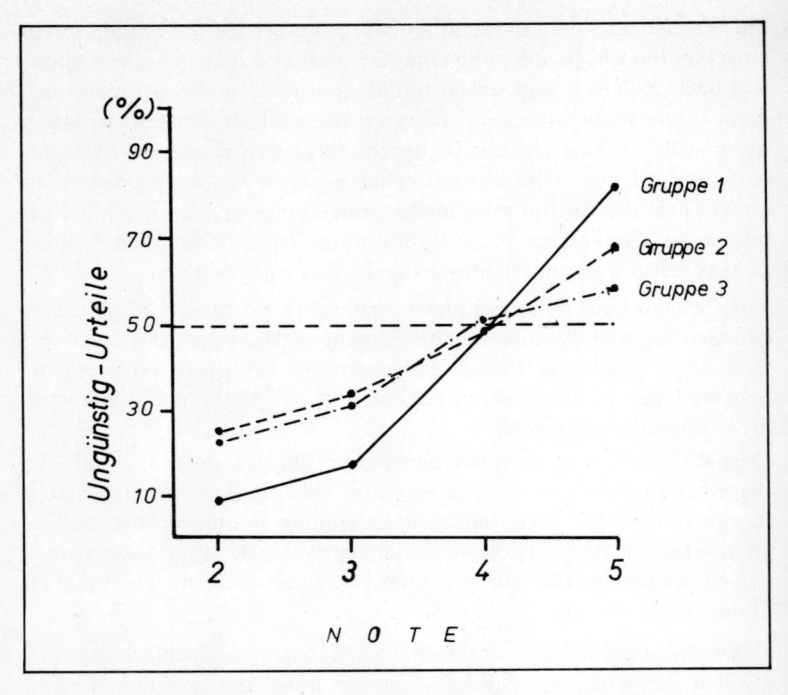

Abb. 13: Relative Häufigkeiten negativer Einflußwahrnehmungen

10.3.4. Mathematikzensur und Kausalattributionen durch Schüler

In diesem Abschnitt geht es, nachdem der allgemeine Erklärungsbeitrag der verschiedenen Kausalelemente dargelegt wurde, um die Frage nach ihrer gerichteten Einflußstärke. Dazu wurden für jede Skala die beiden Achsen „Günstig" und „Ungünstig" unter Berücksichtigung des korrespondierenden Vorzeichens algebraisch aufaddiert; die sich dadurch ergebende Skala reicht von $+7$ (sehr starker positiver Einfluß) bis -7 (sehr starker negativer Einfluß).
Natürlich war es von vornherein nicht sinnvoll – wegen des stichprobenspezifischen Übergewichts von „Günstig" – Urteilen –, die Darstellung unter Außerachtlassung der Zeugnisnote als Gesamtschau vorzunehmen, denn das hierbei auftretende Überwiegen positiver Wahrnehmungen würde den Eindruck entstehen lassen, daß Schüler fast nur in der Lage seien, leistungsfördernde Kausalquellen zu perzipieren, was jedoch, wie sich bereits zeigte, nicht stimmt.
Daher wurde in Abb. 14 im Hinblick auf die Note eine Dreiteilung der Stichprobe vorgenommen, um auf diese Weise die besseren von den

ausreichenden und mangelhaften Schülern zu trennen. Dafür ließen sich die Notengruppen „gut" und „befriedigend" ohne Nachteil zusammenfassen, denn sie wiesen weitgehend gleiche Attribuierungsmuster auf; nur der wahrgenommene Einfluß der Fähigkeit fiel bei den guten Schülern noch höher aus als bei den Dreiern ($F = 4{,}68$, $FG = 1/232$, $p < .03$).

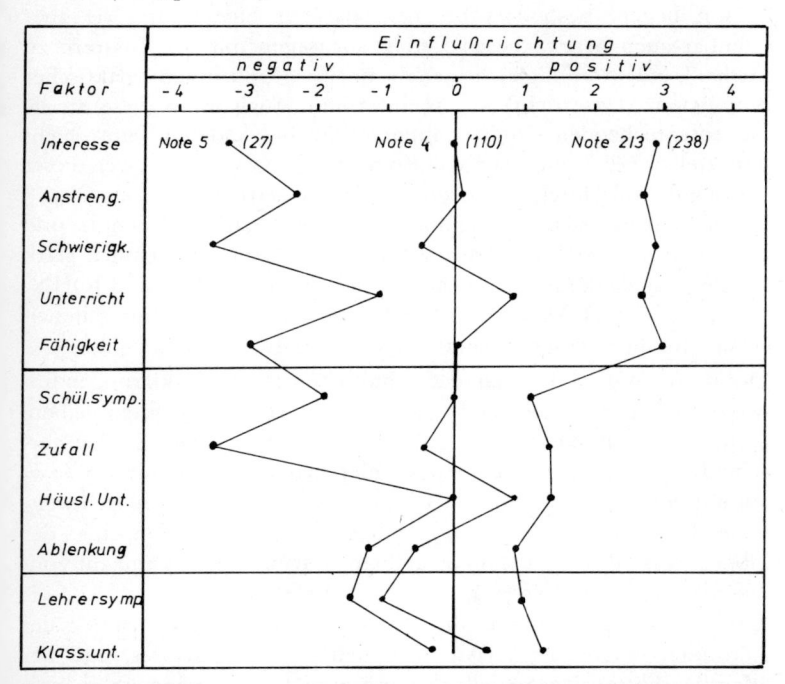

Faktor	Einflußrichtung negativ / positiv
Interesse	Note 5 (27), Note 4 (110), Note 2/3 (238)
Anstreng.	
Schwierigk.	
Unterricht	
Fähigkeit	
Schül.symp.	
Zufall	
Häusl.Unt.	
Ablenkung	
Lehrersymp	
Klass.unt.	

Abb. 14: Richtung und Stärke der Kausalfaktoren für die einzelnen Zensurengruppen

Um die Übersichtlichkeit zu erhalten, werden im folgenden die drei Leistungsgruppen einzeln betrachtet, da sie sich in den meisten Punkten recht deutlich voneinander unterscheiden.
Bessere Schüler Abb. 14 läßt erkennen, daß für diesen Personenkreis im wesentlichen zwei Besonderheiten kennzeichnend sind. Zum einen ist dies die *ausnahmslos positive* Einflußrichtung sämtlicher Faktoren; darüber hinaus ist auf der Intensitätsebene aber auch eine prägnante Dichotomie zu erkennen, die auf die klare Priorität eben der fünf Ursachenquellen verweist, die sich bereits zuvor als die wichtigsten herausgestellt hatten. Dies weist darauf hin, daß Schüler, deren Mathematikleistung mindestens als durchschnittlich beurteilt worden ist,

lediglich zwischen solchen kausalen Gründen diskriminieren, die dafür wesentlich oder weniger wichtig gewesen sind, ohne zugleich jedoch auch solche Einflüsse zu perzipieren, die einen noch besseren Leistungsstand verhindert haben.

Dabei ist in bezug auf den ersten Komplex bemerkenswert, daß sie insgesamt zwar den personalen Bereich, also Kräfte, die in der eigenen Person liegen, besonders betonen, darüber hinaus sind sie aber offenbar auch bereit, diesen Erfolg sozusagen mit den Lehrern zu „teilen", indem sie zugleich auch die positive Rolle deren didaktischer Kompetenz (Unterricht) mit herausstellen. Auch wenn diese Studie mit entsprechenden Untersuchungen „auf der anderen Seite" nicht unmittelbar vergleichbar ist, da man nicht sagen kann, inwieweit dieses Kausalmerkmal durch die Vorgabe von Ursachen einfach „nahegelegt" wurde, so deutet sich aber dennoch zumindest an, daß sich Schüler und Lehrer in der kausalen Beurteilung *guter* Leistungen ziemlich stark ähneln (man denke an die Studien von BECKMAN, 1970, und JOHNSON, FEIGENBAUM & WEIBY, 1964, deren Ergebnisse inzwischen allerdings eingeschränkt wurden, s. BECKMAN, 1973).

Des weiteren wird deutlich, daß schulische Leistungserklärungen mit experimentellen anscheinend nur noch sehr wenig gemeinsam haben, denn die dort immer wieder gefundene Variabilität *zwischen* den verschiedenen Ursachenelementen ist hier nahezu verschwunden bzw. auf nur noch zwei größere Kausalkomplexe reduziert, die in sich weitgehend ausprägungshomogen gestaltet sind und sich nur noch an der Übergangsstelle (von Fähigkeit zu Schülersympathie) signifikant voneinander unterscheiden ($t_{korr} = 3.99; p < .001$).

Daraus resultiert, daß für die Leistungsbesseren Dimensionen der Lernhilfe, seitens der Klasse wie auch des Elternhauses, und der affektiv-emotionalen Sozialbeziehung zum Lehrer wenn überhaupt, dann nur von ganz untergeordneter Bedeutung sind. Hervorhebenswert ist lediglich, daß auch die Dimension *Zufall* zu diesem Komplex relevanzarmer Sekundärfaktoren gehört: gilt es, den eigenen Leistungs*erfolg* zu erklären, werden nur noch in ganz geringem Maße irrational-externale Verursachungsmomente ins Feld geführt.

Die Marginalgruppe (Note ausreichend) Die beiden hervorstechendsten Merkmale dieser Gruppe sind die insgesamt geringe Ausprägung der verschiedenen Faktoren zum einen sowie, was bei keiner der beiden anderen Gruppen wieder auftritt, die Markierung von *sowohl günstigen als auch ungünstigen* Einflüssen zum anderen.

Als fördernd wahrgenommen werden die Kontextfaktoren *Unterstützung* und *Unterricht*, und auf diesem Hintergrund muß der Eindruck entstehen, daß der Vierer sich in erster Linie als der aufgrund günstiger

Rahmenbedingungen *„noch nicht* Mangelhafte" sieht. Denn auch gerade die entscheidenden personalen Kausalquellen wie *Anstrengung, Interesse* und eine (eher optimistische) *Kompetenzwahrnehmung* sind allesamt weitgehend bedeutungslos. Zusätzlich unterstützt wird die sich andeutende Perzeptionsdominanz von Fremdbestimmtheit durch die Betonung von *Lehrersympathie* (d. h. Antipathie) als den stärksten *hemmenden* Faktor.

Es wäre allerdings voreilig, aus diesen Ergebnissen bereits den Schluß zu ziehen, daß es sich folglich beim Vierer um einen Schüler handle, der im wesentlichen dadurch charakterisiert sei, daß er das Erreichte fast ausschließlich einer Reihe glücklicher Umstände zu verdanken glaubt, darüber hinaus aber keine Möglichkeit sieht, auf dem Wege von Eigeninitiative und Fähigkeitszuversicht seinen Leistungsstand zu wahren oder gar zu verbessern. Ein Varianzvergleich der Attributionen mit denen der Schlechtesten zeigt nämlich, daß dieser in keinem einzigen Fall auf überzufällige Weise geringer, für den Interessenfaktor sogar höher (p < .005), ausfällt. D. h., daß der einbezogene Skalenbereich (im Mittel beträgt die Standardabweichung etwa 3,5 Einheiten) lediglich in Richtung Nullpunkt der bipolaren Skala verschoben wurde, was dazu führte, daß sich bei einer Gesamtbetrachtung dieser Leistungsgruppe günstige und ungünstige Urteile in den meisten Fällen wechselseitig aufhoben.

Daraus aber läßt sich nur folgern, daß die Schüler mit der Note ausreichend *keine*, wie durch das Notenlabel signalisiert, homogene Gruppe darstellen, sondern sich nach Kriterien, die gegenwärtig noch nicht näher bekannt sind, weiter binnendifferenzieren lassen in solche, die ihre Lage stärker als Resultante günstiger Faktoren (über deren Lokalisation zunächst nichts genaueres ausgesagt werden kann) wahrnehmen und andere, für die entfaltungshemmende Ursachen im Vordergrund stehen.

Daß gleichgroße Streuungen bei Vierern und Fünfern nicht dasselbe bedeuten – etwa in erster Linie die Größe des Meßfeldes indizieren –, ergibt sich daraus, daß in die arithmetische Addition von Skalenpunkten zwei voneinander unabhängige psychologische Entscheidungsprozesse einfließen, nämlich Richtungs- und Intensitätsbestimmungen. Insofern beinhaltet ein resultierender Mittelwert um Null bei gleicher Streuung wie ein numerisch anderer Durchschnittswert noch weitere Informationen.

Da ein solcher Unterschied von vornherein nicht erwartet wurde, können hierzu nur einige post-hoc-Überlegungen angestellt werden. Leider stehen hierfür allerdings die evtl. aufschlußreichen Persönlichkeitsvariablen wie Leistungsmotiv und Angst oder auch der wahrgenommene Interaktionsstil des Lehrers nicht zur Verfügung, da sie nicht nochmal in Studie III aufgenommen worden waren.

Zugänglich waren lediglich die Variablen:
– Schülergeschlecht

- Kurszugehörigkeit (E- vs. G-Kurs)
- Selbstkonzept Mathematik (SKM)
a) Geschlecht
Im wesentlichen war von dieser Variablen keine weitere Varianzaufklärung zu erwarten, denn sie hatte schon vorher unter Einbeziehung des gesamten Notenspektrums nicht differenziert. Entsprechend findet sich auch nur ein Unterschied für die *Fähigkeitseinschätzung,* der allerdings die Nullposition aller Vierer schon merklich entzerrt: während Schülerinnen den Einfluß dieser Variable nämlich eher negativ einstufen ($\bar{x} = -.67$), ist der entsprechende Mittelwert der Jungen positiv ($\bar{x} = .68$), die Differenz ist überzufällig (t = 2.049, p < .05).
b) Kurszugehörigkeit
Einer der entscheidenden Gründe für die Einführung des Kurssystems war, daß über eine dem Kenntnisstand des einzelnen Schülers angemessene Anforderungs- und Schwierigkeitsdosierung der negative und motivationshemmende Effekt kumulierter Mißerfolgserlebnisse ausgeschaltet werden würde zugunsten einer im Fahrwasser gehäufter Erfolgserlebnisse nun möglichen Leistungsverbesserung. Dieses System wurde inzwischen aus einer Vielzahl von Gründen kritisiert (s. KEIM 1974), doch noch nie wurden seine Auswirkungen auf den Attributionsprozeß untersucht; dabei sind gerade hier aufgrund allgemeiner theoretischer Überlegungen nachhaltige Effekte zu erwarten.
Zwar ließ sich für die beiden Kursgruppen kein Motivierungsunterschied (Anstrengung, Interesse) feststellen, wohl aber zeigte sich, daß von den Schülern des E-Kurses der Einfluß des eigenen Könnens auf die Leistung signifikant positiver eingeschätzt wurde ($\bar{x}_G = -1,03$, $\bar{x}_E = 1,92$; t = 2.348, FG = 87, p < .05).
Auch spielt das affektive Klima bei den Leistungsbesseren eine größere Rolle: E-Schüler nehmen ihre Sympathiebeziehung zum Lehrer als lernbegünstigend wahr (p < .01); darüber hinaus stufen sie den hemmenden Einfluß des Abgelenktwerdens niedriger ein (p < .10).
c) Selbstkonzept Mathematik
Das Selbstkonzept eigener Fähigkeit ist zwar, wie gezeigt wurde, nicht unabhängig von der Zensur, allerdings auch nicht allein durch sie determiniert. Entsprechend fanden sich in der Gruppe der Vierer, aufgeteilt anhand des SKM-Fragebogens, sowohl Schüler mit hohem (n = 21) als auch solche mit mittlerem (n = 34) und niedrigem (n = 55) Selbstkonzept.
Unter Berücksichtigung dieser Unterteilung deutete sich an, daß eine höhere Zuversicht in die eigenen Fähigkeiten für Mathematik einherging mit
- stärker internal-variabler Ursachenerklärung (p < .10)
- deutlich positiverer Einflußwahrnehmung eigenen Könnens und geringer Schwierigkeit (p < .025)
- leistungsfördernder Einschätzung der beiden Unterstützungsdimensionen Elternhaus (p < .025) und Klasse (p < .05)
- schließlich auch einer weniger negativen Perzeption von Faktoren außerschulischer Ablenkung (p < .05).
Doch diese Hinweise auf mögliche Einflußfaktoren auf die kausalen Kognitionen der Vierer dürfen natürlich nicht überbewertet werden und sollten lediglich als Anregungen für zukünftige Untersuchungen verstanden werden, die speziell auf eine – pädagogisch ohnehin interessante – nun auch psychologisch auffällige Gruppe abzielen.

Insgesamt ist jedoch darauf hinzuweisen, daß speziell die Gruppe der leistungsbedingenden *internalen* Faktoren letztlich nur relativ gering gewichtet wird.

Schlechte Schüler (Note mangelhaft und ungenügend) Bedingt durch seine attributive Referenzposition, die ohnehin unzureichende Leistung, gibt es für den schlechten Schüler verständlicherweise keine günstigen Einflußfaktoren, sondern bestenfalls solche, die für die Genese seines Leistungsstandes als bedeutungslos angesehen werden. Daß hierzu auch der gesamte Komplex von Hilfestellung und Unterstützung zählt, sei es durch Elternhaus oder Klasse, ist zunächst verwunderlich und läßt erkennen, wie sehr sich der Schüler mit seinem Versagen bereits abgefunden hat und die potentiellen Lernhilfen seiner Umwelt ausschließt. Stattdessen wird auf eine irrationale Quelle – Pech – Bezug genommen, deren hohes Gewicht andeutet, daß die eigene Situation im externalen Bereich mit nicht abwägbaren Zufälligkeiten, negativen Umständen, in Verbindung gebracht wird.

Also ein typisches Beispiel für eine externale Kausalerklärung im Sinne der Attributionstheorie? Wohl kaum, denn nur unwesentlich schwächer als der Zufall treten gleichfalls *alle personalen Faktoren* als mitursächlich auf: zu große *Schwierigkeit* des Faches als Folge einer stark pessimistischen Fähigkeitswahrnehmung ebenso wie fehlender Fleiß *(Anstrengung)* und *Interessenmangel*. Daß dabei auch die eigene Abneigung gegenüber dem Lehrer erwähnt wird, dürfte wohl eher Folge eines für diese Gruppe charakteristischen Interaktionsstiles des Lehrers sein, der dessen ablehnende Haltung zum Ausdruck bringt (BROPHY & GOOD, 1976; De GROOT, 1971) und weniger ein eigentliches Kausalmoment darstellen.

Gegen die Vorstellung, im Fünfer einen in erster Linie externalen Attribuierer zu sehen, spricht schließlich auch die nur sehr niedrige negative Gewichtung des Faktors *Unterricht*, die erkennen läßt, daß Unterrichtsgestaltung und didaktische Kompetenz des Lehrers von nur peripherer Bedeutung für den eigenen Mangel angesehen werden und nicht schwerer wiegen als die affektiven Komponenten des Lernkontextes.

Soviel zunächst zu den Attribuierungsunterschieden zwischen den Zensurengruppen. Darüber hinaus wird von einer Gesamtbetrachtung her aber auch ersichtlich, daß es eine Reihe von Ursachenfaktoren gibt, deren praktisches Erklärungsgewicht eher unbedeutend ist. Hierzu zählen in erster Linie *Fremdhilfe* und *Außerschulische Ablenkung* aber auch die *gefühlsmäßige Einstellung des Lehrers* zu seinen Schülern.

Was die Angemessenheit des WEINER-Schemas für die Schule betrifft, so bestätigen sich einerseits Gültigkeit und Nützlichkeit der vier dort aufgeführten Faktoren. Darüber hinaus scheint es aber für den vorliegenden Kontext notwendig zu sein, es sowohl zu *modifizieren* als auch zu *erweitern*. Dabei bezieht sich die Modifikation auf den external-stabilen Faktor *Aufgabenschwierigkeit*. Aus seiner engen Kovariation mit der Fähigkeitseinschätzung wurde bereits deutlich – und im folgenden Abschnitt wird es erneut bestätigt werden –, daß Schüler, zur kausalen Schwierigkeitseinschätzung aufgefordert, anscheinend den an die soziale Bezugsgruppe angebundenen objektiven Schwierigkeitsparameter transformieren in sein psychologisches Derivat „Schwierigkeit für mich" bzw. „subjektive Erfolgswahrscheinlichkeit" (s. MEYER, 1976).

Damit jedoch verliert er seinen externalen Status zugunsten einer engen Korrespondenz mit dem internalen Fähigkeitskonzept und beide sind möglicherweise nur unterschiedliche Operationalisierungen desselben psychologischen Konstrukts. Zwar ist gezeigt worden, daß Schüler darüber hinaus auch in der Lage sind, phänomenal-objektive Schwierigkeitsbestimmungen vorzunehmen (s. Kapitel 8.5), von kausalattributiver Relevanz ist diese Variable aber anscheinend nicht.

Den entscheidenden Grund für diesen Unterschied zu herkömmlichen Attribuierungsbefunden, die in der Mehrzahl den externalen Charakter des Schwierigkeitsparameters bestätigt haben (s. WEINER, 1976), sehen wir in der jeweils verschiedenen *Erfahrungsgebundenheit* dieser Schätzung.

Zu erweitern wäre daneben das Vierfelderschema auf jeden Fall durch den external-stabilen Faktor *Unterrichtsqualität*, der von allen drei Leistungsgruppen ins Spiel gebracht wurde. Inwieweit darüber hinaus auch noch *Interesse* als eigenständige Dimension hinzugenommen werden sollte, kann aufgrund der bisher vorliegenden Ergebnisse noch nicht endgültig entschieden werden. Sicherlich ist dieses multipel determinierte psychologische Konstrukt nicht in dem Maße kausal eindeutig, wie beispielsweise der Fähigkeitsfaktor; andererseits sind seine Beziehungen zu den anderen personalen wie Kontextfaktoren aber gegenwärtig so gut wie nicht erforscht, so daß sich über seine Struktur nicht viel mehr sagen läßt, als daß in ihm wahrscheinlich verschiedene Kausalelemente zusammenfließen. Dennoch soll es zunächst noch in den nächsten analytischen Schritt einer Dimensionsanalyse aller Kausalfaktoren mit einbezogen werden.

10.3.5. Dimensionalität des kausalen Raumes bei Hauptschülern

Im Verlauf der bisherigen Darstellung klang bereits an, daß manche Faktoren einen recht großen Anteil gemeinsamer Varianz teilen (z. B. *Fähigkeit* und *Schwierigkeit*); da dies auch für eine ganze Reihe weiterer Ursachenelemente der Fall ist (s. Tab. 37), soll in diesem Abschnitt untersucht werden, inwieweit sich die elf Einzelfaktoren auf wenige orthogonale Grunddimensionen reduzieren lassen. Auf diese Weise soll – in Analogie zur Identifikation der implizierten Persönlichkeitstheorie von Lehrern über Schüler (HOFER, 1969) – geprüft werden, ob sich auch für den Bereich kognitiver Kausalitätsvorstellungen eine einfache, überschaubare Struktur finden läßt, in die sich die einzelnen Zusammenhangsannahmen einordnen lassen.

Tab. 37: Interkorrelationsmatrix der elf Kausalfaktoren unter Berücksichtigung ihres wahrgenommenen Einflusses (N = 356)

Ursachenquelle	1	2	3	4	5	6	7	8	9	10	11
(1) Interesse	—										
(2) Fähigkeit	.52	—									
(3) Schülersymp.	.35	.21	—								
(4) Anstrengung	.55	.42	.27	—							
(5) Zufall	.37	.23	.29	.32	—						
(6) Häusl. Unterst.	.27	.17	.17	.32	.10	—					
(7) Ablenkung	.32	.30	.18	.30	.27	.11	—				
(8) Klassenunterst.	.22	.08	.22	.19	.33	.24	.20	—			
(9) Lehrersymp.	.33	.30	.56	.33	.36	.26	.22	.16	—		
(10) Unterricht	.39	.30	.33	.31	.35	.17	.21	.26	.26	—	
(11) Schwierigkeit	.57	.55	.21	.43	.31	.21	.33	.09	.28	.33	—

kritische r-Werte: $r = .11 \quad p < .05$
$r = .14 \quad p < .01$

Dazu wurden die elf Ursachenfaktoren einer Faktorenanalyse unterzogen, in die als Kommunalitätsschätzungen die multiplen Korrelationskoeffizienten eingingen. Die nach dem Varimax-Kriterium rotierte Faktorenmatrix zeigte jedoch, daß eine Variable *(Häusliche Unterstützung)* nach der Iteration eine zu geringe Kommunalität besaß ($h^2 < .20$) und deshalb ausgeschlossen werden mußte. Die anschließend erneut durchgeführte Analyse – als Grenze für die Faktorenzahl galt ein Eigenwert ≥ 1 – führte zur Isolation von *drei* Faktoren, denen sich mit einer Ausnahme jede der restlichen Variablen eindeutig zuordnen ließ ($a^2/h^2 \geq .50$) und die zusammen annähernd Zweidrittel der Gesamtvarianz erklärten.

Faktor I (F I):
Auf den ersten Faktor, der mit Abstand das größte Gewicht hat, entfallen ausnahmslos alle *personalen* Ursachenelemente. Er gleicht damit weitgehend der Dimension Internal aus dem WEINER-Schema und soll deshalb als *interner Faktor* bezeichnet werden. Es ist bemerkenswert, daß auch der Komplex *Außerschulische Ablenkung,* wenngleich

Tab. 38: Varianzanteile der 3-faktoriellen Lösung (N = 356)

Faktor	Gesamtvarianz (%)	Aufgeklärte Varianz (%)
F I	38,5	73,7
F II	12,5	16,9
F III	9,9	9,5
	60,9	100,0

deutlich schwächer und mit zusätzlichen Anteilen an Faktor III versehen, hier Ladungsanteile aufweist, denn bei der Konzeption dieser Variablen war zunächst vermutet worden, daß Ablenkung vornehmlich unter dem Gesichtspunkt externaler Störquellen perzipiert werden würde. Hier nun wird sichtbar, daß diese intransitive Perspektive zwar auftritt, jedoch der aktiven Wahrnehmung im Sinne von „sich stören (ablenken) lassen" ebenso beigeordnet ist. Daß es zu lernbeeinflussenden Interferenzen mit außerschulischen Anregungsgehalten kommt, sieht somit der Schüler nicht nur in der eigenen Person begründet, sondern auch im passiven Ausgesetztsein gegenüber externalen Einflüssen.

Auf dem Hintergrund theoriegeleiteter Erwartungen völlig überraschend ist das hohe Faktorengewicht der Variablen *Schwierigkeit* auf diesen ersten Faktor. Ihre Zuordnung wird allerdings verständlich, wenn man davon ausgeht, daß die Schüler, wie schon angedeutet, nicht die objektive, sondern die für sie selbst vorliegende Schwierigkeit ihren Antworten zugrunde gelegt haben. Daß dies der Fall war, deutet sich nicht nur hier in der Faktorenanalyse an, auch die noch spätere Korrelation zwischen Fähigkeitskonzept und Schwierigkeitsattribuierung weist in diese Richtung.

Dieses Beispiel zeigt vielleicht am deutlichsten, wie notwendig die Überprüfung attributionstheoretischer Konzepte im außerexperimentellen Rahmen ist, wenn man zu aussagekräftigen Modellen gelangen will. Die Tatsache, *daß* Schüler den Schwierigkeitsgrad eines Faches intersubjektiv beurteilen können, bleibt davon insofern unberührt, als es aus attributiver Sicht vor allem darauf ankommt, zu wissen, *wo* diese Kausalquelle lokalisiert wird.

Faktor II (F II):
Da auf diesem zweiten Faktor nur die beiden emotional-affektiven Variablen laden, ist er eindeutig als *Sympathiefaktor* zu identifizieren.

Tab. 39: Faktorenladungen der Ursachenelemente

Ursachenquelle	F I	F II	F III	h^2
Interesse	.70	.22	.27	.61
Fähigkeit	.70	.16	.03	.51
Schülersympathie	.15	.70	.21	.55
Anstrengung	.56	.21	.24	.41
Zufall	.28	.27	.49	.39
Ablenkung	.37	.11	.25	.21
Klassenunterstützung	.05	.10	.59	.36
Lehrersympathie	.24	.72	.15	.59
Unterricht	.33	.26	.36	.30
Schwierigkeit	.75	.11	.10	.58

Faktor III (F III):
Auch der letzte Faktor läßt sich inhaltlich ohne Schwierigkeit interpretieren: zweifellos kommt hier der Aspekt der Fremdbeeinflussung zum Ausdruck, so daß er am besten als *Externalitätsfaktor* beschrieben werden kann, allerdings mit der zum charakteristischen Zufallselement (s. WEINER-Schema) hinzutretenden Perzeption der fremden Hilfe bzw. Unterstützung – ein Element, das für die isolierte und meist mit persönlich bedeutungslosen Tätigkeiten konfrontierte Versuchsperson natürlich ohne Bedeutung ist.

Die einzige nicht eindeutig zuordbare Kausalursache ist die *Unterrichtsattribuierung*, die sich nahezu gleichstark auf alle drei extrahierten Faktoren verteilt. Eine derartige Struktur war nicht erwartet worden, denn ihr externaler Status schien zumindest logisch evident. Deshalb sollen hierüber zunächst keine weiteren Spekulationen angestellt werden, bevor sie sich nicht hat replizieren lassen.

10.3.6. Kausalfaktoren und Zeugnisnote

Nachdem sich bereits gezeigt hatte, daß die Relevanz einiger Ursachen mit der Leistungshöhe (Zeugnisnote) kovariierte, war von vornherein auch mit ähnlichen Relationen auf quantitativer Ebene zu rechnen (s. Abb. 15). Über die faktische Bedeutsamkeit einer Dimension im Sinne *kausaler Ursachenzuschreibung* ist damit allerdings noch nichts gesagt, da aufgrund des methodischen Vorgehens die Schüler sozusagen *gezwungen* wurden, zu jedem der elf Faktoren Stellung zu nehmen. Zwar war ihnen dabei im Einzelfall eingeräumt, durch Markierung niedriger Skalenpositionen auf ein nur geringes subjektives Gewicht hinzuweisen, aber dadurch wurde eher nahegelegt als ausgeschlossen, im Rahmen naiv-theoretischer Zusammenhangsvermutungen Korrelationstendenzen, logische Fehler u. ä. zum Ausdruck zu bringen, ohne daß damit jedoch auch gleichzeitig etwas über ihre subjektive Relevanz gesagt sein mußte. In diesem Zusammenhang sei erwähnt, daß jüngst die Fähigkeit von Personen, im Sinne sozialpsychologischer Theorien „richtige" Kognitionen und damit verbundene Inferenzschlüsse vorzunehmen (das schlösse auch Kausalattributionen mit ein), sogar grundsätzlich in Zweifel gezogen wurde (NISBETT & WILSON, 1977 a).

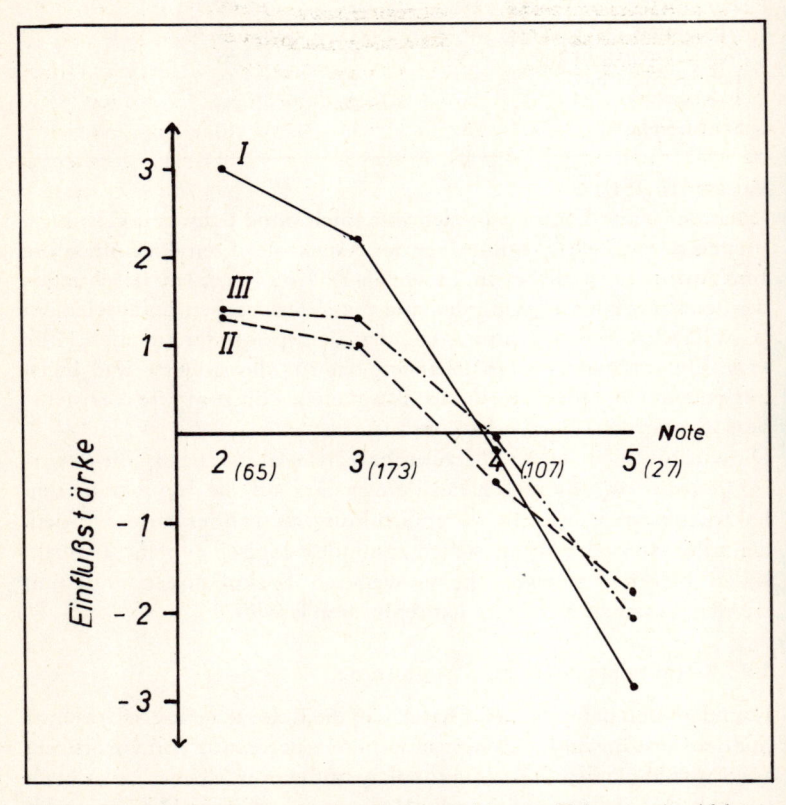

Abb. 15: Ausprägungsgrad der drei extrahierten Faktoren in Abhängigkeit von der Zensur

Insofern sagen die Mittelwertvergleiche aus Abb. 15 bzw. die Einzelkorrelationen zwischen Ursachenquellen und Mathematiknote in Tab. 36 allein zunächst noch nicht viel über den Stellenwert der einzelnen Variablen- bzw. -bündel aus, sondern lassen lediglich erkennen, daß der Leistungsbezug zu den *internalen* Kausalquellen wesentlich enger ausfällt als zu allen anderen. Dies ist besonders ausgeprägt bei

den Leistungsbesseren (p < .001), gar nicht mehr bei den Vierern und nur noch in der Tendenz bei den schlechten Schülern (p < .13) der Fall.
Weiterhin läßt sich regressionsanalytisch zeigen (Tab. 40), daß es *ausschließlich internale und externale* Kausaldeterminanten sind, für die sich eine prädiktive Bedeutung nachweisen läßt, während die affektivemotionale Komponente in dieser Hinsicht völlig herausfällt.
Das deutet einerseits darauf hin, daß der Einfluß internaler Ursachenquellen um so positiver wahrgenommen wird, je besser die zu erklärende Leistung ist; zugleich werden aber genau *dieselben* Faktoren berufen, wenn es um die Attribution schlechter Leistungen geht. Anders gesagt: Schüler beider Pole der Notenskala gleichen sich darin, daß sie ihre Leistungen in erster Linie mit internalen Ursachen in Zusammenhang bringen; der entscheidende Unterschied besteht lediglich darin, daß im einen Fall ihr Einfluß in positiver, im anderen in negativer Richtung wahrgenommen wird. Ganz entsprechende Relationen gelten für den externalen Bereich, nur sind die Beziehungen dort erheblich schwächer ausgeprägt.

Tab. 40: Korrelationen und β-Koeffizienten der Faktoren I bis III in bezug auf die Mathematiknote

	r	ß	F
F I	−.61[+++]	−.55	137.11[+++]
F II	−.31[+++]	−.06	1.76
F III	−.33[+++]	−.11	6.18[++]

[+++] $p < .001$;   [++] $p < .025$

Regressionsanalysen sind jedoch Verfahren, denen gegenüber Vorsicht zu Recht geboten erscheint, da ihre Ergebnisse, ähnlich wie bei der Faktorenanalyse, ganz wesentlich von den Eingabedaten mitbestimmt sind und nur auf dem Hintergrund der willkürlich ausgewählten Prädiktoren sinnvoll interpretiert werden können. Dies ist zu bedenken, wenn im nächsten Schritt sozusagen „dimensionsintern" das prädiktive Variablenmuster weiter aufgeschlüsselt wird, um auf diese Weise zu differenzierteren Informationen über einzelne Variablen zu gelangen.
Dabei stellt sich heraus, daß innerhalb der personalen Faktoren die beiden *stabilen* Komponenten Fähigkeit und Aufgabenschwierigkeit an oberster Stelle stehen (p < .001), gefolgt von Interesse (p < .001)

und – statistisch nur noch als Tendenz nachweisbar – Anstrengung (p < .25). Auf externaler Seite dagegen tritt nur noch die Kausalquelle Zufall in Erscheinung (p < .001).[5] Somit läßt sich abschließend festhalten, daß insgesamt gesehen auch auf der Schülerseite die internale Leistungserklärung überwiegt, und zwar nicht nur bei den besseren, was man hätte erwarten können, sondern ebenso bei jenen Schülern, die die untersten Plätze der Rangreihe einnehmen. Hatten die Lehrer in der Untersuchung von MEYER & BUTZKAMM (1975) mit ihrer einseitigen Betonung der Schülerverantwortlichkeit also gar nicht so unrecht?

10.3.7. Hinweise zum Zusammenhang zwischen Persönlichkeitsmerkmalen, Lehrerverhalten und Ursachenerklärungen

Aus den bereits bekannten Gründen haben wir bisher darauf verzichtet, im Rahmen der Befunddarstellung auch über die vergleichbaren Ergebnisse aus Studie II zu berichten. Um so erstaunlicher ist es, daß trotz der dortigen Operationalisierungsschwäche die Ergebnisse *im wesentlichen nicht anders* ausfielen als in Studie III; doch dennoch mögen wir darin keine verwertbare Replikation sehen, da sich die formalen Einwände trotz aller empirischer Evidenz nicht entkräften lassen. Insofern sind die nachfolgenden Ergebnisse lediglich von heuristischem Wert, ohne jedoch mit größerem Gewichtigkeitsanspruch verbunden zu sein.

Aber nicht nur die Ähnlichkeit der Befunde scheint die weitgehende Nutzung der in Studie II enthaltenen Informationen (nur hier waren Leistungsmotiv, Lehrerverhalten und Angst erfaßt worden) zu rechtfertigen; es sei auch daran erinnert, daß im Hinblick auf die kritische Anschlußmöglichkeit einzelner Ursachen *keine* systematischen Unterschiede, die mit irgendeinem der kontrollierten Merkmale kovariierten, gefunden werden konnten.

Um Kontaminationen mit Einflüssen durch die Zensur zu verhindern, wurden in allen Fällen Partialkorrelationen gerechnet (s. Tab. 41), wobei der besseren Übersicht wegen die Darstellung für die drei Variablengruppen getrennt erfolgt.

Als Index für das gerichtete Leistungsmotiv wurde der Kennwert „Netto-Hoffnung" (NH) als Differenz der beiden Komponenten „Hoffnung auf Erfolg" und „Furcht vor Mißerfolg" (FM 1) zugrunde gelegt: das erfolgsgerichtete Leistungsmotiv ist also um so größer, je positiver dieser Wert ausfällt, und umgekehrt verweist eine negative Differenz auf das Überwiegen von Mißerfolgsbefürchtungen. Die beiden Angstindikatoren Prüfungsangst (PA) und Manifeste Angst (MA) sowie die DSL sind bereits aus dem ersten Unter-

---

[5] Schloß man aufgrund logischer Überlegungen auch *Unterricht* hier mit ein, so ließen sich alle beiden Variablen – *Zufall* und *Unterricht* – als statistisch hochsignifikante Prädiktoren nachweisen.

suchungsteil bekannt (s. S. 95). Zu den Attributionsskalen ist schließlich noch anzumerken, daß diese von +3 (starker positiver Einfluß) bis −3 (starker negativer Einfluß) reichten, wobei die Nullposition auf die Irrelevanz der Variablen verwies (und in die weitere Auswertung *nicht* mit einging).

Tab. 41: Partialkorrelationen (Zensur kontrolliert) zwischen Leistungsmotiv (NH), Angst (PA, MA), perzipiertem Lehrerverhalten (DSL) und Ursachenerklärungen (N reicht von 108 bis 342) [Studie II]

Ursachenquelle	NH	PA	MA	DSL
Interesse	.07	−.13+++	−.09+	.24+++
Fähigkeit	.15+++	−.01	.02	.12++
Anstrengung	−.05	−.07	−.10+	.60+++
Schwierigkeit	−.10++	.14+++	.08++	−.07
Ablenkung	.02	−.02	.13++	−.02
Schülersympathie	.03	−.19+++	−.14+++	.12+++
Lehrersympathie	−.24+++	−.08	−.21+++	.25+++
Zufall	−.01	−.07	−.01	.09+
Häusl. Unt.	.12+	.05	.12++	.05
Klassenunt.	.08	−.13+	.00	.03
Unterricht	.05	−.08	−.11++	.41+++

+ p < .10   ++ p < .05   +++ p < .01

Leistungsmotiv Hatte sich früher ein Zusammenhang zwischen Leistungsmotiv und Selbstkonzept *nicht* bestätigen lassen, so ist dieser jetzt auf attributiver Ebene allerdings offensichtlich. Wie im allgemeinen attributionstheoretischen Rahmen angenommen wird (z. B. WEINER, 1976, SCHMALT & MEYER, 1976), so gilt anscheinend auch für die Schule, daß fähigkeitsbezogene Ursachenerklärungen um so wahrscheinlicher sind, je erfolgsmotivierter der Schüler ist. Der gleiche Bezug kommt auch bei der Schwierigkeitsdimension zum Ausdruck.

Nicht unverständlich ist weiterhin die Beziehung zum Faktor *Häusliche Unterstützung,* denn die Rolle eines leistungsaufgeschlossenen und an der Kompetenzentwicklung des Kindes partizipierenden Elternhauses wurde bereits wiederholt aufgezeigt (HECKHAUSEN, 1972; TRUDEWIND, 1975).

Dagegen bleibt unverständlich, weshalb ausgerechnet der Faktor *Lehrersympathie* so ausgeprägt negativ mit NH korreliert. Hierfür sehen wir z. Z. keine Erklärung. Kritisch anzumerken bleibt abschließend, daß sich für die immer wieder behauptete größere Betonung des Anstrengungsfaktors durch Leistungsmotivierte *keine* Hinweise ergeben.

Angst Hier fällt zunächst auf, daß sich in Analogie zum Leistungsmotiv die Verhältnisse genau umkehren: denn der früher berichtete stabile Zusammenhang zum Selbstkonzept besteht nun auf *attributiver* Ebene nicht mehr, nur noch der Bezug zur Aufgabenschwierigkeit findet sich wieder (der allerdings in enger Verbindung zur Fähigkeitswahrnehmung steht).

Was die klimatische Situation anbelangt, so könnte man sich gut vorstellen, daß der Ängstliche insgesamt eher ein Sozialverhalten zeigt, das weder vom Lehrer noch von den Mitschülern besonders positiv aufgenommen wird, so daß in dieser Hinsicht Erfahrungen von Ablehnung und Isolation eher wahrscheinlich sein könnten. Eine in diese Richtung weisende Konstellation ließe sich aus den Daten leicht herauslesen.

DSL Die Befunde zum perzipierten Lehrerverhalten sind insofern besonders bemerkenswert, als sie andeuten, daß schulische Kausalurteile nicht nur person- und aufgabenspezifisch gesehen werden dürfen, sondern ganz wesentlich auch von bisher vernachlässigten Randbedingungen abhängen, in die das Leistungsgeschehen eingebettet ist. Am auffälligsten tritt diese Beziehung bei der Anstrengungsattribuierung hervor, der immerhin ein N von 224 zugrunde liegt. Da man hieraus kaum folgern kann, daß Schüler, die sich mehr anzustrengen glauben, auch ihren Lehrer unterstützender und weniger kontrollierend wahrnehmen, liegt nur ein Schluß nahe: ob schulische Leistungen mit Anstrengung verbunden werden, hängt – wie dies schon für das Selbstkonzept gezeigt werden konnte – entscheidend vom Unterrichtsverhalten und Interaktionsstil des Erziehers mit ab.

Anscheinend wird die Mitverantwortlichkeit des Lehrers für die eigenen Leistungen auch von den Schülern selbst wahrgenommen, denn sie lassen erkennen, daß sie seinen Einfluß um so höher gewichten, je „schülerzentrierter" sie sein Verhalten wahrnehmen.

Wegen ihrer großen pädagogischen Relevanz sollten aber gerade die sich hier andeutenden Zusammenhänge durch methodisch abgesicherte Studien, die dann auch eindeutigere Interpretationen zulassen, näher untersucht werden.

Zusammenfassend läßt sich sagen, daß die Berücksichtigung von Kontext- und Persönlichkeitsmerkmalen einen vielversprechenden Weg weist, um das Attribuierungsgeschehen im Klassenzimmer angemessener verstehen zu können, denn Informationen über den Leistungsstand allein reichen mit Sicherheit nicht aus, um kausale Inferenzschlüsse zu erklären.

10.3.8. Kausale Zuschreibungen und Zukunftserwartung

Bisher ging es ausschließlich darum, sozusagen retrospektiv die an *bereits vorliegenden* Leistungen verankerten Kausalkognitionen herauszustellen. Strenggenommen wurde damit zunächst jedoch nicht mehr aufgezeigt, als daß Personen (hier Schüler) in der Lage sind, diese auf Befragen mit naiv-psychologischen A-priori-Theorien über kausale Zusammenhänge zu verbinden. Daß kognitive Kausalschlüsse darüber hinaus aber auch für *zukünftiges* Leistungsverhalten von Bedeutung sind, ließ sich diesen Befunden allerdings noch nicht entnehmen.

Zwar wurde in der bereits erwähnten Untersuchung von NISBETT & WILSON (1977) generell in Frage gestellt, daß eine Person in der Lage sei, ihr Verhalten von kognitiven Inferenzschlüssen leiten zu lassen, da sich in einer Vielzahl von Untersuchungen gezeigt hatte, daß zwischen den nachweisbar verhaltenswirksamen Kontextvariablen und den subjektiv wahrgenommenen Einflußfaktoren in den allermeisten Fällen so gut wie kein Zusammenhang – oft sogar ein negativer: Personen nannten andere Gründe als die, deren Wirksamkeit sich experimentell bestätigt hatte – festzustellen war. Allerdings: In keinem der zahlreichen Beispiele ging es um die Vorhersage zukünftigen Verhaltens auf dem Hintergrund bekannter kognitiver Ausgangslagen, und es ist zudem durchaus fraglich, ob sich überhaupt Befunde, die im Rahmen sozialpsychologischer Untersuchungen gewonnen wurden, so ohne weiteres auch auf das Feld der Kausalattribuierung übertragen lassen.

Hier jedenfalls haben die MEYERschen Studien zur Anstrengungskalkulation durchaus schon gezeigt, daß sich kognitive Ist-Lagen recht nachhaltig auf das Folgeverhalten auswirken können, und zwar ganz in einem Sinne, der zumindest in diesem Bereich die Vorstellung einer *Übereinstimmung* zwischen wissenschaftlicher und subjektiver Theorie bestätigte. Doch dies betraf nur die beiden Parameter Selbstkonzept und Aufgabenschwierigkeit, und es ist damit noch nicht gesagt, daß auch Kausalerklärungen von vergleichbarer prognostischer Bedeutung sind.

Um diese Frage angemessen beantworten zu können, sind im Grunde in Längsschnittuntersuchungen eingebettete wiederholte Leistungsmessungen erforderlich, die jedoch auch hier nicht vorlagen. Insofern steht der prädiktive Validitätsnachweis von Attribuierungen weiterhin noch aus. Dennoch liefert aber auch die letzte hier vorgestellte Studie bereits einen ersten Hinweis in diese Richtung, denn es lagen von allen Schülern Angaben darüber vor, ob sie für das kommende Schuljahr eine Leistungsveränderung erwarteten (besser bzw. schlechter als bisher) oder nicht (gleichbleibend). Damit nun war ein prospektiver Verhaltensparameter angesprochen, zu dem die *Attributions*theorie unmittelbare Vorhersagen ermöglicht. Untauglich erschien hierbei das einschlägige Konzept von WEINER (1976), das eindeutige Zusammenhänge zwischen dem Grad der Erwartungs*änderung* und der Stabilitätsdimension des Attribuierungsraumes vorhersagt, da von vornherein angenommen werden konnte, daß sich der dort unterstellte Bezug zu Erfolgs- bzw. Mißerfolgserlebnissen kaum ohne weiteres auf die Schule, noch dazu unter Berücksichtigung langzeitiger Leistungsindikatoren, übertragen läßt.

Überhaupt sind in der Schule die Möglichkeiten, sich zu verbessern oder zu verschlechtern, ganz unabhängig von kausalen Zuschreibungen, durch die individuelle Ausgangslage von vornherein eingeschränkt, da wegen der Endlichkeit der Notenskala gute Schüler kaum noch besser, schlechte kaum noch schlechter werden können. Hinzu kommt aber noch ein Weiteres. Die Wahrscheinlichkeiten für positive und negative Änderungsraten sind nur theoretisch gleich, wobei jedoch die institutionellen Leistungserwartungen, die von dem Leitgedanken des Noch-besser-werdens gekennzeichnet sind und die Übernahme dieser Vorstellung zur obersten Schülerpflicht machen (PFEIFFER, 1977), unberücksichtigt bleiben. Dabei ist entscheidend, daß Verbesserungen nicht nur grundsätzlich erwünscht sind, sondern mit allen zur Verfügung stehenden Mitteln – d. h. Anstrengung, Fleiß, Interesse – auch angestrebt werden sollen. KUKLA (i. V., b) hat darauf hingewiesen, daß sich die ausgeprägten Zusammenhänge zwischen Anstrengungsverhalten der Schüler und dem Sanktionsverhalten ihrer Lehrer (s. z. B. WEINER & KUKLA, 1970; RHEINBERG, 1975) eben auf diese moralische Implikation zurückführen lassen, der entsprechen sogar wichtiger zu sein scheint als jedes „realistische" Lernverhalten (HÖHN, 1967). Mit realistisch ist gemeint, daß es für einen Schüler, der z. B. schon seit langem zur untersten Leistungsgruppe gehört, durchaus vernünftig und situationsgerecht sein kann, es an jeder Verbesserungserwartung (und damit auch an Anstrengung) fehlen zu lassen.

Tab. 42: Veränderungserwartung und Zeugnisnote

	Mathematiknote			
	2	3	4	5
$\bar{x}$	.89	1.41	1.58	2.26
s	1.54	1.97	1.91	2.54

Diese beiden außermotivationalen Komponenten machen es verständlich, daß die *mitgeteilten* Erwartungen im Hinblick auf das kommende Schuljahr einerseits mit abnehmendem Leistungsstand positiver ausfallen, (F = 3.58, FG = 3/379, p < .025), darüber hinaus aber auch ausschließlich im Bereich von Konstanz bzw. Verbesserung liegen (s. Tab. 42), wobei die Zuversicht allgemein bei Jungen größer ist als bei Mädchen (t = 2.549, p = .02).

Deshalb wurden die näheren Zusammenhänge zwischen Zukunftserwartung und Ursachenerklärungen für die einzelnen Notengruppen getrennt geprüft, wobei sich als stärkster Faktor der *Schwierigkeitsgrad* des Faches herausstellte (s. Tab. 43). Darüber hinaus zeigten sich lediglich noch vereinzelt signifikante Korrelationen, auf die aber nicht weiter eingegangen werden soll, denn insgesamt zeichnet sich ab, daß dieser Weg nur wenig geeignet sein dürfte, die Kovariationen zwischen Leistungserwartung und Kausalerklärungen wesentlich weiter aufzuklären. Dies wird besonders deutlich durch das Fehlen jeglichen Bezugs zum internal-variablen Faktor Anstrengung, der bei den Vierern überhaupt nicht, bei den Fünfern nur in ganz schwacher Tendenz auftritt.

Tab. 43: Produkt-Moment-Korrelationen zwischen Leistungsänderungserwartung und Kausalfaktoren für die drei Notengruppen

	Mathematiknote		
	2/3 (234)	4 (109)	5 (26)
Interesse	.12[+]	−.01	−.02
Fähigkeit	.04	.09	−.07
Anstrengung	.01	−.02	−.10
Schwierigkeit	.14[++]	.31[+++]	−.26
Ablenkung	.01	−.03	−.06
Schülersympathie	.07	−.06	−.06
Lehrersympathie	.07	−.11	−.14
Zufall	−.07	−.10	.02
Häusliche Unterstützung	.08	.00	−.20
Klassenunterstützung	−.19[++]	−.04	−.25
Unterricht	−.01	−.09	.03

[+] p < .05   [++] p < .01   [+++] p < .001

Ein etwas klareres Bild ergibt sich erst, wenn nicht einzelne Ursachen, sondern die drei extrahierten Faktoren mit dem Erwartungsparameter in Beziehung gesetzt werden (s. Tab. 44), denn nun deutet sich, wenngleich immer noch sehr schwach, an, daß Antizipationen schulischer Verbesserung nicht unabhängig von kognitiven Kausalschlüssen über bereits erbrachte Resultate aufgebaut werden. Denn Schüler glauben um so eher, sich verbessern zu können, je stärker sie ihre bisherigen Leistungen *internal* attribuieren, und sie halten positive Veränderungen für um so weniger wahrscheinlich, je mehr die Beteiligung externaler Einflüsse betont wird (die Differenz zwischen I und III ist hochsignifikant: $z = 3.23$, $p < .001$).

Tab. 44: Partialkorrelationen zwischen Kausaldimensionen und Änderungserwartung unter Ausschaltung des Noteneinflusses ($N = 348$)

Faktor		
I	II	III
$.11^+$	$.01$	$-.14^{++}$

$^+ p < .02$ $^{++} p < .005$

Dabei deutet sich regressionsanalytisch an, daß es auf der personalen Seite ausschließlich die beiden Kausalelemente *Schwierigkeit* und *Anstrengung* (!), external dagegen die im Zusammenhang mit der Zensurenerklärung nicht hervorgetretene Variable *Klassenunterstützung* sind, die zur Determination der Erwartung beitragen.

10.3.9. Selbstkonzept, Ursachenerklärungen und Leistungsänderungserwartung

Abschließend geht es darum, die bereits wiederholt angesprochene Dependenz zwischen Fähigkeitswahrnehmung und Ursachenerklärungen nun auch empirisch zu belegen. Zuvor ist jedoch einem möglichen Mißverständnis entgegenzutreten. Denn da in einem der vorangehenden Abschnitte gezeigt wurde, daß die realen Leistungen (Zensuren) mit charakteristischen Attribuierungsmustern einhergehen (zumindest bei guten und schlechten Schülern), könnte der Eindruck entstehen, daß somit einfach nur bessere Noten gegeben zu werden bräuchten, um die langfristig günstigeren Erklärungsmuster zu erzielen.

Das mag so sein, realistisch wäre ein solcher Schluß jedoch nicht. Denn indem der Lehrer angehalten, ja sogar verpflichtet ist, Leistungsbewertungen vorzunehmen, bleibt ihm, von gewissen Entscheidungsfreiräumen abgesehen, letztlich gar keine andere Wahl als immer wieder auf dem Hintergrund sozialer Bezugsnormorientierung quasi-objektive Rückmeldungen zu vergeben. Wenn überhaupt, so ist deshalb das attributive Ziel nur erreichbar, wenn andernorts angesetzt wird, nämlich am kognitiven Kovariat aller Leistungserfahrungen, dem Selbstkonzept.

Dies setzt jedoch voraus, daß zwischen Fähigkeitswahrnehmung und Attribuierungen noch Zusammenhänge bestehen, die *nicht allein schon durch ihre partielle Korrespondenz mit den Zensuren* erklärt werden können. Denn andernfalls wäre ein eigenständiges Konstrukt Selbstkonzept nicht nur überflüssig; auch gäbe es dann im Hinblick auf die Beeinflussung schulischer Leistungen wirklich nur die eine Möglichkeit, auf jegliche Zensurenvergabe ganz zu verzichten.

Deshalb wurden in Tab. 45 partielle Korrelationen zwischen Selbstkonzept und Kausalerklärungen berechnet, die von dem durch die Note bedingten gemeinsamen Varianzanteil bereinigt waren. Es ist offensichtlich, daß auch nach diesem Ausschluß noch beträchtliche Zusammenhänge bestehen bleiben, und zwar sowohl für den internalen wie auch den Sympathiefaktor, nicht jedoch für die externale Dimension.

Dieses Ergebnis deutet darauf hin, daß in bezug auf die Fähigkeitswahrnehmung die Rolle solcher Einflußfaktoren, die außerhalb der Person liegen, weitgehend bedeutungslos ist. Das heißt aber nicht, daß perzipierte Fremdeinflüsse in der Schule keine Relevanz besäßen (man vergleiche nur den Zusammenhang zwischen Faktor III und der Note). Vielmehr vermuten wir, daß externale Einflußquellen um so unwichtiger werden, je zeitlich stabilisierter und etablierter der Sachverhalt ist, den es zu erklären gilt. Nur so ist es verständlich, weshalb sich bei experimentellen Leistungen relativ hohe, für Zeugnisnoten, die ein halbes Jahr umfassen, immerhin noch bemerkenswerte, für die Kompetenzwahrnehmung dagegen überhaupt keine entsprechenden Beziehungen mehr nachweisen lassen.

Für die Selbstwahrnehmung am bedeutungsvollsten sind jedoch die *internalen* Erklärungsmuster, allen voran die erlebte Schwierigkeit. Einerseits ist diese Zuordnungsdominanz kaum sonderlich überraschend, denn wenn man sich vergegenwärtigt, daß sich Zeugnisnoten in bezug auf ihre *zeitliche Verankerung* nicht nur vom Laborexperiment, sondern selbst von realistischen, aber lokalen Leistungserfahrungen wie Prüfungen oder Klassenarbeiten deutlich unterscheiden, so muß der Spielraum für äußere – zufällige oder auch andere – Einflüsse naturgemäß sehr viel geringer sein.

Was jedoch verwundert ist, für wie gering Schüler die Rolle solcher Faktoren einschätzen, die ihrer Kontrolle nicht unterliegen. Die

Kausalquelle *Unterricht* ist hierfür ein besonders geeignetes Beispiel, denn obwohl ihre erhebliche Bedeutung für das Selbstkonzept nachgewiesen werden konnte, ist sie für die Ursachenerklärung nahezu bedeutungslos und taucht nur noch im unmittelbaren Zusammenhang zur Zensur wieder auf (s. Tab. 45).

Dieses Ergebnis, das sich mit den Überlegungen von NISBETT & WILSON (1977) gut vereinbaren läßt, ist aber nicht nur im Hinblick auf die nachgewiesenermaßen besseren Leistungen der Schüler mit hohem Selbstkonzept bemerkenswert. Denn es läßt sich ebenfalls zeigen, daß auch für die Leistungszuversicht (i. S. v. Verbesserungserwartung) die Fähigkeitswahrnehmung nicht ohne Belang ist: selbst wenn über eine Kovarianzanalyse die Mathematiknote kontrolliert wird, bleibt die Abhängigkeit des Erwartungsparameters noch erhalten ($F = 5.44$, $FG = 2/379$, $p < .005$). D. h., die untersuchten Schüler erwarten um so eher eine positive Leistungsveränderung im kommenden Schuljahr, je höher ihr Selbstkonzept ausfällt, unabhängig vom augenblicklichen Leistungsstand ($r = .16$, $p < .001$).

Tab. 45: Korrelationen der Ursachenfaktoren a) mit der Note und b) mit dem SKM unter Ausschaltung des Noteneinflusses

Ursachenquelle	Note	SKM
Interesse	.50+++	.31+++
Fähigkeit	.53+++	.21+++
Anstrengung	.40+++	.19+++
Ablenkung	.27+++	.15++
Schwierigkeit	.54+++	.41+++
Faktor I	.61+++	.39+++
Schülersympathie	.23+++	.11++
Lehrersympathie	.31+++	.10+
Faktor II	.31+++	.11++
Zufall	.39+++	−.05
Klassenunterstützung	.13++	.03
Faktor III	.33+++	−.02
Häusliche Unterstützung	.11++	.18+++
Unterricht	.33+++	.07

+ $p < .05$ ++ $p < .01$ +++ $p < .001$

Damit braucht die maßgebliche Rolle des Fähigkeitskonzepts für das schulische Lernen wohl nicht länger nur unterstellt oder aus experimentalpsychologischen Analogien erschlossen zu werden.

10.4. Zusammenfassung

Welche Bedeutung haben Ursachenerklärungen im Zusammenhang mit Schulleistungen? Dieser Frage, die auf die grundsätzliche Übertragbarkeit und Anwendbarkeit der Attributionstheorie auf natürliche Lernbedingungen abzielt, wurde am Beispiel der letzten Mathematikzensur für Hauptschüler der 7. und 8. Klasse nachgegangen. Dabei war von vornherein zu erwarten, daß Übereinstimmungen mit experimentellen Ergebnissen aus diesem Feld nur begrenzt auftreten würden, da Schulleistungen nicht nur von grundsätzlich anderer Bedeutung für den einzelnen sind als Testaufgaben, sondern darüber hinaus auch auf unvergleichbar mehr und differenzierteren Erfahrungen beruhen. Deshalb wurden im Hinblick auf die attributiven Konsequenzen des Leistungsaufhängers „Zeugnisnote" zunächst auch keine weiteren Hypothesen geäußert.

Methodisch wurde so vorgegangen, daß alle Schüler für elf vorgegebene Kausalfaktoren anzugeben hatten, inwieweit sich jeder einzelne günstig bzw. ungünstig auf ihre Zensur ausgewirkt habe. Zusätzlich war auf einer 7-Punkte-Skala jeweils anzuzeigen, wie stark der Einfluß eingeschätzt wurde.

Es zeigte sich, daß – unter Vernachlässigung des Richtungsaspektes – in bezug auf die Gewichtigkeit drei Gruppen von Ursachen unterschieden werden konnten, die sich statistisch hochsignifikant voneinander unterschieden. Am bedeutsamsten erwiesen sich die internalen Faktoren *Fähigkeit, Anstrengung* und *Interesse* sowie *Schwierigkeit* des Faches und *Unterricht,* gefolgt von den vier Elementen *Schülersympathie, Zufall, Häusliche Unterstützung* und *Klassenunterstützung,* die beide von Mädchen stärker betont wurden als von Jungen, während in allen anderen Fällen jedoch keine Geschlechtsunterschiede auftraten.

Diese ersten Ergebnisse deuteten bereits an, daß alle Schüler ganz unabhängig von ihrem Leistungsstand den personalen Kräften größeres Gewicht beimaßen als Einflüssen, für die sie selbst nicht unmittelbar verantwortlich waren. Bemerkenswert war darüber hinaus, daß der Faktor *Unterricht,* der von Lehrern entweder völlig ignoriert oder nur von solchen mit charakteristischer Schülerorientierung erwähnt wurde (s. RHEINBERG, 1977) hier nicht nur Beachtung fand, sondern sogar in der Gruppe der höchstgewichteten Variablen auftauchte. Das macht deutlich, daß aus der Perspektive von Schülern Lernerfolg und Lernsituation, die von der didaktischen Kompetenz und anderen Fähigkeiten des Lehrers mitbestimmt wird, relativ eng miteinander zusammenhängen. Zu einem ähnlichen Ergebnis kam auch WAGNER (1977), der Schüler zu Attributionen von hypothetischen Leistungssituationen (gute v.s. schlechte Leistung) aufgefordert hatte.

Im nächsten Analyseschritt wurde deutlich, daß *Unterrichtsattribuierungen* nicht etwa verstärkt von guten oder schlechten Schülern vorgenommen wurden, sondern über das gesamte Leistungskontinuum verteilt waren. Ebenso war die Ausprägung von *Anstrengung* und *Interesse* zensurenunabhängig. D. h., daß *alle* Probanden diesen drei Faktoren die gleiche Bedeutung beimaßen, wobei *Interesse* aber möglicherweise keine eigene orthogonale Dimension darstellt, da sich vermuten läßt, daß hiermit eher intentionale Folgen von Leistungserfahrungen als wirkliche kausale Begründungen angesprochen sind. Somit blies festzuhalten, daß sowohl eine internale als auch eine externale Dimension auf allen Leistungsebenen vertreten war, was im Hinblick auf schlechte Schüler bedeutet, daß diese in die Verantwortlichkeit für ihre schulischen Mißerfolge auch den Lehrer miteinbeziehen. Umgekehrt hatte sich dagegen gezeigt, daß Erzieher in diesen Fällen weitaus weniger geneigt waren, sich mitverantwortlich zu fühlen (BECKMAN, 1970).

Als zweite zensurenbezogene Verlaufsform von Attribuierungen ergaben sich mit der Note linear ansteigende Beziehungen zu den Faktoren *Sympathie, Zufall* und *Ablenkung,* die alle in ihrer Bedeutung um so höher eingestuft wurden, je schlechter der Leistungsstand des Schülers war. Wiederum muß offen bleiben, inwieweit diese Zusammenhänge nicht Erklärungen, sondern *Folgen* der Zensuren sind.

Am interessantesten war jedoch eine Faktorengruppe, bei der eine zunächst lineare Notenabhängigkeit durch die schlechtesten Schüler wieder aufgehoben, d. h. umgekehrt wurde. Hierzu zählte aus dem externalen Bereich *Häusliche Unterstützung,* deren Bedeutung bis hin zu den Vierern zunächst anstieg, von den Fünfern jedoch wieder deutlich geringer eingeschätzt wurde. Auf der Personseite fand sich der gleiche Verlauf für die *Fähigkeitswahrnehmung* und – die *Aufgabenschwierigkeit,* was darauf hinwies, daß dieser ursprünglich externalstabil gedachte Parameter zumindest innerhalb dieser Untersuchung in sein subjektives Korrelat „Schwierigkeit für mich" transformiert und damit ebenfalls den internalen Ursachenelementen zugeschlagen wurde. Dieser Verdacht ließ sich später faktorenanalytisch noch erhärten.

Als vorläufige Quintessenz zeichnete sich damit ab, daß gerade für die Gruppe der Leistungsschwächsten aus attributionstheoretischer Sicht eher ungünstige motivationale Voraussetzungen gegeben sind, da sie ihren Leistungsstand verstärkt mit Fähigkeitsperzeptionen kausal verbinden und relativ „handfeste" exkulpierende Ursachen wie das häusliche Milieu (d. h. u. a. auch Hilfe und Unterstützung bei der Ausführung schulischer Leistungsanforderungen) eher zurückweisen. Stattdessen wurde in dieser Hinsicht verstärkt *Zufall* ins Spiel gebracht, was aber, wie sich anschließend zeigte, wohl mehr als Selbstschutzmaßnahme denn als echte Begründung verstanden werden muß. Denn es ist nicht nur verwunderlich, daß ausgerechnet ein dermaßen irrationales und unkalkulierbares Moment mit einem doch ziemlich „schwankungsbereinigten" Leistungsindex wie Zeugnisnoten in Beziehung gesetzt wird. Auch das „Seite an Seite" von internalen und *Pech*-Attribuierungen läßt sein kausales *Gewicht* eher fragwürdig erscheinen.

Nur für die Variable *Klassenunterstützung* fanden sich darüber hinaus auch noch geschlechtsspezifische Unterschiede, die insgesamt auf eine höhere „klimatische Sensibilität" der Schülerinnen verwiesen. Es schien jedoch vertretbar, diese einzige Differenz bei den weiteren Auswertungen zu vernachlässigen und von der Annahme weitgehend gleicher Attribuierungsmuster bei Jungen und Mädchen auszugehen. Auch wenn sich auf der Ebene von Schulnoten die im Experiment meist hergestellte duale Struktur von „Erfolg" bzw. „Mißerfolg" nicht so ohne weiteres reproduzieren läßt, weil der nominale Status von Zensuren interindividuell äußerst unterschiedlich ausfallen kann, so lassen sich aber zumindest für die beiden Endpositionen des Notenkontinuums in diesem Sinne eindeutige Verhältnisse annehmen. Dies kam auch in den Daten zum Ausdruck: Schüler mit der Zeugnisnote „mangelhaft" perzipierten in erster Linie *ungünstige* Einflüsse, während die bessern (und hier ließen sich die Notengruppen „gut" und „befriedigend" zusammenfassen) vornehmlich *lernbegünstigende* Kausalkognitionen thematisierten. Davon deutlich abgesetzt waren die Vierer, bei denen sich beide Einflußrichtungen in etwa die Waage hielten.

Die zensurenbezogene Einzelbetrachtung der elf Kausalfaktoren verdeutlichte dieses Bild noch stärker, denn alle drei Notengruppen unterschieden sich bei den meisten Ursachen im Hinblick auf ihre Gerichtetheit sehr deutlich voneinander.

So ließen sich die im Mittel ausnahmslos positiven Skalierungen der besseren Schüler in zwei größere Komplexe aufteilen, deren einer durch durchweg hohe Ausprägungen gekennzeichnet war, während dem anderen nur geringfügige Bedeutung zugesprochen wurde. Unerwarteterweise gehörten zu der positiven Gruppe jedoch nicht nur die zentralen internalen Faktoren *Fähigkeit* (bzw. *Schwierigkeit*) und *Anstrengung*, die möglicherweise in der ebenfalls hierzu gehörigen Dimension *Interesse* eingeflossen sind. Nicht minder deutlich wurde auch der Lehrer mitverantwortlich gemacht *(Unterricht)*, wobei sich aber natürlich auch hierzu zunächst noch nicht sagen läßt, inwiefern hier lediglich eine Art Überstrahlungseffekt, diesmal von der Schülerseite, dem jedoch keine eigentliche kausale Relevanz zukommt, durch die Offerte des Untersuchers (der diese Kategorie vorgab) nahegelegt wurde. Alle anderen Faktoren waren weitgehend irrelevant.

Überwogen bei den Besseren noch die personalen Kausalzuschreibungen, so ließ sich eine vergleichbar deutliche Dominanz von Attribuierungen bei der Marginalgruppe mit der Note „ausreichend" jedoch nicht mehr feststellen. Bis auf wenige positive *(Unterricht, Häusliche Unterstützung)* und negative *(Lehrersympathie)* Hinweise streuten alle anderen Faktoren ziemlich eng um den Nullpunkt. Varianzen in derselben Größenordnung wie bei den anderen Zensurengruppen wiesen allerdings darauf hin, daß die anscheinend bestehende Bedeutungslosigkeit eher ein Artefakt der statistischen Aufbereitung war, als daß sich hierin die tatsächlichen Verhältnisse widerspiegelten.

Erforderlich war somit eine ergänzende Binnendifferenzierung, die jedoch im Rahmen dieser Untersuchung nicht zu leisten war. Stattdessen wurden lediglich einige erste Hinweise gegeben, in welcher Richtung nach zusätzlichen Unterscheidungsmerkmalen zu suchen sei. Sowohl Geschlechts- und Kurszugehörigkeit als auch die Höhe des mathematischen Selbstkonzepts ließen erkennen, daß sie nützlich sein könnten, zur weiteren Varianzaufklärung beizutragen. Dennoch blieb festzustellen, daß insbesondere der gesamte erste Faktorenkomplex, der auch bei den schlechten Schülern wieder eine exponierte Stellung einnahm, mit Abstand am geringsten ausgeprägt war.

Bei den Fünfern waren die Attribuierungsverhältnisse wiederum relativ klar, denn ähnlich wie bei den guten Schülern überwogen auch bei ihnen die *internalen* Ursachenzuschreibungen, nur in entgegengesetzter Richtung. Die stärkste Beeinträchtigung wurde dem stabilen *Fähigkeitsfaktor* (sowie der damit verbundenen zu großen *Aufgabenschwierigkeit*) zugesprochen, was erkennen läßt, daß diese Schüler die Ursachen ihres Versagens in erster Linie in der eigenen Person selbst begründet sahen.

Welche Bedeutung externale Kausalfaktoren für die Leistungserklärung spielen, war zunächst nicht eindeutig erkennbar. So wurde einerseits der gesamte Bereich von *Fremdhilfe und -unterstützung* seitens der Klassengemeinschaft oder auch des Elternhauses als weitgehend bedeutungslos angesehen, und selbst dem Kontextparameter *Unter-

richt wurde lediglich eine untergeordnete Bedeutung zugewiesen. Anderseits entfiel die höchste Merkmalsausprägung (gemeinsam mit *Schwierigkeit*) auf den Faktor *Pech*. Somit scheint es, daß die Leistungsschwächsten zwar *auch* auf Ursachen verweisen, die außerhalb ihres eigenen Verantwortlichkeitsbereiches liegen, ohne diese jedoch näher spezifizieren zu können. Wenn Attribuierungen sich im Sinne der Selbstwerthypothese als „defensive Manöver" charakterisieren lassen, dann wohl am ehesten an dieser Stelle, wo *Zufall* in seiner ursprünglichen Definition als rein stochastisches Prinzip ins Spiel gebracht wird. In diesem Zusammenhang sei darauf hingewiesen, daß sich in der Vorläuferuntersuchung zu dieser Studie (JOPT, 1977a) *keine* Hinweise in dieser Richtung ergeben hatten.

Zusammenfassend läßt sich damit feststellen, daß die Analyse von Ursachenerklärungen auf dem Hintergrund eines erweiterten Faktorenkatalogs eine Reihe bemerkenswerter Ergebnisse ans Licht gebracht hat, die im Rahmen des bisher vorliegenden attributionstheoretischen Netzwerkes nicht vorhergesagt worden wären. Insbesondere ist deutlich geworden, daß das WEINERsche Vierfelderschema, soll es auf die Schulsituation übertragen werden, sowohl ergänzt *(Unterricht)* als auch modifiziert werden muß.

Außerdem deutete sich aber auch bereits an, daß die Faktoren *Fremdhilfe, Sympathie des Lehrers* und *Außerschulische Ablenkung* insgesamt nur wenig zur weiteren Differenzierung beitragen, so daß sie bei zukünftigen Untersuchungen nicht weiter berücksichtigt werden sollten.

Im nächsten Schritt wurden alle Ursachenquellen (bis auf *Häusliche Unterstützung*) faktorenanalytisch auf gemeinsame Dimensionen hin untersucht, wobei sich drei Faktoren extrahieren ließen; zwei von ihnen beschrieben internale bzw. externale Ursachen, der dritte wies ausschließlich für die beiden Sympathievariablen hohe Ladungsanteile auf. Hierbei zeigte sich erneut, daß *Schwierigkeit* eindeutig Faktor I, d. h. dem personalen Bereich zugeordnet war. Weiterhin war zu erkennen, daß *Ablenkung* sowohl im Sinne von „sich ablenken lassen" (Faktor I) als auch von „abgelenkt werden" (Faktor III) aufgefaßt wurde. Unerklärt bleiben mußte die Struktur des *Unterrichtsfaktors,* der auf alle drei Faktoren annähernd gleichhoch lud.

Um einen Hinweis auf die Bedeutung der einzelnen Dimensionen für die Mathematiknote zu erhalten, wurden sie anschließend in eine Regressionsanalyse mit der Zensur als abhängiger Variable eingebracht, wobei sich nur die beiden Faktoren I und III, also internale und externale Attribuierungen, als bedeutsam herausstellten. Darüber hinaus ließen faktorenspezifische Regressionen erkennen, daß es auf der Personseite vornehmlich die Variable *Fähigkeit* (bzw. *Schwierig-*

keit), external dagegen *Zufall* und *Unterricht* (die trotz ihrer faktoriellen Mehrdeutigkeit dem dritten Faktor zugeschlagen wurde) waren, die signifikant zur Vorhersage der Note beitrugen.

Um über die Zensurenabhängigkeit von Attribuierungen hinaus auch noch einen Hinweis auf weitere Einflußquellen zu erhalten, wurden die elf Ursachenquellen schließlich mit Kennwerten des Leistungsmotivs, der Angst und des wahrgenommenen Unterrichtsstils des Lehrers in Beziehung gesetzt, die allesamt im Rahmen von Studie II erhoben worden waren. Zwar ließen sich gegen die dort vorgenommene Operationalisierung der Kausalerklärungen methodische Einwände vorbringen, dennoch war dieses Vorgehen im Hinblick auf den heuristischen Wert der zu erwartenden Ergebnisse durchaus noch zu rechtfertigen.

Bis auf eine unerklärbare Ausnahme (negative Korrelation zum Faktor *Lehrersympathie*) ließen sich alle signifikanten Zusammenhänge zum Leistungsmotiv recht gut erklären. Insbesondere fand sich nun auch hier die in der Literatur bereits wiederholt berichtete Kovariation zur Fähigkeitsattribuierung, während eine ähnliche Beziehung zum Selbstkonzept in der Untersuchung zuvor *nicht* nachgewiesen werden konnte. In bezug auf die Persönlichkeitsmerkmale Prüfungsangst bzw. überdauernde Angst kehrte sich der Zusammenhang genau um: nachweislich mit dem Fähigkeitskonzept verknüpft, ließen sich auf attributiver Ebene jedoch keine Gemeinsamkeiten mehr feststellen. Daraus ließe sich der Schluß ziehen, daß eine über das Leistungsmotiv abgeleitete Begründung für die Gleichsetzung von Fähigkeitswahrnehmung und Fähigkeitsattribuierung unzulässig sei, da nur die kognitiven Kausalschlüsse motivational beeinflußt zu sein scheinen, nicht jedoch die nachhaltig erfahrungsgebundenen Vorstellungen des eigenen Könnens.

Ursachenerklärungen sind jedoch nicht nur eine Angelegenheit der Person, sondern hängen auch mit ab von Kontextmerkmalen der Situation, innerhalb der die zu erklärende Leistung erbracht wurde. Das bedeutet im Hinblick auf die Schule, daß auch der Lehrer durch die Gestaltung seiner Interaktionen mit den Schülern mittelbar auf ihre kausalen Überzeugungen mit einwirkt. Diese Vermutung bestätigte sich eindrucksvoll, denn unabhängig vom konkreten Leistungsstand (der auspartialisiert worden war) fiel gerade die motivational bedeutsame Anstrengungsattribuierung um so höher aus, je weniger lenkend, streng und kontrollierend der Lehrer seinen Unterricht praktizierte (genauer: in diesem Sinne von seinen Schülern gesehen wurde).

Ganz gewiß hatte die Motivationspsychologie mit ihrer kognitiven Neuorientierung einen großen Schritt in Richtung auf ein sehr viel angemesseneres Verständnis für die motivationalen Prozesse, die an allen Lern- und Leistungsvorgängen mitbeteiligt sind, getan. Es erscheint auch nicht unplausibel, aus dem Studium von typischen Attribuierungsmustern Erfolgsmotivierter oder guter Schüler quasinormative Sollvorstellungen abzuleiten, solange sich an der Vorstellung festhalten läßt, daß „günstige" Attribuierungen nicht nur Folge positiver Leistungszustände, sondern zugleich auch deren Vorläufer sind. Im theoretischen Rahmen liegen die entsprechenden Begründungen auch bereits vor (vgl. WEINER, 1976), doch KRUG & HANEL (1976) mußten feststellen, daß über ein entsprechendes Trainingsprogramm nahegebrachte Veränderungen bisheriger Attribuierungsgewohnheiten „zwar Auswirkungen auf den motivationalen und intellektuellen, nicht aber auf den schulischen Leistungsbereich hatte" (S. 282).

In diesem Sinne ließ sich auch hier zeigen, daß die *Erwartung* einer zukünftigen Leistungsverbesserung um so höher ausfiel, je stärker die bisherige Leistung in positiver Richtung internal attribuiert wurde, während für die externalen Erklärungen genau der entgegengesetzte Zusammenhang auftrat. Nimmt man weiterhin an, daß Leistungserwartungen die entscheidendsten Voraussetzungen für jede Änderung überhaupt sind (sozusagen ein motivationspsychologisches Axiom, das erst kürzlich wieder eindrucksvoll durch HECKHAUSEN, 1977b, am Beispiel mündlicher Examensprüfungen bestätigt wurde), so ist dies das vielleicht wichtigste Ergebnis der dritten Untersuchung. In Analogie zu den Arbeiten MEYERs (1973a, 1976), der die Bedeutung der Fähigkeitswahrnehmung für motivationale Investitionen in Form von Anstrengung und Ausdauer experimentell wiederholt nachgewiesen hatte und dessen Annahmen auch für schulische Verhältnisse zuzutreffen scheinen (JOPT, i. V.), konnte abschließend auch noch gezeigt werden, daß Kausalattribuierungen und mathematisches Selbstkonzept gemeinsame Varianzanteile aufwiesen, die unabhängig vom Leistungsstand auftraten.

Wiederum waren hiervon in erster Linie die internalen Faktoren betroffen, so daß sich ein Zusammenhang zwischen Leistungsänderungserwartung und Kompetenzwahrnehmung nicht länger nur theoretisch vermuten, sondern erstmals auch empirisch nachweisen ließ.

11. „PÄDAGOGISCHE IMPLIKATIONEN"

11.1. *Was nützen Lehrern attributionstheoretische Kenntnisse?*

Nach WEINER (1975b) lassen sich der Attributionstheorie im wesentlichen drei zentrale Fragestellungen zuordnen.

(1) Was waren die wahrgenommenen Ursachen des Ereignisses?
(2) Welche Information hat zu der kausalen Folgerung geführt?
(3) Was sind die Konsequenzen dieser kausalen Zuschreibung?

Daß ein Wissenschaftsbereich, der sich mit solchen Problemen beschäftigt, ziemlich schnell das Interesse und die Aufmerksamkeit gerade des pädagogischen Praktikers auf sich zieht, ist eigentlich nur zu verständlich, denn kaum jemand ist tagtäglich so unmittelbar mit „Konsequenzen", die irgendwie durch interindividuelle Motivations- und Persönlichkeitsunterschiede entscheidend mitbestimmt werden, konfrontiert wie der Lehrer. Dabei ergeht es ihm zunächst nicht anders als grundsätzlich allen anderen Menschen auch: aus einem elementaren Bedürfnis nach einer überschaubaren und logisch geordneten Umwelt, die sich kognitiv verstehen läßt, sucht er nach plausiblen Begründungen – Ursachen – für die zu beobachtenden Phänomene (s. MEYER & SCHMALT, i. V.).

Bis hierhin besteht der einzige Unterschied zum Nichtlehrer eigentlich nur darin, daß ein spezifisches Segment aus dem Universum erklärungsbedürftiger Phänomene, nämlich *menschliches Verhalten* mit dem zusätzlichen Schwerpunkt *Leistungsverhalten,* aufgrund seines Berufs wesentlich häufiger die Erklärungssituation ausmacht als dies anderswo der Fall ist. Doch das ist sozusagen nur die „untypische" Seite der Lehrersituation. Denn gerade in bezug auf diesen Bereich suchen Lehrer nicht nur nach Ursachenerklärungen „für sich selbst"; darüber hinaus sind sie zugleich auch qua ihrer beruflichen Rolle aufgefordert, ihre kausalen Zuschreibungen mit – höchst bedeutungsvollen – Entscheidungen in Form von Ratschlägen an die Eltern, Empfehlungen für Schulwechsel, prognostischen Gutachten u. ä. m. zu verknüpfen.

Erst diese zusätzliche Funktion des Pädagogen als „diagnostische Instanz" (RHEINBERG, i. V.) ist es, die die besondere Bedeutung seiner Attribuierungen ausmacht, wobei gleichzeitig noch ein weiterer Gesichtspunkt zu beachten ist: Wie LAUCKEN (1974) gezeigt hat, ist es ein Kennzeichen naiv-psychologischer Verhaltenstheorien, unter die sich Kausalerklärungen subsumieren lassen, daß sie grundsätzlich nicht falsifizierbar und auch praktisch auf relativ ausgeprägte Weise änderungsresistent sind. Dies hat u. a. zur Folge, daß es in der Regel erst einer Vielzahl von „Kollisionen" mit der Wirklichkeit bedarf, bevor erwartungswidrige Erfahrungen nicht länger separat abgespeichert werden können (als sogenanntes „Restwissen"), sondern zur Modifikation der privaten Theorie nötigen. Anders gesagt: für den Laienpsychologen, d. h. für den Alltagsmenschen, ist der *Validitätsnachweis* seiner kausalen Schlüsse und Interpretationen im Grunde nur von peripherer Bedeutung, denn Wahrnehmungsselektivität und einseitige Deutungen der Wirklichkeit sind meist – zumindest lange – ausreichende kognitive Hilfen, um die „Überzeugungsvalidität" der eigenen Vorstellungen immer wieder zu bestätigen.

Doch die hierin zum Ausdruck kommende *Privatheit* der naiven Theorie ist für den Lehrer nicht mehr gegeben. Im Gegenteil: Sieht man von der eher kleinen Gruppe klinischer Psychologen einmal ab, so scheint für keinen anderen Personenkreis die *Öffentlichkeit* kausalen Überzeugungswissens so unmittelbar zu sein wie gerade für ihn. Das hat natürlich Konsequenzen, denn mit dieser Publizität verbunden ist nicht nur die Forderung nach erheblich größerer Sogfalt bei der *Identifikation* von Kausalquellen (Objektivität und Reliabilität); auch seine kausalen Schlüsse, retro- wie prospektiv, sind nun erheblich stärker empirischen Falsifikationsbedrohungen ausgesetzt (Validität).

Es ist schon schwer genug, allen diesen testtheoretischen Güteanforderungen im Rahmen der Konstruktion psychologischer Meßinstrumente gerecht zu werden. Hierauf jedoch auch den Lehrer zu verpflichten, käme einer hoffnungslosen Überforderung gleich. Andererseits ist aber vom „Gegenstand" her ihre größtmögliche Approximation unstrittig, so daß sich der Erzieher in einem Zustand „perpetuierter Dissonanz" befände, würde es ihm nicht gelingen, zumindest für sich selbst die Gültigkeit seiner Theorie möglichst zweifelsfrei zu verankern. Spätestens seit FESTINGER ist jedoch bekannt, daß kognitive Inkongruenzen nicht lange beständig sind und auf eine baldige Wiederherstellung des Gleichgewichtes hindrängen. Daraus resultiert zweierlei: es läßt sich vermuten, daß nicht nur jeder Lehrer eine relativ stabile Überzeugungsmatrix über Schüler-Umwelt-Zusammenhänge ausbildet (s. die Untersuchungen von HOFER, 1969, SCHWARZER, 1976 oder auch RHEINBERG, 1977), die in ihrer Struktur, nicht aber hinsichtlich der Gewichtung einzelner Elemente interindividuell weitgehend invariant ausfällt; darüber hinaus sind auch erhebliche Unterschiede im Hinblick auf die Bereitschaft zur Auseinandersetzung mit anderen – auch wissenschaftlichen – Theorien, die sich auf denselben Sachverhalt beziehen, jedoch andere Verknüpfungsregeln zugrunde legen, zu erwarten.

Dabei wird es allerdings *nicht* der auf der Ebene seiner Privattheorie weniger ambiguitätstolerante Lehrer sein, der sich durch die attributionstheoretische Forschung angesprochen fühlt. Und es ist wohl auch nicht so, daß er lediglich etwas länger braucht, um von ihr eingenommen zu werden, denn gerade in bezug auf den wesentlichsten Inhalt, die Schulleistung, fällt es nur allzu leicht, jeden Tag erneut Erfahrungen zu sammeln, die zur Festigung der persönlichen „Überzeugungsvalidität" beitragen, so daß jeder theoretische Positionswechsel oder auch nur Verunsicherung geradezu unsinnig wäre.

Abwehr von Mitverantwortlichkeit in Verbindung mit dem ohnehin leichteren Festhalten an kausalen „wenn-dann"-Beziehungen (die noch heute in jeder Denkerziehung an erster Stelle stehen) machen es dann auf diesem Hintergrund ziemlich leicht, Schulleistungsursachen in erster Linie in der Person des Handelnden begründet zu sehen und dafür auch Bestätigung zu finden. Nur verständlich, daß solche Erzieher sich in erster Linie als *Registratoren* von Leistungsunterschieden erleben (RHEINBERG, 1977, hat diese Perspektive über das Konzept „Bezugsnormorientiertheit" überzeugend herausgearbeitet) und von daher ihre Berufsrolle vornehmlich unter inhaltlich-sachlichen Gesichtspunkten (Information und Wissensvermittlung) strukturieren (s. BICKEL & CHRISTEN, 1977; PFEIFER, 1977).

Durch die Attributionstheorie angesprochen fühlen wird sich somit eher jene Gruppe von Lehrern, die schon immer auch noch in anderen als allein stabil-kognitiven Eingangsvoraussetzungen der Schüler einen gewichtigen Grund für die beobachtbare Leistungsvariabilität gesehen hat und deshalb ihre Urteilsbildung nicht nur auf Leistungsvergleiche *zwischen* Schülern stützte, sondern vermehrt auch *intraindividuellen* Schwankungen Rechnung trug (eine in diesem Sinne erhöhte „Tendenzorientierung" mancher Lehrer wurde gleichfalls in der oben genannten Untersuchung von RHEINBERG, 1977, nachgewiesen).

Nur um diese Pädagogen, deren Einstellung möglicherweise gerade von Junglehrern geteilt wird (s. ihre Ausbildungswünsche in ZfL-DISKUSSION, 1976), geht es bei den weiteren Überlegungen. Dabei sind wir uns der Künstlichkeit des hier aufgebauten Dualismus natürlich insofern bewußt, als es wohl kaum einen Lehrer geben wird, der nicht irgendwie *auch* nicht-itellektuellen Faktoren der Schülerpersönlichkeit Rechnung trägt. Allerdings macht es schon einen Unterschied, ob beispielsweise Fleiß (HOFER spricht von Arbeitshaltung) als persontypische *Eigenschaft* an den Lernenden herangetragen oder eher als eine veränderbar psychologische Größe aufgefaßt wird, die u. a. auch von solchen Faktoren abhängt, die außerhalb der unmittelbaren Kontrollierbarkeit und damit Steuerbarkeit durch ihn selbst liegt. Von daher liegt die Vermutung nahe, daß die durch RHEINBERG aufgedeckten Orientierungspräferenzen in engem Zusammenhang zu laienpsychologischen Vorstellungen über den Aufbau von Dispositions- und Prozeßkonstrukten stehen (vgl. LAUCKEN, 1974), die beide mit Motivationsbegriffen verbunden werden (können). Nur auf diesem Hintergrund ist die erfolgte Zweiteilung zu sehen, und es scheint daher berechtigt, zwischen Lehrern, die stärker „motivational aufgeschlossen" sind, und anderen, die für dies weniger zutrifft, zu unterscheiden.

Was also hat der in diesem Sinne motivationspsychologisch ansprechbare Lehrer von der Attributionstheorie zu erwarten? Betrachtet man unter diesem Gesichtspunkt nochmals die zu Beginn dieses Kapitels aufgeführten drei großen Fragenkomplexe, so erscheint auf den ersten Blick ihre „pädagogische Attraktivität" nur zu verständlich, denn Motivation, verstanden als *Folge* kausaler Ursachenzuschreibungen von Leistungsresultaten, ist strukturell zunächst durchaus vergleichbar mit dem, was der Lehrer in seiner diagnostischen Funktion ohnehin schon immer getan hat. Die Äquivalenz der Schemata Diagnose → Prognose und Ursachenerklärung → Motivation, beide nur in verschiedenen Personen lokalisiert, weckt von vornherein eine Vertrautheit, die das traditionelle Motivationskonzept zu keinem Zeitpunkt je erreicht hatte (und deshalb zwar in allen pädagogischen Lehrbüchern, sehr viel seltener jedoch als angewandtes Überzeugungswissen in den Klassenzimmern anzutreffen war).

Doch gerade dies halten wir für eine nicht ungefährliche Versuchung, denn abgesehen davon, daß über ihre „naiv-psychologische Plausibilität" (SCHMALT, 1976c) hinaus bisher die allermeisten Explikationen der Attributionstheorie auf das pädagogische Feld „einleuchtende" Analogisierungen und Verallgemeinerungen experimenteller und häufig höchst artifizieller (s. z. B. die Methodik bei WEINER & KUKLA, 1970, oder KUKLA, i. V., b) Laborstudien gewesen sind, ist damit die Tür für eine sehr viel bedeutungsvollere, weil grundsätzlichere „Fehlattribuierung" geöffnet.

Gemeint ist folgendes: Die bisherige attributionstheoretische Forschung ist in dem Sinne „konservativ" fehldeutbar, als sie sich weitgehend nur innerhalb *eines* Systems, das des Handelnden, bewegt bzw. da, wo es um Diskrepanzen verschiedener Wahrnehmungsinstanzen geht, diese zwar theoretisch zu erklären versucht, ohne jedoch die Konsequenzen dieses *Nebeneinanders* für die laienpsychologische Theorienbildung, die jedoch gerade in den Köpfen von Lehrern nicht laienhaft sein *dürfte*, weiterzuverfolgen (JONES & NISBETT, 1971). In diesem Sinne ist eine Attributionstheorie, die sich gegen falsche Folgerungen nicht wehrt, im Hinblick auf den Lehrer genauso *ent-*

lastend wie jede andere Theorie, die von der vorherrschenden *Personbedingtheit* des Verhaltens ausgeht (was durchaus zutreffen kann und hier nicht kritisiert werden soll), auch.

Natürlich trifft es zu, daß Ursachenzuschreibungen aus naiv-psychogischer Sicht als personcharakteristische Steuerungsmechanismen des Leistungsverhaltens erscheinen bzw. – wie WEINER & SIERAD (1975) experimentell bestätigen konnten –, daß „causal beliefs *precede and in part determine* subsequent action" (S. 420; Hervorheb. von mir). Insofern besteht ihre Verankerung im Schüler zu recht. Doch damit ist die Ähnlichkeit zu anderen Persönlichkeitsmerkmalen auch schon am Ende, denn im Gegensatz etwa zum traditionellen Konzept Leistungsmotiv, das als Produkt vorschulischer Sozialisation später vom Lehrer im Großen und Ganzen nur „hingenommen" werden konnte (oder im anderen Fall ein psychologisches Expertentum voraussetzte, das nur von wenigen Einzelpersonen erfüllt wurde, s. die Trainingsstudien von McCLELLAND, De CHARMS u. a.; zusammenfassend: KRUG, 1976), im Gegensatz dazu sind Attribuierungsänderungen nämlich weniger *quasi-therapeutischen Maßnahmen* eines externen Arrangeurs (des Lehrers), sondern Ergebnisse von Schüler-Umwelt-Interaktionen, die *sowohl* den Aufgabenkontext *als auch* die methodisch-didaktische Kompetenz des Unterrichtenden mit einschließen.

Deshalb ist WIDDEL (1977) zwar zuzustimmen, wenn er einräumt, daß „das Leistungsverhalten über eine Änderung der Attribuierungstendenzen zu verbessern" sei, allerdings bestätigt es u. E. nur die oben aufgezeigte Gefahr einer unzulässigen Polarisierung, wenn im Dienste dieses Ziels gleichzeitig den Lehrern ein „Attribuierungsfragebogen für Erfolg und Mißerfolg in der Schule" an die Hand gegeben wird, der seinen ausschließlichen Beobachter- (bzw. Diagnostiker-)status in Sachen Ursachenzuschreibung sozusagen „wissenschaftlich" ausdrücklich bestätigt. Dabei wird, sicherlich ungewollt, zur Stabilisierung der Vorstellung zweier *unabhängiger* Systeme (Schüler vs. Lehrer) insofern noch ein übriges getan, als die enge Anlehnung an das – für die Schule unzureichende – Vierfelderschema WEINERs mit den einzigen Kausalfaktoren Begabung, Anstrengung, Aufgabenschwierigkeit und Zufall dem Schüler nur die Wahl läßt, entweder sich selbst als kausalen Ort mitzuteilen oder undifferenzierte Umständeattribuierungen vorzunehmen, die inhaltlich im Dunklen bleiben.

Wir meinen, daß solche „Diagnosehilfen" nicht nur viel zu früh angeboten werden, auch weisen ihre Folgen für die laienpsychologische Theoriebildung der Erzieher, von der Schüler-Lehrer-Interaktionen *immer* entscheidend abhängig bleiben werden, eher in eine Richtung, die der praktischen Nützlichkeit attributionspsychologischer Aussagen zuwiderläuft. PATTEN & WHITE (1977) haben kürzlich gezeigt, daß allein die Tatsache, *daß* Personen zu Ursachenzuschreibungen aufgefordert wurden, schon ausreichte, eine Leistungsverbesserung herbeizuführen, ganz unabhängig davon, *wie* attribuiert wurde. Es käme u. E. einem nicht zu rechtfertigenden Verzicht auf pädagogisch äußerst relevante Deduktionen dieses Ansatzes gleich, wenn man bei diesem Effekt in der Schule stehenbleiben würde.

In diesem Zusammenhang stellt sich ein weiteres grundsätzliches Problem: „Gibt" es eigentlich in bezug auf dieselbe Ausgangslage interindividuell unterschiedliche Attribuierungen oder spiegeln sich hierin lediglich allgemeine „naive" a-priori-Theorien über Ursache-Wirkungs-Relationen wider?

Diese Frage ist in letzter Zeit vor allem durch NISBETT & WILSON (1977a) aufgeworfen und in bezug auf eine dem Handelnden eigene „introspektive ability" bis auf wenige Ausnahmen verneint worden (s. NISBETT & WILSON, 1977b; NISBETT & BELLOWS, 1977; aber auch BEM, 1967, 1972). Die doppelte Begründung bestand darin, daß sich einerseits zeigen ließ, daß die vom Handelnden angegebenen Ursachen für sein Verhalten meist ganz andere waren als die, die nachweislich zu experimentellen Effekten führten; zum anderen fand sich aber auch stets eine beträchtliche Übereinstimmung zwischen den Ursachenzuschreibungen oder -gewichtungen durch ihn und denen eines externen Beobachters, der lediglich eine Schilderung der Situation erhielt.

Für die Attributionstheorie und besonders für den pädagogischen Anwendungsbereich ist dieses Problem insofern von erheblicher Bedeutung, als es von seiner Beantwortung abhängt, ob kausale Zuschreibungen eher idiographisch oder nomothetisch gesehen werden müssen, womit jeweils ganz andere praktische Konsequenzen verbunden sind.

Folgt man zunächst KELLEY (1973), so ist zumindest in einem bestimmten Fall genug Raum für interindividuelle Attribuierungsvarianz gegeben, nämlich dann, wenn die Person sich in einer bisher unbekannten Situation befindet, für die sie noch keine stabilen Verknüpfungsmuster hat entwickeln können. Notwendigerweise kommt es hier zur Ausbildung eines „configuration concepts", d. h., Kausalzuordnungen erfolgen weitgehend aufgrund von Plausibilitätsüberlegungen – und werden interindividuell um so verschiedener ausfallen, je mehr alternative Ursachen gleichzeitig nebeneinander bestehen. Es läßt sich vermuten, daß dies die günstigste Bedingung dafür ist, daß generalisierte Zuschreibungsbereitschaften (z. B. über das Leistungsmotiv) durchschlagen können, wie es sich in experimentellen Versuchsanordnungen ja auch wiederholt gezeigt hat (MEYER, 1973a, WEINER, 1976).

Dem entspricht jedoch die typische Schulsituation gerade nicht. Hier gilt vielmehr das „covariation concept", wonach *die* Ursache(n) mit dem Effekt verknüpft werden, die *über die* Zeit immer wieder mit ihm gemeinsam aufgetreten sind (varianzanalytische Strategie). Das aber bedeutet, daß vor der festen Verknüpfung zunächst eine Vielzahl von Beobachtungen registriert und auf ihren Informationswert hin verdichtet wurden, wobei verschiedenste Variabilitätsgesichtspunkte Beachtung fanden (Inhalte, Personen, Zeit; s. KELLEY, 1973).

Nur folgerichtig werden die zu einem späteren Zeitpunkt abgefragten Attributionen um so ähnlicher ausfallen, je interindividuell übereinstimmender die Kovariationserfahrungen gewesen sind. Sie werden sich aber auch um so mehr gleichen, je mehr Attributionsvarianz allein schon durch die Situation festgelegt ist. Genau dies ist im Hinblick auf Schulleistung der Fall: eine praktisch nur geringe Zensurenmobilität ermöglicht auf Konsensus-Ebene (Personenvergleich) die wiederholte Erfahrung des „besser" oder „schlechter als andere", die in relativ ausgeprägten Fähigkeitszuschreibungen zum Ausdruck kommt. Von daher ist auch verständlich, daß die einzige Variable, die von allen Versuchspersonen in der Studie von NISBETT & BELLOWS (1977) „richtig" beurteilt wurde, sich auf das Fähigkeits- bzw. Intelligenzmerkmal bezog.

Zumindest die internal-stabile Attribuierung ist somit von vornherein bei weitem nicht so „frei", wie es theoretisch zunächst den Anschein hat. Dabei ist ein wichtiger Sachverhalt jedoch unberücksichtigt geblieben: Fähigkeitsrückschlüsse sind nämlich für gute und schlechte Schüler (der Anschaulichkeit halber sei diese Vereinfachung gestattet) *nicht* gleichwahrscheinlich. Denn wie KELLEY (1973) aufgezeigt hat, legt man für leichte und schwere Aufgaben unterschiedliche Schemata zugrunde, derart, daß im ersten Fall von den beiden leistungsbestimmenden Komponenten Fähigkeit und Anstrengung nur eine vorhanden zu sein braucht, im anderen Fall jedoch beide gegeben sein müssen, damit die Aufgabenbewältigung gelingen kann (s. auch KUN & WEINER, 1973).

Hinzu kommt aber noch ein praktischer Aspekt. In der Regel hören Schüler von ihren Lehrern nicht (oder nur viel seltener), daß ihre Leistungen deshalb gut seien, weil sie sich angestrengt haben. Viel häufiger ist der Hinweis, daß man sich anzustrengen hätte, um *besser* zu werden. D. h., daß unterschiedliche Verknüpfungsvorstellungen zwischen Fähigkeit und Anstrengung (Kompensations- vs. Kopplungsmodell n. HECKHAUSEN, 1974), wie sie sich bei Lehrern nachweisen lassen (RHEINBERG, 1977), *nicht* gleichzusetzen sind mit ihrem Auftreten auch in der Unterrichtssituation.

Beides zusammen bewirkt, daß gute Schüler, die die fachlichen Anforderungen eher als leicht wahrnehmen, in ihren Fähigkeitsattribuierungen stärker übereinstimmen werden als schlechte. Inwieweit darüber hinaus auch noch Anstrengung eine Rolle spielt, hängt vor allem, das hat diese Untersuchung deutlich erkennen lassen, vom Unterrichtsstil des Lehrers mit ab.

Diese Überlegungen decken sich mit einem von WAGNER (1977) berichteten Ergebnis, wonach die höchste Übereinstimmung hinsichtlich der Bedeutung verschiedener Kausalfaktoren zwischen Selbst- und Fremdattribuierung in bezug auf „gute Leistung" bestand ($r = .82$), während für die schlechte Bedingung die größten Unterschiede für die Faktoren Fähigkeit, andauernder Fleiß und Interesse auftraten. Dies könnte ein Hinweis darauf sein, daß der leistungsschwache Schüler weniger als der gute über Attributionen allgemeine Zusammenhangsvermutungen i. S. naiv-psychologischer Persönlichkeits- und Verhaltenstheorien zum Ausdruck bringt, sondern stärker „informationsgebunden", d. h., seine konkreten Lernverhältnisse mitberücksichtigend, vorgeht.

Solche Ergebnisse stimmen zuversichtlich, denn sie deuten an, daß Kausalattribuierungen gerade bei dem Personenkreis, auf den es ankommt – und das sind vor allem die schlechteren Schüler – nicht schon allein durch ihre naiv-theoretischen Ursache-Wirkung-Annahmen erschöpfend determiniert sind. Doch hier liegen andererseits auch gerade die größten Gefahren einer vorschnellen Übertragung attributionstheoretischer Laboruntersuchungen auf das pädagogische Feld. Denn während die Experimente in der Regel zeigen, daß mit veränderten Situationen auch andere kausale Zuschreibungen verbunden sind – z. B. wird Erfolg stärker internal als external attribuiert (MILLER, 1976) oder Zufallsfaktoren treten hauptsächlich im Zusammenhang mit Mißerfolgserfahrungen auf (STEVENS & JONES, 1976) –, steht der Lehrer vor dem genau umgekehrten Problem: er will Attributionen verändern, in der Erwartung, daß sich in Folge davon auch Leistungsänderungen einstellen werden.

Daß diese Vorstellung grundsätzlich nicht unbegründet ist, hat sich auch hier gezeigt. *Wie* aber von seiner Seite aus Einfluß genommen werden kann, dazu sagt die Theorie bisher so gut wie nichts. Dabei hat es zunächst durchaus den Anschein, als würden alle Erzieher bereits auch ohne Theoriekenntnisse so verfahren, wie man es als Forscher nur empfehlen könnte (Betonung von Kompensationsmöglichkeiten durch Investition von Anstrengung). Denn immer wieder wurde gefunden, daß Lehrer ihre Sanktionen am ausgeprägtesten an Faktoren wie Arbeitshaltung (RHEINBERG, 1975) oder Anstrengung (WEINER & KUKLA, 1970; ESWARA, 1973) festmachen bzw. mitberücksichtigen (MEYER, SIMONS & BURZKAMM, 1978) – wenn sie unter diesem Gesichtspunkt *befragt* wurden.

So gesehen, muß man sich eigentlich zu recht wundern, weshalb dann überhaupt noch so viele – schlechte – Schüler in erster Linie Fähigkeits- und nicht Anstrengungsmangel für ihre Leistung verantwortlich machen. Sollte dies bedeuten, daß der Spielraum für internalvariable Ursachenzuschreibungen sozusagen „ausgereizt" ist, weil alle Lernenden sich aufgrund dieses Lehrerverhaltens bereits maximal anstrengten, so wäre die weitere Hinzuziehung der Attributionstheorie logischerweise überflüssig, denn in der Schulleistungsvariabilität kämen nun wirklich nur noch stabile Fähigkeitsunterschiede zum Ausdruck, die motivational nicht mehr zugänglich wären. Doch dies ist wohl kaum der Fall.

Daraus folgt, daß Lehrer anscheinend Verhaltenskovariationen mitteilen, die mit ihrem tatsächlichen Verhalten nur vage übereinstimmen, was kein grundsätzliches Novum wäre (vgl. TAUSCH & TAUSCH, 1970). In der Studie von MEYER, SIMONS & BUTZKAMM (1978) bestätigte sich dieser Verdacht: die Sanktionsangaben der Lehrer stimmten mit denen der Schüler nur sehr geringfügig überein.

Verwunderlich ist diese Diskrepanz nicht, denn wenn man sich das methodische Paradigma aller oben genannten Studien einmal anschaut – entweder wurden über Punktvergaben Leistungsbewertungen erhoben oder es wurde nach inhaltlich nicht weiter spezifizierten Sanktionen (Lob, Tadel, Neutral) gefragt – so erscheint es naheliegend, daß hierbei in erster Linie allgemeinerzieherische und berufsethische Soll-Einstellungen erfaßt wurden als tatsächliches Unterrichtsverhalten (KUKLA, i. V., b).

Etwas anderes ist jedoch noch entscheidender, und das betrifft die definitorische Seite der Verhaltensklasse „Sanktion". Es ist sicherlich zu idealistisch gedacht, wollte man Sanktionen ausschließlich im Verbalverhalten der Lehrer zum Ausdruck gebracht sehen, während der andere große Bereich von Reaktionen auf Leistungen – die Zensurengebung – ausschließlich der informativen bzw. rückmeldenden Seite zuzuschlagen wäre. Denn längst sind auch Noten zum vielleicht sogar bedeutsamsten Sanktionsträger geworden (KORNADT, 1975). Sie aber sind in allererster Linie outputorientiert, d. h. vom Leistungsresultat abhängig (das übrigens auch in den meisten der erwähnten Untersuchungen die bedeutsamste Sanktionsdeterminante war).

Dann aber wird verständlich, daß auf der Realebene des Schülers Anstrengung im unteren Leistungsbereich eine eher untergeordnete Rolle spielt. Denn dort ist die Wahrscheinlichkeit groß, daß die Belohnung bzw. Bekräftigung von Anstrengungsinvestitionen entweder völlig ausbleibt oder sogar ins Gegenteil umschlägt, wenn *trotz* Fleißaufwendungen die erzielte Leistung mit einer schlechten Zensur „bestraft" wird (ähnliche Vermutungen äußerte kürzlich TIEDEMANN, 1977).

Greifen wir auf diesem Hintergrund die Eingangsfrage wieder auf, so läßt sich eine einfache Antwort geben. Attributionstheoretische Kenntnisse sind für den Lehrer in zweierlei Hinsicht wichtig. Zum einen sind sie für ihn ein entscheidendes Korrektiv als „naiver Attribuierer", der er sowohl als Privatperson als auch professionell schon immer gewesen ist. Darüber hinaus haben aber gerade die letzten Ausführungen deutlich gemacht, daß er für eine bestimmte Gruppe von Schülern ein *unverzichtbarer* Informationsträger sein kann, der allein es in der Hand hat, den der schulischen Lernsituation strukturell autochthonen Tendenzen zur Einsicht in die Irrelevanz von Anstrengungsinvestitionen *entgegenzuwirken*.

Allerdings – nur in Anlehnung an Analogisierungen von experimentalpsychologisch abgesicherten Teilkonzepten würde sich die Aufgabe des Lehrers lediglich auf ein moralisierendes Appellieren reduzieren, und seine einzige Aufgabe bestände darin, immer wieder zur Anstrengung aufzufordern und deren Wert an sich zu betonen, ohne damit – außer emotional-affektiven (s. HÖHN, 1967) – auch noch andere, bedeutungsvolle Gratifikationen verknüpfen zu können.

Noch hat die Attributionstheorie für diese Aufgabe keine wesentliche Hilfe anzubieten. Wir vermuten jedoch schon jetzt eines: WEINER (1973c) ist grundsätzlich zuzustimmen, wenn er darauf hinweist, daß nur durch die Betonung von Anstrengung eine gerechte und moralische Welt zu erreichen sei (wobei er sich im Rahmen philosophischer Überlegungen sogar auf MARX beruft). Die damit verbundene Forderung nach einer *Abkehr vom Fähigkeitskonzept* scheint uns jedoch im Hinblick auf die Schulsituation gerade *umgekehrt* werden zu müssen. So paradox es zunächst klingen mag: im nächsten Abschnitt sollen auf dem Hintergrund der hier berichteten Ergebnisse Überlegungen angestellt werden, wonach gerade in der Schule durch die Hervorhebung von (subjektiver) Fähigkeit Anstrengungsattributionen freigesetzt werden können.

11.2. *Anstrengung, Selbstkonzept und Schulerfolg*

Mit WASNA (1973a) wird man davon ausgehen dürfen, daß *alle* Schüler Erfolge, d. h. für die einen Sicherung, für andere Verbesserung ihrer Leistungen, anstreben; insofern sind gute Schulleistungen für die allermeisten Lernenden universales Handlungsziel. Interindividuelle Unterschiede bestehen zunächst lediglich im Hinblick auf die als notwendig erachteten Voraussetzungen, wobei, folgt man der Theorie, Kopplungsvorstellungen (Fähigkeit *und* Anstrengung sind erforderlich) eine um so größere Rolle spielen, je subjektiv schwieriger die Fachanforderungen erlebt werden, d. h., je geringer das Selbstkonzept ist (KELLEY, 1973; MEYER, 1973a, 1976).

Setzen wir zunächst der Einfachheit halber Leistungsstand und Selbstkonzept einmal gleich, so wäre zu erwarten, daß die Guten um so stärker auf Anstrengung attribuierten, je schwieriger das Fach wäre, während die Schlechten dann am nachhaltigsten Anstrengung betonen müßten, wenn ihnen die Anforderungen eher leicht erschienen. Doch das ist auf schulischer Ebene, wie gezeigt wurde und man wohl auch erwarten konnte, nicht der Fall – subjektive Schwierigkeit (i. S. v. Erfolgswahrscheinlichkeit) und Selbstkonzept kovariieren ausgesprochen eng miteinander.

Dennoch attribuieren gerade die schlechten Schüler nicht unerheblich auf Anstrengungsmangel – eine an sich günstige Voraussetzung, langfristige Verbesserungen zu erzielen. Theoretisch können sie diese Vorstellung nur entwickelt haben, wenn sie im Zensurenbereich über Variablitätserfahrungen (Non-Konsistenz) verfügen, die die Relevanz dieses Faktors rückschließend nahelegten. Bedenkt man weiterhin, daß es zum Alltagsrepertoire eines jeden Lehrers gehört, zur Anstrengungsinvestition aufzufordern, so müßte es dann eigentlich nur noch eine Frage der Zeit sein, bis sich jeder schlechte Schüler verbessert hätte.

Aber nicht nur die Praxis beweist das genaue Gegenteil. Auch im Rahmen attributionstheoretischer Modellvorstellungen ist eine solche Entwicklung kaum zu erwarten, denn *Anstrengungsattribution* und *Anstrengungsinvestition* sind zwei grundlegend verschiedene psychologische Prozesse, die in *keinem* reziproken Verhältnis zueinander stehen. So konnte MEYER in mehreren Studien nachweisen (s. auch JOPT, i. V.), daß das effektive Einbringen dieses Parameters erst das Resultat eines Kalkulationsprozesses darstellt, der aus einer Gewichtung von Fähigkeitswahrnehmung und Schwierigkeitsgrad besteht.

Daraus folgt für die berichteten Attributionsangaben der schlechten Schüler: Trotz durchschnittlicher objektiver Schwierigkeit ist ihre subjektive Erfolgseinschätzung sehr gering; das aber ist nur dann der Fall, wenn Anstrengung als *kein* hilfreiches Mittel zur Verbesserung angesehen und deshalb gar nicht erst eingesetzt wird.

Man könnte im ersten Augenblick vermuten, hier offenbare sich das Resultat eines quasi-rationalen Entscheidungsprozesses: auf dem Hintergrund einer ohnehin nur geringen Zuversicht in das eigene Können wird in Anbetracht der zu großen Schwierigkeit, die mit der erfolgreichen Bewältigung der Fachanforderungen verbunden scheint, sozusagen „festgestellt", daß auch mit der Investition motivationaler Ressourcen eine wesentliche Änderung der gegebenen Leistungslage nicht zu erreichen sei. Doch diese Interpretation ist nicht sehr überzeugend, denn es ist kaum vorstellbar, daß es dem Schüler auf Dauer, d. h. etwa im Verlaufe eines Schuljahres mit zahlreichen Leistungsrückmeldungen, gelingen sollte, alle Variabilitätserfahrungen (daß er *ausschließlich* nur Fünfen und Sechsen schreibt, ist wohl lediglich ein theoretischer Fall) ohne Anstrengungsrückschlüsse „wegzuattribuieren".

Deshalb erscheint es am angemessensten, grundsätzlich von der Annahme auszugehen, daß der leistungs- und selbstkonzeptschwache Schüler von der Verbesserungsmöglichkeit durch Anstrengung durchaus „weiß". Daß er aber dennoch in dieser Richtung nur sehr wenig unternimmt, liegt an seinem äußerst geringen *Interesse* an der erforderlichen fachlichen Fähigkeit.

U. E. ist die Relevanz dieses Faktors, der bisher immer noch mehr den Status eines Beiprodukts hat (s. MEYER, 1973b), darüber hinaus jedoch noch nicht weiter in die attributionstheoretische Konzeptualisierung eingegangen ist, der zweite wesentliche Schlüssel (neben Selbstkonzept und Schwierigkeitsgrad) zum Verständnis realitätsnaher motivationaler Vorgänge. Denn, wie MEYER bereits vermutete, wer an einer Sache kein Interesse hat, wird sich auf Dauer dafür auch nicht anstrengen und umgekehrt (s. dazu Abb. 10). Mit dieser Dependenz von Anstrengungsabwägungen geraten aber zugleich auch Attributionsstudien *generell* in ein etwas anderes Licht, denn man kann nicht ausschließen, daß sich in den Mitteilungen von Versuchspersonen (insbesondere aber Schülern) „echte" *kausale Zuschreibungen* und *pseudo-attributive Kovarianzvorstellungen,* die jedoch ohne eigentlichen Erklärungswert sind, vermischen (s. dazu auch die hier berichteten Unterschiede zum regressionsanalytischen Gewicht verschiedener Faktoren).

Fragt man sich jedoch *warum* der schlechte Schüler kein Interesse hat, so gibt es dafür möglicherweise folgenden Grund.

Alle Schüler erhalten im Rahmen schulischer Leistungsrückmeldungen stets mindestens zwei unterschiedliche Informationen, wobei die eine öffentlich und von weiteren attributiven Zuschreibungen durch Lehrer oder sie selbst weitgehend unabhängig ist (Konsensus); diese betrifft die Positionswahrnehmung innerhalb der sozialen Bezugsnorm und wirkt, indem sie zur Aufklärung der *interpersonellen Leistungsvarianz* beiträgt, direkt auf das Selbstkonzept zurück. Daneben bekommen sie aber auch, oft vom Lehrer über Kommentare mit Nachdruck versehene, „individuelle" Attributionen, die mit dem Referenzgruppenvergleich übereinstimmen können (wodurch erneut Fähigkeitsschlüsse nahegelegt werden) oder auch nicht. Doch selbst dann, wenn der Nutzen von Anstrengung hervorgekehrt wird, ja gerade dann, ist stets mit der prognostischen Funktion zugleich auch eine *evaluative* verbunden, die dem Schüler die grundsätzliche Richtigkeit seines Fähigkeitsschlusses („weil Du wenig ‚begabt' bist, *mußt* Du Dich anstrengen") nur bestätigt (s. PIONTKOWSKI, 1973). Insofern ist die Selbstwertrelevanz von Ursachenzuschreibungen ein grundsätzlich zur Schulsituation gehörender Sachverhalt.

Dies ist jedoch noch nicht der eigentliche Grund, weshalb es zu keinen Anstrengungsinvestitionen der Leistungsschwachen kommt. Die annoncierten Verbesserungsmöglichkeiten heben nämlich *nicht* primär auf eine langfristige Revision der sozial-normativen Rangstruktur ab (was einer Selbstkonzeptänderung gleichkäme); stattdessen wird vom Schüler verlangt, daß er sich sozusagen losgelöst vom sozialen ein eigenes idiographisches Bezugssystem aufbaut, in das als Positionen nur seine eigenen Leistungsdokumentationen eingehen. Anders gesagt: er soll den *Vergleich mit anderen* durch den *Vergleich mit sich selbst* ersetzen.

Doch diese Substitution von Bewertungssystemen mag noch so wünschenswert sein – realistisch ist sie nicht. Dennoch ist die hiermit verbundene Vorstellung unter der Polarisierung von *intrinsischer und extrinsischer* Motivation weit verbreitet. Besonders deutlich kommt die totale Eliminierung evaluativer Gesichtspunkte in der Definition von PORTELE (1970) zum Ausdruck:

„Intrinsisch motiviert ist das Lernen, bei dem hauptsächlich die Informationen die günstigste Anregung schaffen. Extrinsisch motiviert ist das Lernen, bei dem hauptsächlich andere Bedingungen die günstigste Anregung schaffen, die mit den Informationen direkt nichts zu tun haben" (S. 7).

Ähnliche Vorstellungen finden sich aber auch bei HECKHAUSEN (1978a), der alle Ereignisse als extrinsisch bezeichnet, „die nicht im eigentlichen oder hauptsächlichen Sinn handlungsleitend" sind, in der Betonung des Verursacherstrebens durch De CHARMS (1968) und im motivationalen Axiom MEYERs (1973a), wonach das Streben nach Informationen über die eigene Tüchtigkeit der grundlegende Motor allen Leistungshandelns sei.

In Verbindung mit der Erörterung motivationaler Auswirkungen *innerhalb* klar abgegrenzter Lern- und Handlungsumwelten ist diese konzeptionelle Unterscheidung durchaus von großer theoretischer Bedeutung (s. DECI, 1975; DAY & BERLYNE, 1971), für die Schule ist sie jedoch insofern wenig ergiebig, als es sich hierbei gerade *nicht* um eine intrinsische Lernumwelt handelt, so wünschenswert dies auch wäre (WASNA, 1972; SCHULTZ & POMERANTZ, 1974).

Der entscheidende Grund liegt darin, daß sie in ihrer gegenwärtigen Form weit davon entfernt ist, als ein Ort zu erscheinen, der „freedom from external evaluation" (MAEHR & STALLINGS, 1971) – die Grundvoraussetzung für intrinsisches Handeln überhaupt – auch nur annähernd ermöglicht, da in ihr bewertungsträchtige Verhaltenskonsequenzen (vor allem in bezug auf Mißerfolge) sozusagen „institutionell vorstrukturiert" sind (FEND, 1973).

Versagenserlebnisse bleiben aber subjektiv auch dann noch Mißerfolge, wenn sie zwar mit individuellen Fortschritten verbunden sind, ohne jedoch zugleich auch die soziale Hierarchie erkennbar zu verändern. Im Experiment ziehen solche Erfahrungen meist typische Verlagerungen der Ursachenerklärungen in den externalen Bereich nach sich (WORTMAN, COSTANZO & WITT, 1973; SWITZKY & HAYWOOD, 1974), sobald jedoch – wie in der Schule – die Zeitdimension mit ins Spiel kommt, werden sie eher, weil nicht unerwartet, mit internal-stabilen Verursachungsfaktoren in Verbindung gebracht, wie zahlreiche Untersuchungen gezeigt haben (FEATHER & SIMONS, 1971a, b; FRIEZE & WEINER, 1971; McMAHAN, 1973).

Von daher sind, um die motivationshemmende Bewertungsstruktur der Schulsituation zu beseitigen, im Prinzip nur zwei Wege denkbar. Der eine ist mehr institutioneller Natur und hebt unmittelbar ab auf den Abbau klasseninhärenter Evaluationen, die nachgewiesenermaßen eine um so geringere Rolle spielen, je weniger *Wettbewerbselemente* die Lernsituation enthält, d.h. je stärker die Rolle kooperativen Leistungshandelns betont wird (s. DAVIS, 1972; JOHNSON & AHLGREN, 1976), wovon besonders die leistungsängstlichen und -schwachen Schüler profitieren (HUDDLESTON, 1974).

Die zweite und auch wichtigere, weil sehr viel nachhaltigere und weniger situationsabhängige Strategie, läuft darauf hinaus, die „Bewertungsstabilität" des Schülers über die Anhebung seines *Selbstkonzepts* zu erhöhen. Hierfür läßt sich eine ganze Reihe von Gründen ins Feld führen.

a) Parallel zum Selbstkonzept steigt auch das Interesse an, so daß Schüler auf diese Weise in einen Bereich hineingeraten, in dem Anstrengungsüberlegungen überhaupt erst wieder eine Rolle zu spielen beginnen (MEYER, 1973b).

b) Erst wenn Ereignisse zumindest von einiger Bedeutung für den Handelnden geworden sind, ist damit zu rechnen, daß affektive Selbstbekräftigungsprozesse im Sinne HECKHAUSENs (1972, 1978a; HALISCH, 1976) als verhaltensstabilisierende Stützfunktionen auftreten können (NADICH & DeMAIO, 1975; BRICKMAN et al., 1976; BELLACK, 1972; OZIEL & BERWICK, 1974).

c) Da mit höherer Fähigkeitswahrnehmung auch die subjektive Erfolgszuversicht ansteigt, werden positive Leistungsänderungen um so wahrscheinlicher (s. Kap. 8.5. und 10.3.).

d) Anstrengungsattribuierungen treten um so stärker auf, je unterstützender und weniger streng das Lehrerverhalten wahrgenommen wird. Auch KRETSCHMANN (1977) kam kürzlich zu dem Schluß: „Schüler unterstützend beurteilter Lehrer zeigen in Fragebögen weniger Schulangst und Anstrengungsvermeidung als Schüler streng beurteilter Lehrer" (S. 338). Zumindest bei Lehrern wirkt sich dieser Interaktionsstil aber zugleich auch günstig auf die Fähigkeitswahrnehmung aus.

e) PFEIFFER (1977) konnte an Grundschülern zeigen, daß an erster Stelle aller Begründungen für die Erwartung zukünftiger Leistungsverbesserung die eigene Selbsteinschätzung genannt wurde.

Die Argumente beschränken sich jedoch nicht allein auf attributionstheoretischen Überlegungen. Genau derselbe Sachverhalt wird neuerdings auch in dem sogenannten „self-efficacy"-Konzept angesprochen (BANDURA, 1977), das auf das Grundpostulat hinausläuft: „The stronger the efficacy or mastery expectations, the more active the efforts" (BANDURA, ADAMS & BEYER, 1977, S. 126).

In bezug auf die hieran anschließende Frage, *wie* der Lehrer sich aber verhalten solle, um zur Selbstkonzeptförderung beizutragen, steckt die Attributionstheorie allerdings erst noch in den Anfängen. Ein wichtiger Schritt geht sicherlich in Richtung einer stärkeren Realisierung des HECKHAUSENschen „Prinzips der Passung", das wohl auch in dem folgenden Zitat von LaBENNE & GREENE (1969) gemeint ist:

"To help a child develop a positive self-concept, one most help him select experiences which provide a challenge, and at the same time help him maximize his opportunities for success" (S. 29f.).

Die bisherige Erfahrung hat jedoch gezeigt, daß es hierbei mit einfachen Leistungsgruppierungen allein nicht getan ist, da auf diese Weise Selbstkonzepte letztlich eher festgeschrieben als verändert werden (s. WASNA, 1973b). Insofern ist hier nach anderen Differenzierungsmöglichkeiten zu suchen, die den kognitiven Stabilisierungstendenzen nicht noch entgegenkommen (s. z. B. ERMSHAUS & JOPT, 1977).

Der zweite Weg berührt dagegen unmittelbar den Lehrer selbst, wobei sich ein schier unüberwindbares Problem stellt. Denn gerade bei seiner neben der Wissensvermittlung wichtigsten Aufgabe, der Lernförderung in Form von Erfolgserfahrungen und Aufbau allgemeiner Leistungs*zuversicht* stehen ihm als Struktureigentümlichkeiten des Leistungsraumes Schule die periodisch immer wieder auftauchenden Bewertungsrückmeldungen, die der Schüler in Form von Zensuren erhält, als absolutes Hemmnis im Wege. Es sind in erster Linie die Schulleistungen selbst, die die künftigen Erwartungen determinieren (SNYDER, 1972) und ebenso sind – ungeachtet aller Attribuierungsunterschiede – sie es, die am nachhaltigsten die emotionalen Begleiterscheinungen bestimmen (BAILEY, HELM & GLADSTONE, 1975). Handelt es sich dabei um gute Leistungen, so ist dieser Prozeß kaum beklagenswert, es dürfte jedoch sehr unwahrscheinlich sein, daß im anderen Fall, wo Leistungsängste und Mißerfolgsbefürchtungen die Folge sein werden, sich günstige Erfolgsantizipationen überhaupt jemals einstellen können.

Erfolgserfahrungen sind somit sozusagen die „conditio sine qua non" für jegliche motivationalen Fortschritte. Innerhalb eines gegebenen Referenzrahmens (Klasse) sind sie aber logischerweise zunächst nur über eine Minderung des Schwierigkeitsgrades möglich, die oft nicht einmal aus einer unmittelbaren „Anpassung" an die Schwächeren zu bestehen bräuchte. Lehrer tendieren nämlich leicht dazu, diesen zu unterschätzen (SCHNOTZ, 1971), was faktisch jedoch einer Begünstigung der leistungsfähigeren Schüler gleichkommt. Aber selbst über „erzwungene Erfolge" (durch vorsätzlich niedrige Anforderungen) ist von vornherein nicht zu erwarten, daß sie eine Zuversichtssteigerung bewirken, denn erst, wenn sie zugleich mit dem eigenen Urhebererleben verknüpft werden, d. h. selbstkonzeptrelevant sind, sind sie auch von psychologischem Wert (AJZEN & FISHBEIN, 1975; VALLE & FRIEZE, 1976).

Auf die Herstellung dieses Zusammenhangs hat der Lehrer allerdings entscheidenden Einfluß, denn sowohl über seine unmittelbaren Zuschreibungen, die er als Fremdattributor vornimmt als auch „versteckt" und weniger offensichtlich durch sein Sanktionsverhalten (MEYER u. a., 1977) nimmt er nahezu ständig Selbstkonzeptzuweisungen vor, denen sich der Schüler auf die Dauer kaum entziehen kann. In einem Rahmen, dessen Größe sich gegenwärtig noch nicht genau abschätzen läßt, ist die kausale Zuschreibungsfreiheit des Lernenden damit allenfalls eine theoretische – faktisch wird er jedoch „beattribuiert".

Kein Lehrer will dies und wird es um so weniger wollen, je mehr er um den tatsächlich vernachlässigbar geringen Zusammenhang zwischen Selbstkonzept und wirklichen Fähigkeiten, wie sie etwa ein Intelligenztest anzeigt, weiß. Die Attributionstheorie und ihr schulbezogener Ableger ganz besonders stecken allerdings noch ganz in den Anfängen, um hierbei bereits entscheidende Hilfen leisten zu können. Dennoch – dies ist u. E. genau der Ansatzpunkt, wo sich ihre Kenntnisse, auch schon die wenigen bereits vorliegenden, für den Praktiker als nützlich erweisen könnten. Allerdings sind es dann nicht mehr so sehr „psychologische Sachverhalte über Schüler", die es zu vermitteln gilt; denn wie keine Motivationslehre zuvor nimmt gerade die kognitive Motivationspsychologie dem Lehrer seinen Beobachterstatus, indem sie deutlich macht, daß „Lehrer-Schüler-Interaktion" mehr ist als nur eine deskriptive Kategorie.

Die Weitergabe psychologischen Wissens an die Praxis hatte MILLER (1969) gefordert. Ob er auch daran gedacht hat, daß die Adressaten manches eventuell gar nicht haben wollen?

LITERATURVERZEICHNIS

ADAM, D., und VOGEL, N.: Untersuchung über den Zusammenhang zwischen Leistungsmotiv, fachspezifischen Selbstkonzepten und Indikatoren von Schulleistung: Eine Feldstudie an achten Klassen der Hauptschule. Unveröff. Diplomarbeit, PH Westfalen-Lippe, Abt. Bielefeld, 1975.
AJZEN, I., und FISHBEIN, M.: A Bayesian analysis of attribution processes. Psychological Bulletin, 1975, 82, 261–277.
ALEXANDER, L., ELSOM, B., MEANS, R., und MEANS, G.: Achievement as a fuction of teacher-initiated student-teacher personal interactions. Psychological Reports, 1971, 28, 431–434.
ALSCHULER, A. S., TABOR, D., und McINTYRE, J.: Teaching achievement motivation. Middleton: Education Ventures, 1970.
AMELANG, M., und BARTUSSEK, D.: Untersuchungen zur Validität einer neuen Lügen-Skala. Diagnostika, 1970, 16, 103–122.
AMES, C., AMES, R., und FELKER, D. W.: Informational and dispositional determinants of children's achievement attributions. Journal of educational Psychology, 1976, 68, 63–69.
AMTHAUER, R.: Intelligenz – Struktur – Test. IST. Göttingen: Hogrefe, 1973.
ANDERSON, J., und EVANS, F.: Causal models in educational research: Recursive models. American educational research Journal, 1974, 11, 29–39.
ARLIN, M.: Causal priority of social desirability over self-concept: A cross-lagged correlation analysis. Journal of Personality and social Psychology, 1976, 33, 267–272.
ARSENIAN, S.: Own estimate and objective achievement. Journal of educational Psychology, 1942, 33, 291–302.
ATKINSON, J. W.: Motivational determinants of risk-taking behavior. Psychological Review, 1957, 64, 359–372.
ATKINSON, J. W.: Motives in fantasy, action, and society. Princeton: Van Nostrand, 1958.
ATKINSON, J. W.: An introduction to motivation. Princeton: Van Nostrand, 1964.
ATKINSON, J. W.: Motivational determinants of intellective performance and cumulative achievement. In: J. W. ATKINSON und J. RAYNOR (Hrsg.). Achievement and performance. N. Y.: Wiley, 1974.
ATKINSON, J. W., und FEATHER, N. T.: A theory of achievement motivation. N. Y.: Wiley, 1966.
BAILEY, R. C.: Self-concept differences in low and high achieving students. Journal of clinical Psychology, 1971, 27, 188–191.
BAILEY, R. C., und BAILEY, K. G.: Self-perceptions of scholastic ability at four grade levels. Journal of genetic Psychology, 1974, 124, 197–212.
BAILEY, K. G., und GIBBY, R. G.: Developmental differences in self-ratings on intelligence. Journal of clinical Psychology, 1971, 27, 51–54.
BAILEY, R. C., HELM, B., und GLADSTONE, R.: The effects of success and failure in a real-life setting: Performance, attribution, affect and expectancy. Journal of Psychology, 1975, 89, 137–147.
BANDURA, A.: Self-efficacy: Toward a unifying theory of behavioral change. Psychological Review, 1977, 84, 191–215.
BANDURA, A., ADAMS, N., und BEYER, J.: Cognitive processes mediating behavioral change. Journal of personality and social Psychology, 1977, 35, 125–139.
BARNITZKY, H., und CHRISTIANI, R.: Zeugnis ohne Zensuren. Die neue Grundschule. Bd. 14. Düsseldorf: Bagel, 1977.
BECKMAN, L. J.: Effects of students' performance on teachers' and observers' attributions of causality. Journal of educational Psychology, 1970, 61, 76–82.
BECKMAN, L. J.: Teachers' and observers' perceptions of causality for a child's performance. Journal of educational Psychology, 1973, 65, 198–204.
BEL-BORN, B., BÖDIKER, M.-L., MAY, P., TEICHMANN, U., und TAUSCH, R.: Erleichterung des Lernens von Schülern durch Kleingruppenarbeit in Erdkunde, Biologie und Physik, im Vergleich zu Einzelarbeit. Psychologie in Erziehung und Unterricht, 1976, 23, 131–136.
BELLACK, A. S.: Internal vs. external locus of control and use of self-reinforcement. Psychological Reports, 1972, 31, 723–733.
BEM, D. J.: Self-perception. An alternative interpretation of cognitive dissonance phenomena. Psychological Review, 1967, 74, 183–200.
BEM, D. J.: Self-perception theory. In: L. BERKOWITZ (Hrsg.), Advances in experimental social Psychology. Vol. 6. N. Y.: Academic Press, 1972, S. 1–62.
BERDIE, R. F.: Self-claimed and test knowledge. Educational and psychological Measurement, 1971, 31, 629–636.
BICKEL, P., und CHRISTEN, W.: Die Struktur des Berufsfeldes des Lehrers. Psychologie in Erziehung und Unterricht, 1977, 24, 342–350.
BIERHOFF-ALFERMANN, D.: Die Beziehung von Noten und Schülermerkmalen bei Schülern der 9. und 10. Klasse. Psychologie in Erziehung und Unterricht, 1976, 23, 205–214.
BLEDSOE, J.: Self-concept of children and their intelligence, achievement, interests, and anxiety. Journal of individual Psychology, 1964, 20, 55–58.

209

BLOOM, B. S.: Alle Schüler schaffen es. betrifft: erziehung, 1970, 3, (H. 11), 15–27.
BLOOM, B. S.: Human characteristics and school learning. N. Y.: McGraw-Hill, 1976.
BODDEZ, M.: An analysis of the self-concept and the impact of success and failure upon the perception of performance and upon the self-concept of junior high school students. Saint Louis University research Journal, 1973, 4, 485–547.
BÖDIKER, M.-L., MEINECKE, K., STOLT, P., STOLT, U., und TAUSCH, R.: Lernen mit Lehrtexten in Kleingruppenarbeit vs. Einzelarbeit. Zeitschrift für Entwicklungspsychologie und Pädagogische Psychologie, 1976, 8, 135–141.
BOTERAM, N.: Pygmalions Medium. Rheinstetten: Schindele, 1976.
BREDENKAMP, J.: Der Signifikanztest in der psychologischen Forschung. Frankfurt: Akad. Verlagsanstalt, 1972.
BRICKMAN, P., LINSENMEIER, J., und McCAREINS, A.: Performance enhancement by relevant success and irrelevant failure. Journal of Personality and social Psychology, 1976, 33, 149–160.
BRONFENBRENNER, U.: The study of identification through interpersonal perception. In: R. TAGIURI und L. PETRULLO (Hrsg.), Person perception and interpersonal behavior. Stanford University Press, 1958. S. 110–130.
BROOKOVER, W. B., THOMAS, S., und PATERSON, A.: Self-concept of ability and school achievement. Journal of Sociology and Education, 1964, 37, 271–278.
BROPHY, J. E., und GOOD, T. L.: Die Lehrer-Schüler-Interaktion. München: Urban & Schwarzenberg, 1976.
BROWN, O. H.: Development of a self-report inventory and its function in mental health assessment. American Psychologist, 1961, 16, 402.
BUCH, S., und SCHULZ, A.: Untersuchung zur Abhängigkeit von Ursachenerklärungen (Mathematik) von Persönlichkeitsmerkmalen der Schüler sowie Unterrichtsverhalten des Lehrers, Unveröff. Examensarbeit, PH Westfalen-Lippe, Abt. Bielefeld, 1977.
BURCK, M., und BODWIN, R.: Age differences between SCS-DAP test results and GPA. Journal of clinical Psychology, 1963, 19, 315–316.
BUSBY, W. A., FILLMER, H. T., und SMITTLE, P.: Interrelationship between self-concept, visual perception, and reading disabilities. Journal of experimental Education, 1974, 42, 1–6.
CALSYN, R., und KENNY, D.: Self-concept of ability and perceived evaluation of others: Cause or effect of academic achievement? Journal of educational Psychology, 1977, 69, 136–145.
CAMPBELL, P. B.: School and self-concept. Education Leader, 1967, 24, 510–513.
CARLSON, R.: Stability and change in adolescent self-image. Child Development, 1965, 36, 659–666.
COFER, Ch.: Motivation und Emotion. München: Juventa, 1975.
COMBS, A. W.: Intelligence from a perceptual point of view. Journal of abnormal and social Psychology, 1952, 47, 662–673.
COMBS, A. W., und SOPER, D. W.: The self, its derivate terms, and research. Journal of individual Psychology, 1957, 13, 134–145.
COMBS, A. W., SOPER, D. W., und COURSON, C. C.: The measurement of self-concept and self-report. Educational and psychological Measurement, 1963, 23, 493–500.
COOLEY, C. H.: Human nature and the social order. N. Y.: Schocken Books Inc., 1964.
COOMBS, A. W.: Individual behavior. N. Y.: Harper & Row, 1959.
COOPERSMITH, S. A.: The antecedents of self-esteem. San Francisco: Freeman, 1967.
COVINGTON, M., und BEERY, R.: Self-worth and school learning. N. Y.: Holt et al., 1976.
CROWNE, D. P., und MARLOWE, D.: The approval motive. N. Y.: Wiley, 1964.
CULLEN, F. T., CULLEN, J. B., HAYHOW, L., und PLOUFFE, J. T.: The effects of the use of grades as an incentive. Journal of educational Research, 1975, 68, 277–279.
DAHRENDORF, R.: Homo sociologicus. Köln: Westdeutscher Verlag, 1958.
DAVIS, M. D.: Spieltheorie für Nichtmathematiker. München: Oldenbourg, 1972.
DAY, H. I., und BERLYNE, D. E.: Intrinsic motivation. In: G. S. LESSER (Hrsg.), Psychology and educational practice. Glenview: Scott, Foresman, 1971.
de CHARMS, R.: Personal causation. N. Y.: Academic Press, 1968.
DECI, E. L.: Intrinsic motivation. N. Y.: Plenum Press, 1975.
de GROOT, A.: Fünfen und Sechsen. Weinheim: Beltz, 1971.
DEXTER, L. A.: A social theory of mental deficiency. American Journal of mental Deficiency, 1958, 62, 920–928.
DUMKE, D.: Die Auswirkungen von Lehrererwartungen auf Intelligenz und Schulleistungen. Psychologie in Erziehung und Unterricht, 1977, 24, 93–108.
ENDER, P. B., und BOHART, C. A.: Attributions of success and failure. Psychological Reports, 1974, 35, 275–278.
ERMSHAUS, W., und JOPT, U.-J.: Der Einfluß verschiedener Unterrichtsmethoden auf Motivation und Leistung der Schüler. Neue Unterrichtspraxis, 1977, Heft 2, 75–82.
ERNST, G., KLEINBECK, U., und SCHNEIDT, L.: Die Integration beruflicher Information. Zeitschrift für experimentelle und angewandte Psychologie, 1976, 23, 383–395.
ESWARA, H. S.: Administration of reward and punishment in relation to ability, effort, and performance. Journal of social Psychology, 1973, 87, 139–140.

FARLEY, F. H., und TRUOG, A. L.: Academic achievement and resultant and academic achievement motivation. Psychological Reports, 1971, 28, 843–848.
FEATHER, N.: Valence of outcome and expectation of success in relation to task difficulty and perceived locus of control. Journal of Personality and social Psychology, 1967, 7, 372–386.
FEATHER, N., und SIMONS, J. G.: Attribution of resposibility and valence of outcome in relation to initial confidence and success and failure of self and other. Journal of Personality and social Psychology, 1971, 18, 173–188 (a).
FEATHER, N., und SIMONS, J. G.: Causal attributions for success and failure in relation to expectations of success based upon selective or manipulative control. Journal of Personality, 1971, 39, 527–541 (b).
FEATHER, N., und SIMONS, J. G.: Luck and the unexpected outcome: A field replication of laboratory findings. Australian Journal of Psychology, 1972, 24, 113–117.
FEND, H.: Konformität und Selbstbestimmung. Weinheim: Beltz, 1973[2].
FEND, H., u. a.: Sozialisationseffekte der Schule. Weinheim: Beltz, 1976.
FENNIMORE, F.: Reading and the self-concept. Journal of Reading, 1968, 11, 447–451.
FIPPINGER, F.: Intelligenz und Schulleistung. München: Reinhardt, 1971[2].
FITCH, G.: Effects of self-esteem, perceived performance, and choice on causal attributions. Journal of Personality and social Psychology, 1970, 16, 311–315.
FITTS, W. H.: Manual: Tennessee Self Concept Scale. Counselor recordings and tests, Nashville, 1965.
FOKKEN, E. Die Leistungsmotivation nach Erfolg und Mißerfolg in der Schule. Hannover: Schroedel, 1966.
FRIEZE, I., und WEINER, B.: Cue utilization and attributional judgments for success and failure. Journal of Personality, 1971, 39, 591–605.
FÜRNTRATT, E.: Zur Bestimmung der Anzahl interpretierbarer gemeinsamer Faktoren in Faktorenanalysen psychologischer Daten. Diagnostika, 1969, 15, 62–75.
GAEDIKE, A.-K.: Determinanten der Schulleistung. In: K. HELLER (Hrsg.), Leistungsbeurteilung in der Schule. Heidelberg: Quelle & Meyer, 1974, S. 46–93.
GERSTENMAIER, J.: Urteile von Schülern über Lehrer. Weinheim: Beltz, 1975.
GERTH, H., und MILLS, W.: Person und Gesellschaft. Die Psychologie sozialer Institutionen. Frankfurt: Athenaion, 1970.
GLOGAUER, W.: Rechtschreibleistung und Intelligenz. Psychologie in Erziehung und Unterricht, 1977, 24, 287–292.
GNIECH, G.: Störeffekte in psychologischen Experimenten. Stuttgart: Kohlhammer, 1976.
GOUGH, H. G.: Mannual for the California Psychological Inventory. Palo Alto: Consulting Psychologist Press, 1957.
GREENHAUS, J. H., und BADIN, I. J.: Self-esteem, performance, and satisfaction: Some tests of a theory. Journal of applied Psychology, 1974, 59, 722–726.
GRELL, J.: Techniken des Lehrerverhaltens. Weinheim: Beltz, 1974.
GRESSER-SPITZMÜLLER, R.: Lehrerurteil und Bildungschancen. Weinheim: Beltz, 1973.
GRÖSCHEL, H., IPFLING, H.-J., und KRIEGELSTEIN, A. (Hrsg.): Grundschule – heute. München: Ehrenwirth, 1974.
HALISCH, F.: Die Selbstregulation leistungsbezogenen Verhaltens: Das Leistungsmotiv als Selbstbekräftigungssystem. In: H.-D. SCHMALT und W.-U. MEYER (Hrsg.), Leistungsmotivation und Verhalten. Stuttgart: Klett, 1976. S. 137–164.
HALLERMANN, B., und MEYER, W.-U.: Persistenz in Abhängigkeit von wahrgenommener Begabung und Aufgabenschwierigkeit. Archiv für Psychologie, 1978 (i. V.).
HAMMER, W.: Untersuchungen zum Erziehungsverständnis von Grund- und Hauptschullehrern. Studienhefte Psychologie in Erziehung und Unterricht, München/Basel: Reinhardt, 1975.
HANSEN, R. D., und LOWE, C. A.: Distinctiveness and consensus: The influence of behavioral information on actors' and observers' attributions. Journal of Personality and social Psychology, 1976, 34, 425–433.
HARGREAVES, D. H.: Interpersonal relations and education. London: Routledge and Kegan Paul, 1972.
HARNISCHFEGER, A., und WILEY, D.: Kernkonzepte des Schullernens. Zeitschrift für Entwicklungspsychologie und Pädagogische Psychologie, 1977, 9, 207–228.
HASTORF, A., SCHNEIDER, D., und POLEFKA, J.: Person perception. Reading, Mass.: Addison-Wesley, 1970.
HAVIGHURST, R. J.: The development of the ideal self in childhood and adolescence. Journal of educational Research, 1946, 40, 241–257.
HECKHAUSEN, H.: Motivationsanalyse der Anspruchsniveausetzung. Psychologische Forschung, 1955, 25, 118–154.
HECKHAUSEN, H.: Entwurf einer Psychologie des Spielens. Psychologische Forschung, 1964, 27, 225–243.
HECKHAUSEN, H.: Leistungsmotivation. In: H. THOMAE (Hrsg.), Motivationslehre. Handb. Psychol., Bd. 2. Göttingen: Hogrefe, 1965. S. 602–702.
HECKHAUSEN, H.: The anatomy of achievement motivation. N. Y.: Academic Press, 1967.

HECKHAUSEN, H.: Grundlagen des frühen schulischen Lernens. In: E. SCHWARTZ u. a. (Hrsg.), Begabung und Lernen im Kindesalter. Frankfurt/M.: Arbeitskreis Grundschule, 1970. S. 73–100.
HECKHAUSEN, H.: Förderung der Lernmotivierung und der intellektuellen Tüchtigkeit. In: H. ROTH (Hrsg.), Begabung und Lernen. Stuttgart: Klett, 1971. S. 193–228.
HECKHAUSEN, H.: Die Interaktion der Sozialisationsvariablen in der Genese des Leistungsmotivs. In: C. F. GRAUMANN (Hrsg.), Handb. Psychol., Sozialpsychologie, Bd. 7/2. Göttingen: Hogrefe, 1972. S. 955–1019.
HECKHAUSEN, H.: Einleitung zum Kapitel „Motivation". In: W. EDELSTEIN und D. HOPF (Hrsg.), Bedingungen des Bildungsprozesses. Stuttgart: Klett, 1973. S. 30–39.
HECKHAUSEN, H.: Lehrer-Schüler-Interaktion. In: F. E. WEINERT u. a. (Hrsg.), Funk-Kolleg Pädagogische Psychologie. Frankfurt a. M.: Fischer-Taschenbuch, 1974. S. 547–573 (a).
HECKHAUSEN, H.: Anlage und Umwelt als Ursache von Intelligenzunterschieden. In: F. E. WEINERT u. a. (Hrsg.), Funk-Kolleg Pädagogische Psychologie. Frankfurt a. M.: Fischer-Taschenbuch, 1974, S. 275–312 (b).
HECKHAUSEN, H.: Leistung und Chancengleichheit. Göttingen: Hogrefe, 1974 (c).
HECKHAUSEN, H.: Perceived ability, achievement motive and information choice: A study by Meyer reanalyzed and supplemented. Unveröff. Manuskript, Ruhr-Universität Bochum, 1975.
HECKHAUSEN, H.: Task-irrelevant cognitions during an exam: Incidence and effects. Newsletter „Selbstkonzept", 1977, Heft 4 (a).
HECKHAUSEN, H.: Lernen, Motivation und Gesellschaftsstruktur. In: G. NISSEN (Hrsg.), Intelligenz, Lernen und Lernstörungen. Berlin: Springer, 1977. S. 112–122 (b).
HECKHAUSEN, H.: Ein kognitives Motivationsmodell und die Verankerung von Motivkonstrukten. In: H. LENK (Hrsg.), Handlungstheorien in interdisziplinärer Perspektive 1978 (i. V., a).
HECKHAUSEN, H.: Selbstbewertung nach erwartungswidrigem Leistungsverlauf. Zeitschrift für Entwicklungspsychologie und Pädagogische Psychologie, 1978 (i. V., b).
HEIDER, F.: The psychology of interpersonal relations. N. Y.: Wiley, 1958.
von HENTIG, H.: Schule als Erfahrungsraum. Stuttgart: Klett, 1973.
HERRMANN, Th.: Persönlichkeitsmerkmale. Stuttgart: Kohlhammer, 1973.
HERMANS, H. J.: Leistungsmotivationstest für Jugendliche. (Deutsche Fassung von Udo Undeutsch). Amsterdam: Swets & Zeitlinger, 1977.
HESS, A., und BRADSHAW, H. L.: Positiveness of self-concept and ideal self as a function of age. Journal of genetic Psychology, 1970, 117, 57–67.
HÖGER, D.: Analyse der Intelligenzstruktur bei männlichen Gymnasiasten der Klassen 6–9 (Untersekunda – Oberprima). Psychologische Forschung, 1964, 27, 419–474.
HÖHN, E.: Der schlechte Schüler. München: Piper, 1967.
HOFER, M.: Die Schülerpersönlichkeit im Urteil des Lehrers. Weinheim: Beltz, 1969.
HOLLAND, J. L., und NICHOLS, R. C.: Prediction of academic and extra-curricular achievement in college. Journal of educational Psychology, 1964, 55, 55–65.
HOLZINGER, F.: Schulreife und Schullaufbahn. Wien, 1960.
HOLZKAMP, K.: Wissenschaft als Handlung. Berlin: de Gruyter, 1967.
HOPPE, F.: Erfolg und Mißerfolg. Psychologische Forschung, 1930, 14, 1–63.
HUDDLESTON, J. H.: Personality and apparent operator capacity. Perceptual and motor Skills, 1974, 38, 1189–1190.
IMBER, S.: Relationship of trust to academic performance. Journal of Personality and social Psychology, 1973, 28, 145–150.
INGENKAMP, K.: Die Fragwürdigkeit der Zensurengebung. Weinheim: Beltz, 1971.
IRLE, M.: Lehrbuch der Sozialpsychologie. Göttingen: Hogrefe, 1975.
IRWIN, F. S.: Sentence completion responses and scholastic success or failure. Journal of counseling Psychology, 1967, 14, 269–271.
JERSILD, A. F.: In search of self. N. Y.: Columbia University Press, 1952.
JOE, V. C.: Review of the internal-external control construct as a personality variable. Psychological Reports, 1971, 28, 619–640.
JOHNSON, D. W., und AHLGREN, A.: Relationship between student attitudes about cooperation and competition and attitudes toward schooling. Journal of educational Research, 1976, 68, 92–102.
JOHNSON, T. J., FEIGENBAUM, R., und WEIBY, M.: Some determinants and consequences of the teacher's perception of causation. Journal of educational Psychology, 1964, 55, 237–246.
JONES, E. E., und DAVIS, K. E.: From acts to dispositions. In: L. BERKOWITZ (Hrsg.), Advances in experimental social psychology. Vol. 2. N. Y.: Academic Press, 1965.
JONES, E. E., und NISBETT, R. E.: The actor and observer: Divergent perceptions of the causes of behavior. N. Y.: General Learning Press, 1971.
JONES, E., KANOUSE, D., KELLEY, H., NISBETT, R., VALINS, S., und WEINER, B.: Attribution: Perceiving the causes of behavior. N. Y.: General Learning Press, 1972.
JOPT, U.-J.: Extrinsische Motivation und Leistungsverhalten. Unveröff. Dissert. Ruhr-Universität Bochum, 1974.
JOPT, U.-J.: Wie erklären sich Hauptschüler ihre Zeugnisnoten? Psychologie in Erziehung und Unterricht, 1977, 24, 174–178 (a).

JOPT, U.-J.: Anstrengung aus psychologischer Sicht. Neue Unterrichtspraxis, 1977, 6, 346–354 (b).
JOPT, U.-J.: Anstrengungskalkulation – ein methodisches Artefakt? Zeitschrift für experimentelle und angewandte Psychologie, 1978 (i. V., b).
JOPT, U.-J., und ERMSHAUS, W.: Wie generalisiert ist das Selbstkonzept eigener Fähigkeit? Eine motivationspsychologische Untersuchung zur Aufgabenabhängigkeit der Fähigkeitswahrnehmung. Zeitschrift für experimentelle und angewandte Psychologie, 1977, 24, 578–601.
JOPT, U.-J., und ERMSHAUS, W.: Untersuchung zur Motivspezifität des Zusammenhangs zwischen Selbstbelohnung und Kausalattribuierung nach Erfolg und Mißerfolg. Archiv für Psychologie, 1978 (i. V.).

KAMRATOWSKI, J., u. a.: Diagnostischer Englischleistungstest ELT 6–7. Weinheim: Beltz, 1966.
KANFER, F. H.: The maintenance of behavior by self-generated stimuli and reinforcement. In: A. JACOBS und L. B. SACHS (Hrsg.), The psychology of private events. N. Y.: Academic Press, 1971.
KAUSLER, D. H., und TRAPP, E. P.: Achievement motivation and goalsetting behavior on a learning task. Journal of experimental Psychology, 1958, 55, 575–578.
KEIM, W.: Gesamtschule. Bilanz ihrer Praxis. Hamburg: Hoffmann & Campe, 1973.
KELLEY, H. H.: Attribution in social interaction. N. Y.: General Learning Press, 1971.
KELLEY, H. H.: Causal schemata and the attribution process. N. Y.: General Learning Press, 1972.
KELLEY, H. H.: The process of causal attribution. American Psychologist, 1973, 28, 107–128.
KEMMLER, L.: Erfolg und Versagen in der Grundschule. Göttingen: Hogrefe, 1967.
KEMMLER, L.: Schulerfolg und Schulversagen. Göttingen: Hogrefe, 1976.
KIFER, E.: Relationship between academic achievement and personality characteristics: A quasilongitudinal study. American education Research Journal, 1975, 12, 191–210.
KLAPPROTT, J.: Erwünschtheit und Bedeutung von 338 alltagspsychologischen Eigenschaftsbegriffen. Psychologische Beiträge, 1972, 14, 496–520.
KLEITER, E.: Über Theorie und Modell kategorialer Fehler im Lehrerurteil. Psychologische Beiträge, 1973, 15, 185–229.
KLINGER, E.: Fantasy need achievement as a motivational construct. Psychological Bulletin, 1966, 66, 291–308.
KNAPP, A., und SCHINDLER, U.: Die Auswirkung von Schüler-Status und Gruppenstruktur auf den Lernerfolg. Psychologie in Erziehung und Unterricht, 1976, 23, 177–181.
KORMAN, A. K.: Toward an hypothesis of work behavior. Journal of applied Psychology, 1970, 54, 31–41.
KORNADT, H.-J.: Lehrziele, Schulleistung und Leistungsbeurteilung. Düsseldorf, 1975.
KRAPP, A.: Bedingungsfaktoren der Schulleistung. Psychologie in Erziehung und Unterricht, 1976, 23, 91–109.
KRAPP, A.: Schulversagen als Leistungsversagen: Kritik des Tiedemannschen Erklärungsmodells. Zeitschrift für Entwicklungspsychologie und Pädagogische Psychologie, 1977, 9, 36–39.
KRAPP, A., und MANDL, H.: Vorhersage und Erklärung der Schulleistung. Zeitschrift für Entwicklungspsychologie und Pädagogische Psychologie, 1976, 8, 192–219.
KRETSCHMANN, R.: Zusammenhänge zwischen Persönlichkeitseigenschaften von Lehrern und ihrem von Schülern wahrgenommenen Unterrichtsverhalten. Psychologie in Erziehung und Unterricht, 1977, 24, 335–341.
KROHNE, H. W.: Angst und Angstverarbeitung. Stuttgart: Kohlhammer, 1975.
KROHNE, H. W. (Hrsg.): Angst bei Schülern und Studenten. Hamburg: Hoffmann & Campe, 1977.
KRUG, S.: Förderung und Änderung des Leistungsmotivs: Theoretische Grundlagen und deren Anwendung. In: H.-D. SCHMALT und W.-U. MEYER (Hrsg.), Leistungsmotivation und Verhalten. Stuttgart: Klett, 1976. S. 221–247.
KRUG, S., und HANEL, J.: Motivänderung: Erprobung eines theoriegeleiteten Trainingsprogrammes. Zeitschrift für Entwicklungspsychologie und Pädagogische Psychologie, 1976, 8, 274–287.
KRUG, S., und PETER, J.: Persönlichkeitsänderung nach Sonderschuleinweisung. Zeitschrift für Entwicklungspsychologie und Pädagogische Psychologie, 1977, 9, 181–184.
KRUG, S., HAGE, A., und HIEBER, S.: Anstrengungsvariation in Abhängigkeit von der Aufgabenschwierigkeit, dem Konzept eigener Tüchtigkeit und dem Leistungsmotiv. Archiv für Psychologie, 1978 (i. V.).
KUKLA, A.: Foundations of an attributional theory of performance. Psychological Review, 1972, 79, 454–470.
KUKLA, A.: An attributional theory of choice. In: Advances in experimental social psychology. 1978 (i. V., a).
KUKLA, A.: Self-perception of ability and resultant achievement motivation. 1978 (i. V., b).
KUN, A., und WEINER, B.: Necessary versus sufficient causal schemata for success and failure. Journal of Research in Personality, 1973, 7, 197–207.

LaBENNE, W., und GREENE, B.: Educational implications of self-concept theory. Pacific Palisades: Goodyear, 1969.
LAMY, M. W.: Relationship of self-perceptions of early primary children to achievement in reading.

In: I. J. GORDON (Hrsg.), Human development: Readings in research. Chicago: Scott, Foresman, 1965.
LANGER, I., und SCHOOF-TAMS, K.: Auswirkungen von Lehrerfrontalunterricht, Schülereinzelarbeit und Kleingruppenarbeit nach Lehrtexten unterschiedlicher Verständlichkeit auf die Wissens- und Behaltensleistungen von Hauptschülern verschiedener Leistungsgruppen. Psychologie in Erziehung und Unterricht, 1976, 23, 11–20.
LANGNER, K., und SCHLATTMANN, H.: Die Grundschule – ein Schonraum? Weinheim: Beltz, 1972.
LANZETTA, J. T.: Reinforcing behavior of "naive" trainers. Journal of Personality and social Psychology, 1969, 11, 243–252.
LaPIERE, R. T.: Attitudes vs. actions. Social Forces, 1934, 13, 230–237.
LAUCKEN, U.: Naive Verhaltenstheorie. Stuttgart: Klett, 1974.
LAUCKEN, U., und SCHICK, A.: Einführung in das Studium der Psychologie. Stuttgart: Klett, 1971.
LAVIN, D. E.: The prediction of academic performance. N. Y.: Russell Sage Foundation, 1965.
LECKI, P.: Self consistency: A theory of personality. N. Y.: Island Press, 1945.
LEVITON, H.: The implications of the relationship between self-concept and academic achievement. Child Study Journal 1975, 5, 25–35.
LIEBHART, E.: Fähigkeit und Anstrengung im Lehrerurteil: Der Einfluß inter versus intraindividueller Perspektive. Zeitschrift für Entwicklungspsychologie und Pädagogische Psychologie, 1977, 9, 94–102.
LIENERT, G.: Testaufbau und Testanalyse. Weinheim: Beltz, 1967.
LIPPSITT, L. A.: A self-concept-scale for children and its relationship to the children's form of the MAS. Child Development, 1958, 29, 463–472.
LÖSCHENKOHL, E.: Gibt es einen allgemein faßbaren Zusammenhang zwischen Schulleistung und Intelligenz? Psychologie in Erziehung und Unterricht, 1973, 20, 145–155.
LÖHMÖLLER, J.-B., MANDL, H., und HANKE, B.: Lehrerspezifische implizite Persönlichkeitstheorien bei der Schülerbeurteilung. Zeitschrift für Entwicklungspsychologie und Pädagogische Psychologie, 1976, 8, 99–105.
LORENZ, J.: Quellen und Bedingungen der Entstehung des Selbstkonzepts. Schriftenreihe des IDM, Universität Bielefeld, 1975, 5, 97–122.
LUGINBUHL, J. E., CROWNE, D. H., und KAHAN, J. P.: Causal attributions for success and failure. Journal of Personality and social Psychology, 1975, 31, 86–93.
LUND, P. A., und IVANOFF, J. M.: Correspondence of self-concept measures with levels of reading achievement. Journal of reading Behavior, 1974, 6, 159–165.
MAEHR, M. L.: Culture and achievement motivation. American Psychologist, 1974, 29, 887–896.
MAEHR, M. L., und STALLINGS. W. M.: Freedom from external evaluation. Child Development, 1972, 43, 177–185.
MARX, M. H., und HILLIX, W. A.: Systems and theories in psychology. N. Y.: McGraw-Hill, 1963.
MASENDORF, F., und KRATSCH, S.: Unterrichtsstil und individuelle Unterschiede der Selbst- und Fremdwahrnehmung bei Lehrern. Zeitschrift für Entwicklungspsychologie und Pädagogische Psychologie, 1977, 9, 41–50.
MASENDORF, F., und TSCHERNER, K.: Aspekte des Interaktions- und Unterrichtsstils von Lehrern aus der Sicht der Schüler. Zeitschrift für Entwicklungspsychologie und Pädagogische Psychologie, 1973, 5, 73–90.
MASENDORF, F., TÜCKE, M., und BARTRAM, M.: Zur Genauigkeit der Einschätzung des Lehrers über seine Unterrichtsstrategie im Urteil seiner Schüler. Psychologie in Erziehung und Unterricht, 1973, 20, 89–93.
MASENDORF, F., TÜCKE, M., KRETSCHMANN, R., und BARTRAM, M.: Dortmunder Skala zur Erfassung von Lehrerverhalten durch Schüler. DSL. Braunschweig: Westermann, 1976.
McCLELLAND, D.: The role of educational technology in developing achievement motivation. In: D. McCLELLAND und R. S. STEELE (Hrsg.), Human motivation: A book of readings. N. Y.: General Learning Press, 1973.
McCORMICK, M. K., und WILLIAMS, J. H.: Effects of a compensatory program on self-report. achievement and aspiration level of "disadvantaged" high school students. Journal of Negro Education, 1974, 43, 47–52.
McDAVID, J.: Some relationship between social reinforcement and scholastic achievement. Journal of consulting Psychology, 1959, 23, 151–154.
McKEACHIE, W. J.: Motivation, teaching methods, and college learning. In: M. R. JONES (Hrsg.), Nebraska symposium on motivation, 1961.
McMAHAN, I. D.: Relationship between causal attributions and expectancy of success. Journal of Personality and social Psychology, 1973, 28, 108–114.
MEAD, G. H.: Mind, self, and society. Chicago: University of Chicago Press, 1934.
MENEPACE, R., und DOBY, C.: Causal attributions for success and failure for psychiatric rehabilitees and college students, Journal of Personality and social Psychology, 1976, 34, 447–454.

MEYER, W.-U.: Überlegungen zur Konstruktion eines Fragebogens zur Erfassung von Selbstkonzepten der Begabung. Unveröff. Manuskript, Ruhr-Universität Bochum, 1972.
MEYER, W.-U.: Leistungsmotiv und Ursachenerklärung von Erfolg und Mißerfolg, Stuttgart: Klett, 1973 (a).
MEYER, W.-U.: Anstrengungsintention in Abhängigkeit von Begabungseinschätzungen und Aufgabenschwierigkeit. Archiv für Psychologie, 1973, 125, 245–262 (b).
MEYER, W.-U.: Leistungsorientiertes Verhalten als Funktion von wahrgenommener eigener Begabung und wahrgenommener Aufgabenschwierigkeit. In: H.-D. SCHMALT, und W.-U. MEYER, Leistungsmotivation und Verhalten. Stuttgart: Klett, 1976. S. 101–135.
MEYER, W.-U., und BUTZKAMM, A.: Ursachenerklärungen von Rechennoten: I. Lehrerattribuierungen. Zeitschrift für Entwicklungspsychologie und Pädagogischer Psychologie, 1975, 7, 53–66.
MEYER W.-U., und HALLERMANN, B.: Anstrengungsintention bei einer leichten und schweren Aufgabe in Abhängigkeit von der wahrgenommenen eigenen Begabung. Archiv für Psychologie, 1974, 126, 85–89.
MEYER, W.-U., und HALLERMANN, B.: Intended effort and informational value of task outcome. Archiv für Psychologie, 1977, 129, 131–140.
MEYER, W.-U., und SCHMALT, H.-D.: Attributionstheorie. In: D. FREY (Hrsg.), Theorien der Sozialpsychologie. Bern: Huber, i. V.
MEYER, W.-U., FOLKES, V., und WEINER, B.: The perceived informational value and affective consequences of choice behavior and intermediate difficulty task selection. Journal of Research on Personality, 1976, 10, 410–423.
MEYER, W.-U., SIMONS, G., und BUTZKAMM, A.: Ursachenerklärungen von Rechennoten: II. Lehrerattribuierungen und Sanktionen. Zeitschrift für Entwicklungspsychologie und Pädagogische Psychologie, 1978 (i. V.).
MEYER, W.-U., BACHMANN, M., BIERMANN, U., HEMPELMANN, M., PLÖGER, F.-O., und SPILLER, H.: Lob und Tadel unter dem Gesichtspunkt der Information: Der Einfluß von Sanktionen auf Begabungsperzeptionen. Newsletter „Selbstkonzepte", 1977, Heft 2.
MILLER, G. A.: Psychology as a means of promoting human welfare. American Psychologist, 1969, 24, 1063–1075.
MILLER, D. T., und ROSS, M.: Self-serving biases in the attribution of causality: Fact or fiction? Psychological Bulletin, 1975, 82, 213–225.
MUSSEN, P., CONGER, J., und KAGAN, J.: Child development and personality. N. Y.: Harper and Row, 1974.
NADITCH, M. P., und DeMAIO, T.: Locus of control and competence. Journal of Personality, 1975, 43, 541–559.
NEUBAUER, W. F.: Selbstkonzept und Identität im Kindes- und Jugendalter. München: Reinhardt, 1976.
NICHOLLS, J. G.: Causal attributions and other achievement-related cognitions: Effects of task outcome, attainment value, and sex. Journal of Personality and social Psychology, 1975, 31, 379–389.
NICKEL, H.: Beiträge zur Psychologie des Lehrerverhaltens. München: Reinhardt, 1974.
NICKEL, H.: Die Lehrer-Schüler-Beziehung aus der Sicht neuerer Forschungsergebnisse. Psychologie in Erziehung und Unterricht, 1976, 23, 153–172.
NICKEL, H., und SCHLÜTER, P.: Angstwerte bei Hauptschülern und ihr Zusammenhang mit Leistungs- sowie Verhaltensmerkmalen, Lehrerurteil und Unterrichtsstil. Zeitschrift für Entwicklungspsychologie und Pädagogische Psychologie, 1970, 2, 125–136.
NIE, N. H., BENT, D. H., und HULL, C. H.: Statistical package for the social sciences. SPSS. N. Y.: McGraw-Hill, 1970.
NISBETT, R. E., und BELLOWS, N.: Verbal reports about causal influences on social judgments: Private access versus public theories. Journal of Personality and social Psychology, 1977, 35, 613–624.
NISBETT, R. E., und WILSON, T. D.: Telling more than we can know: Verbal reports on mental processes. Psychological Review, 1977, 84, 231–259 (a).
NISBETT, R. E., und WILSON, T. D.: The Halo effect: Evidence for unconscious. Journal of Personality and social Psychology, 1977, 35, 250–256 (b).
NOLLE, D. B.: Alternative path analytic models of student-teacher influence: The implications of different strokes of different folks. Sociology of Education, 1973, 46, 417–426.
OERTER, R.: Moderne Entwicklungspsychologie. Donauwörth: Auer, 1969.
OSGOOD, Ch. E.: Method and theory in experimental psychology. N. Y.: Oxford University Press, 1962.
OZIEL, L. J., und BERWICK, P. T.: Effects of feedback on self-reinforcing behavior in relation to self-acceptance. Psychological Reports, 1974, 34, 1039–1044.
PATTEN, R., und WHITE, L.: Independent effects of achievement motivation and overt attribution on achievement behavior. Motivation and Emotion, 1977, 1, 39–59.
PAWLIK, K. (Hrsg.): Diagnose der Diagnostik. Stuttgart: Klett, 1976.
PFEIFER, H.: Lehrerausbildung im Urteil der Hochschule. Stuttgart: Klett, 1977.

PFEIFFER, H.: Zeugnisnoten und ihre Bewertung durch Schüler des 4. Schuljahres. Psychologie in Erziehung und Unterricht, 1977, 24, 267–275.
PHARES, E. J.: Expectancy changes in skill and chance situations. Journal of abnormal and social Psychology, 1957, 54, 339–342.
PHARES, E. J., WILSON, K. G., und KLYVER, N. W.: Internal-external control and the attribution of blame under neutral and distractive conditions. Journal of personality and social psychology, 1971, 18, 185–288.
PIEHL, J.: Bedingungen unterschiedlicher Ursachenerklärungen von Examensnoten. Zeitschrift für Entwicklungspsychologie und Pädagogische Psychologie, 1976, 8, 51–57.
PIONTKOWSKI, U.: Interaktion und Wahrnehmung in Unterrichtsgruppen. Münster: Aschendorff, 1973.
POHLMANN, J. T., und BEGGS, D. L.: A study of the validity of selfreported measures of academic growth. Journal of educational Measurement, 1974, 11, 115–119.
PORTELE, G.: Intrinsische Motivation in der Hochschule. Blickpunkt Hochschuldidaktik, Band 12, 1970.
PURKEY, W. W.: Self-concept and school achievement. Englewood Cliffs: Prentice-Hall, 1970.

RAY, J. J.: Are trait self-ratings as valid as multi-item scales? A study of achievement motivation. Australian Psychologist, 1975, 9, 44–49.
RAYNOR, J. O.: Future orientation and achievement motivation of immediate activity: An elaboration of the theory of achievement motivation. Psychological Review, 1969, 76, 606–610.
RAYNOR, J. O.: Future orientation in the study of achievement motivation. In: J. W. ATKINSON und J. O. RAYNOR (Hrsg.), Motivation and achievement. N. Y.: Wiley, 1974. S. 121–154.
REGAN, D. T., und TOTTEN, J.: Empathy and attribution: Turning observers into actors. Journal of Personality and social Psychology, 1975, 32, 850–856.
REST, S., NIERENBERG, R., WEINER, B., und HECKHAUSEN, H.: Further evidence concerning the effects of perceptions of effort and ability on achievement evaluation. Journal of Personality and social Psychology, 1973, 28, 187–191.
RHEINBERG, F.: Zeitstabilität und Steuerbarkeit von Ursachen schulischer Leistung in der Sicht des Lehrers. Zeitschrift für Entwicklungspsychologie und Pädagogische Psychologie, 1975, 7, 180–194.
RHEINBERG, F.: Bezugsnorm-Orientierung – Versuch einer Integration motivierungsbedeutsamer Lehrervariable. In: Bericht über d. 30. Kongreß der Deutschen Gesellschaft für Psychologie, 1976 (a).
RHEINBERG, F.: Soziale und individuelle Bezugsnormen als motivierungsbedeutsame Sichtweisen bei der Beurteilung von Schülerleistungen. 1976 (i. V., b).
RHEINBERG, F.: Situative Determinanten der Beziehung zwischen Leistungsmotiv und Schul- und Studienleistung. In: H.-D. SCHMALT und W.-U. MEYER (Hrsg.), Leistungsmotivation und Verhalten. Stuttgart: Klett, 1976. S. 249–264 (c).
RHEINBERG, F.: Soziale und individuelle Bezugsnorm. Zwei motivierungsbedeutsame Sichtweisen bei der Beurteilung von Schülerleistungen. Unveröff. Dissert., Ruhr-Universität Bochum, 1977.
RHEINBERG, F.: Der Lehrer als diagnostische Instanz. In: K. J. KLAUER und A. REINARTZ (Hrsg.), Handbuch der Sonderpädagogik, Bd. 9. 1978 (i. V.).
RHEINBERG, F., und ENSTRUP, B.: Selbstkonzept der Begabung bei Normal- und Sonderschülern gleicher Intelligenz: Ein Bezugsgruppeneffekt. Zeitschrift für Entwicklungspsychologie und Pädagogische Psychologie, 1977, 9, 171–180.
RHEINBERG, F., LÜHRMANN, J., und WAGNER, H.: Bezugsnorm-Orientierung von Schülern der 5. bis 13. Klasse bei der Leistungsbeurteilung. Zeitschrift für Entwicklungspsychologie und Pädagogische Psychologie, 1977, 9, 90–93.
ROEDER, P., und TREUMANN, K.: Dimensionen der Schulleistung. Stuttgart: Klett, 1974.
ROGERS, C.: Client-centered therapy. N. Y.: Houghton, Mifflin, 1951
ROTH, H. (Hrsg.): Begabung und Lernen. Stuttgart: Klett, 1971.
ROTTER, J. B.: Social learning and clinical psychology. Englewood Cliffs: Prentice-Hall, 1954.
ROTTER, J. B.: Generalized expectancies for internal versus external control of reinforcement. Psychological Monograph, 1966, 80, Whole No. 609.

SAARLÄNDISCHES KULTUSMINISTERIUM: „Streß in der Schule". Unveröff. Bericht, Saarbrücken, 1977.
SADER, M.: Rollentheorie. In: C. F. GRAUMANN (Hrsg.), Handb. Psychol. Sozialpsychologie, Bd. 7/1. Göttingen: Hogrefe, 1969.
SCHÄFER, E.: Eine Untersuchung zur Konstanz und Differenzierung des Stereotyps „schlechter Schüler". Zeitschrift für experimentelle und angewandte Psychologie, 1975, 12, 94–112.
SCHERER, J., und SCHLIEP, M.: Persönlichkeitsmerkmale und Leistungsverhalten bei gleichintelligenten Haupt- und Sonderschülern des 5. Schuljahres. Psychologie in Erziehung und Unterricht, 1974, 21, 81–90.
SCHLIEBE, G.: Gescheiterte Schüler höherer Schulen. Zeitschrift für Jugendkunde, 1934, 4.
SCHMALT, H.-D.: Die *GITTER* Technik – ein objektives Verfahren zur Messung des Leistungs-

motivs bei Kindern. Zeitschrift für Entwicklungspsychologie und Pädagogische Psychologie, 1973, 5, 231–252.

SCHMALT, H.-D.: Messung des Leistungsmotivs. Kritischer Überblick und ein neues Verfahren. Göttingen: Hogrefe, 1976 (a).

SCHMALT, H.-D.: Methoden der Leistungsmotivmessung. In: H.-D. SCHMALT und W.-U. MEYER (Hrsg.), Leistungsmotivation und Verhalten. Stuttgart: Klett, 1976. S. 165–191 (b).

SCHMALT, H.-D.: Leistungsmotivation und kognitive Zwischenprozesse im Erleben von Erfolg und Mißerfolg. Vortrag gehalten am Psychologischen Institut der Philipps-Universität Marburg, 1976 (c).

SCHMALT, H.-D., und MEYER, W.-U. (Hrsg.): Leistungsmotivation und Verhalten. Stuttgart: Klett, 1976.

SCHMIDT, H. D.: Selbstwahrnehmung als interpersonelle Wahrnehmung: Hypothesen. Bielefelder Arbeiten zur Sozialpsychologie, 1976, Nr. 11.

SCHNEIDER, K.: Motivation unter Erfolgsrisiko. Göttingen: Hogrefe, 1973.

SCHNEIDER, K.: Leistungsmotive, Kausalerklärungen für Erfolg und Mißerfolg und erlebte Affekte nach Erfolg und Mißerfolg. Zeitschrift für experimentelle und angewandte Psychologie, 1977, 24, 613–637.

SCHNOTZ, W.: Schätzung von Aufgabenschwierigkeiten durch den Lehrer. Zeitschrift für Entwicklungspychologie und angewandte Psychologie, 1971, 3, 106–120.

SCHORB, B.: Leistung und Sozialisation. München: Kösel, 1977.

SCHRÖTER, G.: Zensuren? Zensuren! Allgemeine und fachspezifische Probleme. Kastellaun: Henn, 1977.

SCHULTZ, C. B., und POMERANTZ, M.: Some problems in the application of achievement motivation to education: The assessment of motive to succeed and probability of success. Journal of educational Psychology, 1974, 66, 599–608.

SCHWARZER, Ch.: Lehrerurteil und Schülerpersönlichkeit. München: Kösel, 1976.

SCHWARZER, Ch., und SCHWARZER, R.: Praxis der Schülerbeurteilung. München: Kösel, 1977.

SCHWARZER, R., und STEINHAGEN, K. (Hrsg.): Adaptiver Unterricht. München: Kösel, 1975.

SEARS, P. S., und SHERMAN, V. S.: In pursuit of self-esteem. Anaheim: Belmont, 1964.

SHAW, M. C.: Need achievement scales as predictors of academic success. Journal of educational Psychology, 1961, 52, 282–285.

SHAW, M. C., EDSON, K., und BELL, H. M.: The self-concept of bright underachieving high school students as revealed by an adjective check list. Personnel and Guidance Journal, 1960, 39, 193–196.

SIMON, J. G., und FEATHER, N. T.: Causal attributions for success and failure at University examinations. Journal of educational Psychology, 1973, 64, 46–56.

SIMONS, R. H., und BIBB, J. J.: Achievement motivation, test anxiety, and underachievement in the elementary school. Journal of educational Research, 1974, 67, 366–369.

SKINNER, B.: Jenseits von Freiheit und Würde. Hamburg: Rowohlt, 1973.

SMITH, C. P. (Hrsg.): Achievement-related motives in children. N. Y.: Russell Sage Foundation, 1969.

SMITH, F. J., und LUGINBUHL, E. R.: Inspecting expectancy: Some laboratory results of relevance for teacher training. Journal of educational Psychology, 1976, 68, 265–272.

SNYDER, C. R.: Development of a comparison level scale for the college test-taking situation. Journal of personality Assessment, 1972, 36, 454–461.

SNYDER, C. R., und CLAIR, M.: Effects of expected and obtained grades on teacher evaluation and attribution of performance. Journal of educational Psychology, 1976, 68, 75–82.

SOLOMON, D.: The generality of children's achievement-related behavior. Journal of genetic Psychology, 1969, 114, 109–125.

STEINKAMP, G.: Die Rolle des Volksschullehrers im schulischen Selektionsprozeß. In: K. INGENKAMP (Hrsg.), Die Fragwürdigkeit der Zensurengebung. Weinheim: Beltz, 1973, S. 256–276.

STEVENS, L., und JONES, E.: Defensive attributions and the Kelley cube. Journal of Personality and social Psychology, 1976, 34, 809–820.

STORMS, M. D.: Videotype and the attribution process: Reversing actors' and observers' points of view. Journal of Personality and social Psychology, 1973, 27, 165–175.

SULLWOLD, S., u. a.: Rechentest RT 8 +. Weinheim: Beltz, 1965.

SULLIVAN, H. S.: Conceptions of modern psychiatry. Washington: William Alanson White Psychiatric Foundation, 1947.

SWITZKY, H. N., und HAYWOOD, H. C.: Motivational orientation and the relative efficacy of self-monitored and externally imposed reinforcement systems in children. Journal of Personality and social Psychology, 1974, 30, 360–366.

TAUSCH, R., und TAUSCH, A.: Erziehungspsychologie. Göttingen: Hogrefe, 1970.

TAUSCH, A., LANGER, I., BINGEL, R., SCHICK, A., und ORENDI, B.: Entwicklung, Erprobung und Anwendung einer Einschätzskala mit Beurteilertests zur Erfassung ermutigender/entmutigender Erziehungsäußerungen gegenüber Kindern–Jugendlichen. Die Deutsche Schule, 1970, 62, 728–740.

TENT, L.: Die Auslese von Schülern für weiterführende Schulen. Göttingen: Hogrefe, 1969.

TEUTSCH, G. M.: Lernziel Empathie. In: H. E. LÜCK (Hrsg.), Mitleid–Vertrauen–Verantwortung. Stuttgart: Klett, 1977. S. 145–155.
TIEDEMANN, J.: Kognitives Grundschulversagen. Zeitschrift für Entwicklungspsychologie und Pädagogische Psychologie, 1975, 7, 289–298.
TIEDEMANN, J.: Leistungsversagen in der Schule. München: Goldmann, 1977.
TOLMAN, E. C.: Purposive behavior in animals and men. N. Y., 1932.
TOUHEY, J. C., und VILLIMEZ, W. J.: Need achievement and risk-taking preference: A clarification. Journal of personality and social psychology, 1975, 30, 713–719.
TRAVERS, R. M.: An introduction to educational research. N.Y., 1969.
TREIBER, B.: Untersuchungen zur Interaktion von Lehrmethode und Schülermerkmal: Reanalyse der Teststärke. Zeitschrift für Entwicklungspsychologie und Pädagogische Psychologie, 1977, 9, 29–35.
TRIANDIS, H. C.: Einstellungen und Einstellungsänderungen. Weinheim: Beltz, 1975.
TROPE, Y.: Seeking information about one's own ability as a determinant of choice among tasks. Journal of personality and social psychology, 1975, 32, 1004–1013.
TROPE, Y., und BRICKMAN, P.: Difficulty and diagnosticity as determinants of choice among tasks. Journal of Personality and social Psychology, 1975, 31, 918–925.
TRUDEWIND, C.: Häusliche Umwelt und Motiventwicklung. Göttingen: Hogrefe, 1975.
ULICH, D., und MERTENS, W.: Urteile über Schüler. Weinheim: Beltz, 1973.
VALLE, V. A., und FRIEZE, I. H.: Stability of causal attributions as a mediator in changing expectations for success. Journal of personality and social psychology, 1976, 33, 579–587.
VIDEBECK, R.: Self-conception and the reactions of other. Sociometry, 1960, 23, 351–359.
VILLIMEZ, W. J.: Ability vs. effort: ideological correlates of occupational grading. Social Forces, 1974, 53, 45–52.
WAGNER, H.: Schüler erklären eigene und fremde Schulleistungen: Ein Überblick. Unveröff. Manuskript, Ruhr-Universität Bochum, 1977.
WAGNER, J.: Fragebogen zum Selbstkonzept für 4.–6. Klassen. Weinheim: Beltz, 1977.
WALSH, W. B.: Validity of self-report. Journal of counseling psychology, 1967, 14, 18–23.
WALTER, H.: Angst bei Schülern. München: Goldmann, 1977.
WASNA, M.: Motivation, Intelligenz und Lernerfolg. München: Kösel, 1972.
WASNA, M.: Motivation und Differenzierung im Unterricht. In: M. WASNA und T. BARTMANN (Hrsg.), Psychologische Forschungsberichte für die Praxis. München: Reinhardt, 1973. S. 118–129 (a).
WASNA, M.: Probleme der Grundschule – Aufgaben praxisbezogener psychologischer Forschung. In: H. NICKEL und E. LANGHORST (Hrsg.), Brennpunkte der pädagogischen Psychologie. Huber: Bern, 1973. S. 274–283 (b).
WASNA, M. Sachfremde Motivation in der Schule. In: M. WASNA und T. BARTMANN (Hrsg.), Psychologische Forschungsberichte für die Praxis. München: Reinhardt, 1973. S. 107–117 (c).
WATKINS, D.: Self-esteem as a moderator in vocational choice: A test of Korman's hypothesis. Australian Psychologist, 1975, 10, 75–80.
WATTENBERG, W., und CLIFFORD, C.: Relation of self-concepts to beginning achievement in reading. Child Development, 1964, 35, 461–467.
WEBSTER, M., und SOBIESZEK, B.: Sources of self-evaluation: A formal theory of significant others and social influence. N. Y.: Wiley, 1974.
WEINER, B.: New conceptions in the study of achievement motivation. In: B. MAHER (Hrsg.), Progress in experimental personality research. Vol. 5. N. Y.: Academic Press, 1970. S. 68–109.
WEINER, B.: Theories of motivation: From mechanism to cognition. Chicago: Markham, 1972.
WEINER, B.: From each according to his abilities: The role of effort in a moral society. Human Development, 1973, 16, 53–60 (c).
WEINER, B.: Die subjektiven Ursachen von Erfolg und Mißerfolg: Anwendung der Attribuierungstheorie auf das Leistungsverhalten in der Schule. In: W. EDELSTEIN und D. HOPF (Hrsg.), Bedingungen des Bildungsprozesses. Stuttgart: Klett, 1973. S. 79–93 (a).
WEINER, B.: Thoughts and actions associated with achievement motivation. In D. McCLELLAND und R. S. STEELE (Hrsg.), Human motivation: A book of readings. N.Y.: General Learning Press, 1973, S. 426–437 (b).
WEINER, B.: Die Wirkung von Erfolg und Mißerfolg auf die Leistung. Bern/Stuttgart: Huber/Klett, 1975 (a).
WEINER, B.: "On being sane in insane places": A process (attributional) analysis and critique. Journal of abnormal Psychology, 1975, 84, 433–441 (b).
WEINER, B.: Theorien der Motivation. Stuttgart: Klett, 1976.
WEINER, B., und KUKLA, A.: An attributional analysis of achievement motivation. Journal of Personality and social Psychology, 1970, 15, 1–20.
WEINER, B., und POTEPAN, P. A.: Personality characteristics and affective reactions towards exams of superior and failing college students. Journal of edcutional Psychology, 1970, 61, 144–151.
WEINER, B., und SIERAD, J.: Misattribution for failure and enhancement of achievement strivings. Journal of Personality and social Psychology, 1975, 31, 415–421.

WEINER, B., FRIEZE, I., KUKLA, A., REED, L., REST, S., und ROSENBAUM, R.: Perceiving the causes of success and failure. N. Y.: General Learning Press, 1971.

WEINERT, F.: Kognitives Lernen: Begriffsbildung und Problemlösen. In: F. WEINERT u. a. (Hrsg.), Funk-Kolleg Pädagogische Psychologie. Bd. 2. Frankfurt a. M.: Fischer-Taschenbuch, 1974. S. 659–683.

WEISS, R.: Über den Zusammenhang zwischen Schulleistung und Intelligenz. Schule und Psychologie, 1964, 11, 321–333.

WEISS, P., WERTHEIMER, M., und GROESBECK, B.: Achievement motivation, academic aptitude, and college grades. Educational psychological Measurement, 1959, 19, 663–666.

WESLEY, F.: Geschlechterrollen in Erziehung und Unterricht. Psychologie in Erziehung und Unterricht, 1977, 24, 293–299.

WIDDEL, H.: Attribuierungsfragebogen für Erfolg und Mißerfolg in der Schule. AEM 5–7. Weinheim: Beltz, 1977.

WIECZERKOWSKI, W., NICKEL, H., JANOWSKI, A., FITTKAU, B., und BAUER, W.: Angstfragebogen für Schüler. Braunschweig: Westermann, 1974.

WOLFF, R., und WASDEN, R.: Measured intelligence and estimates by nursing instructors and nursing students. Psychological Reports, 1969, 25, 77–78.

WORTMAN, C. B., COSTANZO, P. R., und WITT, T. R.: Effect of anticipated performance on the attributions of causality to self and others. Journal of Personality and social Psychology, 1973, 27, 372–381.

WYLIE, R. C.: The self concept. Lincoln: University of Nebraska Press, 1961.

YATES, A.: Lerngruppen und Differenzierung. Weinheim: Beltz, 1972.

ZAHRAN, H. A.: The self-concept in the psychological guidance of adolescents. British Journal of educational Psychology, 1967, 37, 225–240.

ZANDER, A., FULLER, R., und ARMSTRONG, W.: Attributed pride or shame in group and self. Journal of personality and social Psychology, 1972, 23, 346–352.

ZfL-DISKUSSION: Schwierigkeiten junger Lehrer in der Berufspraxis. Zentrum für Lehrerausbildung. Universität Gießen, 1976.

ZIELINSKI, W.: Die Beurteilung von Schülerleistungen. In: F. WEINERT u. a. (Hrsg.), Funk-Kolleg Pädagogische Psychologie. Bd. 2. Frankfurt a. M.: Fischer-Taschenbuch, 1974, S. 879–900.

ZUMKLEY-MÜNKEL, C.: Imitationslernen. Düsseldorf: Schwann, 1976.